子どもたちがつくる町
大阪・西成の子育て支援

YASUHIKO MURAKAMI
村上靖彦

はじめに——西成の子どもたち

子どもたちのきれいな目

長年、大阪市西成区釜ヶ崎で子ども支援を牽引してきた「こどもの里」の代表・荘保共子《しょうほともこ》さんは、かつての子どもをつぎのように描写する。日雇い労働者の町が、大阪港や七〇年大阪万博会場の建設でわいていた時代だ。

荘保　一九七〇年のときに私は釜ヶ崎に来ました。〔…〕五〇年まえすでに釜ヶ崎のなかではですね、子どもたちに勉強教えるっていう土曜学校っていうのがあったんですね。それを私たちはボランティアとして支援に行こうっていうことで、私ははじめて地下鉄の花園町で降りて、そして釜ヶ崎のなかに行きました。それが二二歳のときです。

そのときに出会った、その子どもたち、私には想像できない〔状況〕でした、私とは全然違う世界の子どもたち。子どもは言葉は荒い、たしかに、手は出る、しょっちゅうけんかする、「くそばばあ」とか、「ばばあ」とかすごく言われる。だけどすっごいきれいな目してたんですね。もう、その目のことは、私は、すごい気になりましたんです。『なんでこんなすごいきれいな目してるの?』って。

そのことで私はもう、そこの場から〔出ずに〕五〇年間居つづけることになります。ひとつのボランティアの出会いがですね、人の人生を変えるってことがあるっていうことを、私は自分で知ったんですけれども。その子どもたち、『なんでそんなきれいな目してるんだろう?』って思ったんですけど。あとで、いろんな子、それからあとにいろんな子どもたちと出会って、『あっ、こういうことだな』と思うんですけれども。〔講義6a〕

（以下、語りの末尾につく〔 〕内の数字は著者の手元にある逐語録のページ数。本書は語りのディテールが表現する語り手の身体性を重視する。それこそが語りにリアリティを与えるからだ。そして、分析のなかでも助詞や言い間違いを手がかりとする。そのため、語られたまま編集を加えずに提示する）

荘保さんの言葉からは、土門拳の『筑豊のこどもたち』を思い出すこともできるかもしれない。おそらく、貧困地区で自由にたくましく育ってきた終戦直後の子どもたちの姿が、ここには残っているのだろう。しかし、これは失われた過去の思い出というわけでもない。私が出会う西成の子どもたちもまた、言葉は荒いが人懐っこく、もの怖じせずに話しかけてくるのだ。

この世界にはたくさんの困難があるなかで、生存と幸福を可能にするコミュニティをどのようにつくることができるのか、この問いが本書のテーマである。

それを貧困地域で実践する熱心な支援者たちへの取材から考えていく。私が訪れた釜ヶ崎（あいりん地区、萩之茶屋）と長橋地区、鶴見橋地区といった大阪市西成区の北部は、いずれも生活保護を受けている家庭が多く、ひとり親家庭、障害者手帳をもつ親子、父親が違うきょうだいが多数同居する家庭もめずらしくない。たしかに、釜ヶ崎は日雇い労働者の町として知られ、今では高齢化が進んでいる。しかし、本書はあえて子どもの町として西成を描く。

この地域では貧困や家庭の葛藤によって多くの子どもたちが困難を強いられているのであるが、しかし、にもかかわらず、ここでは元気で明るい子どもの姿が見られる。〈逆境であるにもかかわらず元気〉であるという逆説は、子どもと家庭を支える熱心な支援者が多数活動していることで生まれている。しかも、個性的な複数のグループが、連携しながらひとつのコミュニティをつくっている。逆境をはねかえすべく自発的に生まれていくコミュニティの生成を描くことが、本書の第一の目的だ。元気に遊ぶ子どもの姿を描写するだけではこの目的に達することができないが、かといって逆境を記述するだけでも、描いたことにはならない。そして、貧困や教育をめぐる社会政策の充実は当然求められるが、制度だけの問題でもない。個から出発しつつ、その背景のダイナミズムと歴史的な系譜をたどる必要がある。

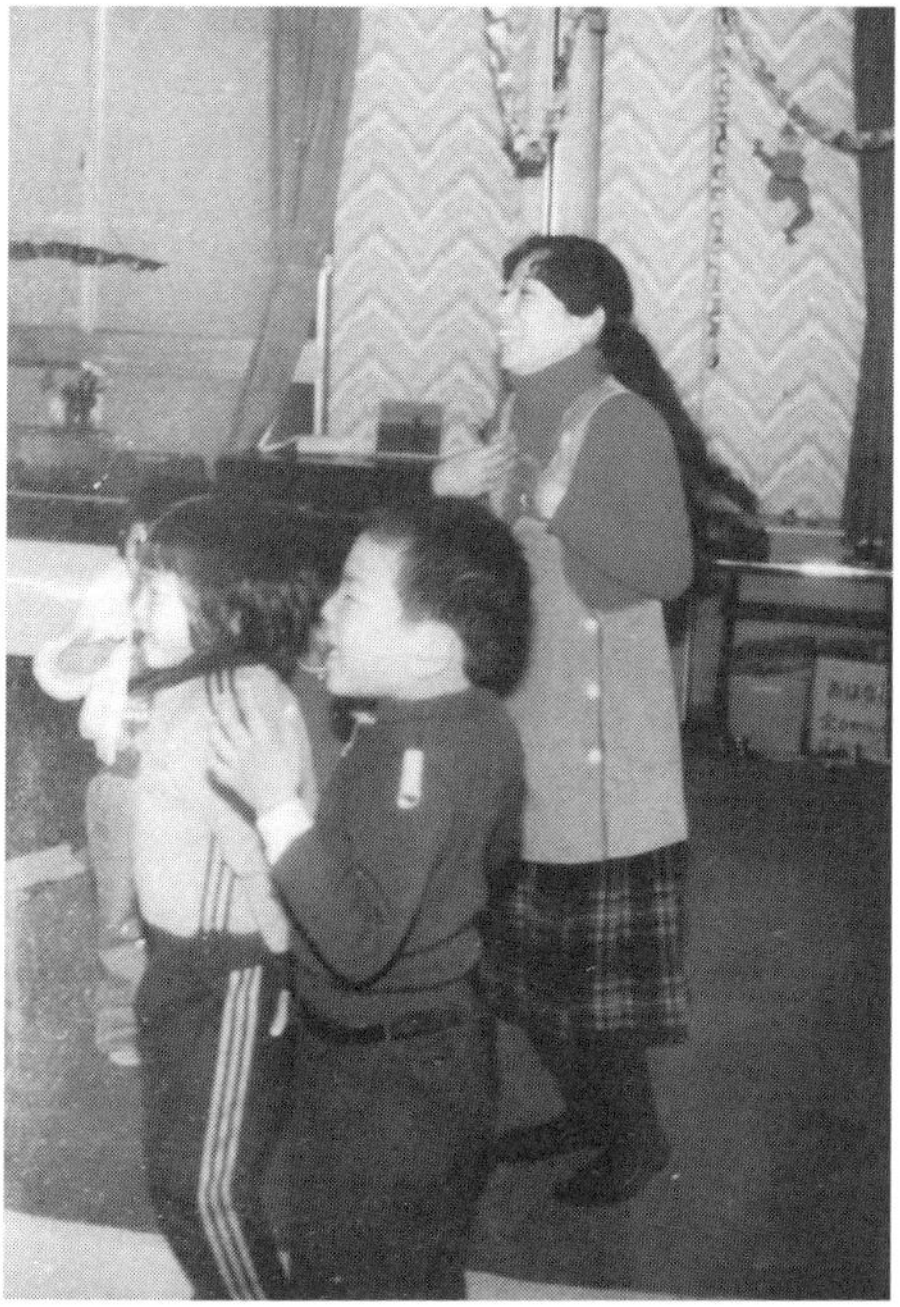
「こどもの里」の前身「こどもの広場」で，子どもたちと遊ぶ荘保共子さん（1977 年：こどもの里提供）

「自分の今の状況をわかってもらえる人はおれへんやろうな」

ここで、第4章の語り手である大阪市の子育て支援員スッチさんの語りを少しだけ覗いてみたい。彼女自身が西成で生まれ育ち、しかも今、かつての自分と同じような家庭環境のなかにいる人たちをサポートしている。先ほどの荘保さんの語りに登場する一九七〇年代の子どもの姿は、ちょうど同じころに近所の子どもだったスッチさんのものでもあろう。彼女の生い立ちは、この町に暮らす人たちの生い立ちそのものである。

釜ヶ崎にある古びているがおいしいコーヒーを淹れてくれる喫茶店で、彼女はためらいがちにゆっくりと子ども時代を語りはじめた。

スッチ　私はこの向こうの同和地区のなかで生まれて、両親が二世で、在日なんです。で、で、昔ね、親は、皮革業[2]。革か。靴の甲の裏の、裁断師をしていて、で、商売をしてたんですけど、で、あそこの地域は、靴の、多くって。多くは、なんていうかな、よくわからへん、在日の人のコミュニティっていうか、商売とかもしてはった方が多いと思うんですよ。

で、なかで商売に、多分、不渡りが出たとかで、すごく、生活が激変するというか、両親が大きな借金を負って、で、まあ、必死に、まあ、お金の工面をしたりとかっていうことになるんやけれども。小学校〔に通っていた〕あたりでは、まあ、でも、きっと、もう、いくら、こう、がむしゃらに働いても、返済できるような金額じゃなかったんやと思うんです。まあ、ほとんど、まあ、両親もいないなかで、当時、サラ金って知ってます？

村上　はい。でもあんまり知らない。

スッチ　フフフ。〔サラ金〕にもお金を借りていて、ほんで、家には、まあつねに、借金取りが来るみたいな、生活をしてたんです。

　で。で、なかでいろいろ、まあ、いろんな、それにまつわるいろんな経験をしたりとかしていて、で、結局、両親は別れることになるんです。なるんですけど、なぜか私は父親のほうに。母と妹は、自分の実家のほうに戻り、で、私は父の面倒をみるっていうのと、もう、当時、中学生になっていたから、友だちだったりとかがすごくそこにあったので、で、通ってて。で、それもあったしで。あ、家はあったから、残ることになって。

　で、お兄ちゃんがいてるんですけど、で、中学ぐらいからほぼお兄ちゃんと二人の生活みたいな。で、そこにときどき、まあ、借金取りが来たりとかっていうような生活をずっとつづけてはいて。

　で、多分、学校の先生も、どこか、小学校ぐらいのときに「大丈夫か？」みたいなんで、担任の先生にも聞かれたことがあるから、なんとなくは知ってたと思うんやけれども、でも、周りには、どちらかというと、友だちとかには知られないようにというか、ていうような生活をしてて。〔1a〕

スッチさんが生まれたころに、第2章の舞台となる「わかくさ保育園」ができ、小学校に上がるころに第1章の舞台である「こどもの里」の前身ができる。また、第3章の舞台である「にしなり☆こども食堂」は、国道をはさんだ隣の学区だ。そして、第5章の助産師ひろえさんが活動するのは、両地区を含む西成全域である。借金を抱えることで家族がばらばらになり、そして、借金取りがきょうだいのもとを訪れる（そして借金取り自身もおそらくは同じような逆境で育ってきている）。つまり、「借金」という過酷な状況をめぐって家族が離散し、借金取りがやってきたり、学校の先生に気にかけられたりといった人物の交差が生じる。[3]

西成は，漫画『じゃりン子チエ』の舞台といわれる（© はるき悦巳／家内工業舎・双葉社『じゃりン子チエ』第1巻，双葉文庫，2019年，8・9ページ）

「〔中学生の〕私は父親の面倒をみる」というのは、奇妙に聞こえるかもしれない。本来であれば親が子どもの面倒をみる年齢である。しかし、父親には生活能力がなかったため、スッチさんが父親の生活を支える役割を担ったのである。これは「ヤングケアラー」と呼ばれる状態である（序章末尾の「用語解説」参照）。

このような経験の特徴は、「それ〔父親の借金〕にまつわるいろんな経験」の部分に現れる。スッチさんの語りでは、困難な状況については具体的に語られることがなく、そして、見えにくくなってくる。「いろんな経験」というあいまいな〈語られないこと〉の背景に逆境が横たわっている。「いろんな経験」は、「〔先生は〕なんとなくは知ってた」けれども「友だちとかには知られないように」していた生活のなかにある。逆境体験（ACEs：Adverse Childhood Experiences：序章末尾の「用語解説」参照）は、〈語られず知られない〉という仕方で現象するのである。

スッチさん自身も、「返済できるような金額じゃなかったんやと思うんです」「〔先生も〕知ってたと思うんやけれども」と、当時はわからなかったけれども大人になってふり返って、子ども時代の状況を推量しているのだ。スッチさんはのちに支援者になり、語る言葉を手にした人である。しかし、困難の渦中にいる多くの当事者たちは、言葉を手にする機会をもたないかもしれない。

スッチ　一緒にいた友だちも親がいなくって、で、いない状況で、きょうだいで暮らしていて近所の通報があって。もうやっぱり、子どもたちだけで、学校の先生だったりとか、周りのサポート、関わってる大人が、生活していけるようにっていうことで、生活をしているような友だちやったりとかして。で、なんとなく、なんか、なんかな、そういうつながりで、支えのなかで、ずっと生活はしてきたんです。〔1-b〕

このような〈語りにくい〉〈知られない〉逆境のなかにあったスッチさんの経験が、語られていく。同じように、困窮した境遇にあった「一緒にいた友だち」との「支えのなかで、ずっと生活はしてきた」という困難な状況にある当事者同士が支え合うピアの関係が、スッチさんを支えてきたのだ[4]。スッチさん自身が逆境「のなかで」育ったこと、そして、ピアである友人と「一緒に」支え合い、支え「のなかで」生活してきたことが、のちに支援者として親たちのサポーターになる実践の基盤となるのだ。

スッチ　で、高校とかも、もう全然、お金もなかったし。やけど同和地区やから、奨学金とかもあったし。なのでそれをもらいながら、免除申請をしたりとかして。で、高校に入ってからも、まあ、ほとんど毎日バイトをしながら行って。

そういうなかで、でもやっぱり、父親は、まあ別で家庭をもってたときもあるけど、でもやっぱり仕事もだし、生活も、まあ、でけへんかって、お酒に頼るようになって。もうアル中状態でいる状況のなかで、過ごすっていうような時期を、すごい長い間、してきていて。で、なので、すごい、自分の今の状況を、『わかってもらえる人はおれへんやろうな』とか、だけど、なんか、自分の家庭っていうかな、『自分の居場所がほしい』だったりとかっていうのは、つねに、多分、思っていたりとかしてて。

で、それと、まあ、お金ですよね、やっぱり。だから、すっごい働いたし。働いて。で、生活もしてきたけれども、でも、生活を、やっぱり父親が、お金の無心に来たりとかっていうので、なかなか、やっぱり、こう、安定。そもそも手助けもないし、自分で、生活せなあかんし、それからまだ、お金の無心に来るし。でも、断られへんし、どうしてもあげてしまうみたいなことをずうっと、すっごい長い間。

〔…〕で、なんだかんだあって、結婚して、で、結局シングルになるんですけど、やっぱり、中学の友だちやったりとかも、まあ、同じようにシングルやったりとかなんで、子育ても一緒にとか、支え合ってってていうようなかたちでしてて。〔2〕

「ずうっと」「すっごい長い間」「そもそも手助けもない」困難な状況はつづく。そして、「働いたし」「手助けもないし」「生活せなあかんし」「無心に来るし」「断られへんし」という「〜し」の語尾が、困難の連鎖を描く。貧困をめぐって就学の困難が生じる（この地域では高校に行かない人も多い。スッチさんが自らの意志で高校に進学したことは彼女の力を示している）。父親は「生活も、まあ、でけへん」、しかし、スッチさんは「自分で、生活せなあかん」、というギャップがある。ヤングケアラーとは、この家族状況のギャップ「のなかで」「断ら

れへん」優しさをもった子どもに強いられる役割のことだ。

しかし、この「自分の今の状況を、わかってもらえる人はおれへん」状況は、理解されないものである。そして、この状況のなかのスッチさん自身の経験も「なんだかんだあって」と困難が暗示されるが、語られないままになる。〈語られなさ〉と〈見えなさ〉〈理解されなさ〉が困難の渦中にいる人の状態なのだ。逆境の渦中にあるスッチさんは、(同じく貧困のなかにいた友だちと支え合ってはいたが)社会のなかで孤立している。インタビューの冒頭から、淡々と困難な生活が語られてきたのだが、この場面ではじめて感情が語られている。[6]

「自分の居場所がほしい」と、ほかの人の目には見えない困難な状況「のなかで」、欠けているものとしての「居場所」をスッチさんは求める。自宅は安心の場ではない。借金取りが訪れ、父がお金の無心をしに来る傷つきと恐怖に満ちた場所になっている。生活苦は単に金銭の苦労というだけでなく、〈居場所の欠如〉として生きられている。

〈居場所〉とはまさにスッチさんがのちに勤めることになるこどもの里が実現しているものであり、こどもの里に最初に来た子どもたちとスッチさんは同年代だ。「自分の居場所がほしい」という願いは、「居場所」の価値を知っている現在から、状況の〈見えなさ〉のなかにいた過去へと遡行したときに生まれたものであるがゆえに、「多分」という推量で語られている。子ども時代は逃げ場の見えない閉塞した状況に置かれていたため、具体的な願いを自覚することができなかったのだろう。

しかも、父親に依存される状況は、スッチさんがこどもの里に転職してきた数年前までつづいていた。つまり、ヤングケアラーとして生活しながら、かつ、支援者としても実践をつづけていたということになる。第4章でみるスッチさんの現在の実践は、ネグレクトと呼ばれる家庭への訪問を軸としているのだが、これは自身のヤングケアラーとしての経験にもとづけられているのだ。スッチさんはまさに、困難な状況を引き受けるなかで、自然なかたちでつぎの世代をサポートする側に回った人である。

このような変身を支えたのは、同じ境遇にある友人であり、西成北部のさまざまな支援者のネットワークであり、文化である。本書ではそれを、いくつかのグループについて支援者の語りを中心として描いていき、それぞれのグループを成り立たせている実践のスタイルを取り出しながら、明らかにしていきたい。

西成の子育て支援について授業や学会で紹介すると、しばしば「すばらしいと思うけど、そんなことはうちの地域ではできない」「西成マジック」という反応が返ってくる。しかし、大事なことはとてもシンプルだ。「一人ひとりの子どもの最善の利益は何か考え」、「子どもの声を聴く」ことだということを、私は西成の人たちから学んだ。一人ひとりの子どもの声を大事にし、一人ひとりの支援者が自分の顔と声で実践すると、自ずと自発的で変化に富んだ支援になる。このシンプルな方針から生まれる個性的なセーフティネットは、ほかの地域の支援者にとってアイディアの源泉となるのではないだろうか。それぞれの地域で「何ができるか？」という問いを生み出し、また、新しい実践の創造を触発するはずだ。

子どもたちがつくる町

大阪・西成の子育て支援

村上靖彦
Yasuhiko Murakami
著

目次

Contents

はじめに――西成の子どもたち　3

序　章　生活困難地域での子ども支援　17
1　西成の多職種連携　18
2　本書の舞台　20
3　西成北部の子育て支援　24
用語解説　28
要保護児童対策地域協議会／ACEs／ヤングケアラー／子どもの権利条約

第1章　子どもたちがつくる場所――「こどもの里」の荘保共子さん　37
1　子どもの力をとらえる感性　44
2　家を補完する　52
3　子どもを守る　64
4　「誰も取り残されない社会」　75

第2章　すき間を見つける視線――「わかくさ保育園」の西野伸一さん　83
1　町を歩いて人と出会う――子どもと地域をつなげる　84
2　施設の壁をなぎさにする　98
3　町のネットワーカー　105
4　家に赴いてつなぐ　114

第3章　見守りの同心円――「にしなり☆こども食堂」の川辺康子さん　123
1　みんな変化する――みんなが変化するために必要な支援者の姿　126

2 みんなで育てる構造 133
3 カオスから秩序へ 140
4 こども食堂をつくるきっかけになった少年 147

第4章 はざまに入って一緒に行動する――アウトリーチと居場所をつなぐスッチさん 171
1 家庭訪問事業――はざまの見える化からはざまからの行為的直観へ 175
2 アウトリーチから居場所へ 189

第5章 SOSのケイパビリティ――助産師ひろえさんの母子訪問 203
1 甘えとSOS 206
2 世代をつなぐ支援の赤い糸 212
3 愛着の記憶 221

終 章 社会を小さなすき間からつくる 229
1 逆境と連帯のあいまいな共存 230
2 すき間を反転する 233
3 語りと居場所 238
4 〈小さな場所〉からはじまる町 244

おわりに――土地の名 247
初出一覧 255
注 264
文献 266
索引 268

序章

生活困難地域での子ども支援

1　西成の多職種連携

私が描こうとしているのは、生きにくさのすき間に落ちてしまった子どもや親をサポートする人たちから、自然に生まれてくる支援のネットワークである。

子育ては親だけが責任を負うものであろうか？　しだいに共働きが増え、さらには核家族すら分解していっている日本において、親、それも母親だけに子育てを押し付けるのは、（倫理的な問題があるだけでなく）社会の構造上も無理があるのではないだろうか？

このような背景において、「子どもを地域で育てる」ことの意味がみえてくる。孤立を強いられた子どもが陥っている困難に向き合うことは、同じく孤立して手段を失ってしまっている親が背負うことができる課題ではなく、地域全体の課題であろう。そもそも虐待へと追い込まれた家庭も、サポートさえあれば虐待に及ばずにすんだ可能性がある。

この地域の支援者は、それぞれが強烈な個性を放っているが、同時に、連携していることも大きな特徴である。さまざまな施設の支援者たちや小中学校の先生たちとの横つながりでもある。横つながりに支援者がつながることで問題が発見され、さらに、問題の背景にある事情も見えてくる。まずはじめに、すき間へと追いやられてしまっている人へとつながる場面、しかも、官民の支援者が自発的につながる場面を例として挙げてみたい。

第2章の語り手である保育士の西野伸一さんが、多くの子どもがいる移民の家族について語った場面だ。子どもの身なりや食事の様子に不安があったときに、中学校の担任の先生が心配して発言した場面である。二〇年近くまえの光景であるが、釜ヶ崎（今宮中学校区）の要保護児童対策地域協議会（要対協：本章末尾の「用語解説」参照）では、今でもこのような会話が毎月行われている。

西野　〔…〕〔小学校の先生が〕「心配やな。あそこにもうひとり、一番下にきょうだいいたから。まだ保育園に入らないような、小さい子がいてたから」〔って話した〕。「もしかしたら、なんかあったらあかんから家庭訪問しようか」って。えっと、家庭訪問こう、保育園、わかくさ〔保育園〕が行くんですよね。

　で、そのときに、なんとなく胸騒ぎがするから、〔…〕行くまえに、愛染橋病院にこう、電話して、「ごめんやけど、ちょっと、急に来る、かもしれへんからベッドひとつ空けといてくれる？」って念のため電話しといた。

　で、行くんですよ。で、ドアをノックして開けると、ちょうどお母さんが、そのあかちゃんにミルクをあげてる途中やった。あげてる途中やったから、ちょっと、ほっとして、せっかく来たからお母さんに話聞いていこうと思って、寄ると、それは、ミルクじゃなくて、米のとぎ汁やったんですね。[2]

　で、見るからに痩せていて、生活も困窮していて、生活保護も受けていない状態。てなって、お母さんの話聞くと戸籍がないから、生活保護受けれないと思ってたっていうところで、苦しんでた。で、「念のために受診しようか」いうて、「車も用意してるから」って、病院に行って、受診すると、即入院になって。ま、後々、命は取り留めたってな状態だったんですよね。

　なので、その事例からみえるのは、やっぱり、ちょっとした日常の一言。教師が漏らした一言なんですよね。それによって、乳児の命が守られた。いうところが、あって。〔29〕

小学校の教師が心配な家庭に気づき、周りにいた保育士がつながりをつけようとする。子どもは、自分ではSOSを出していないのだが、「心配」「胸騒ぎ」という仕方で状況が注意をひきつけている。保育所や子どもの遊び場、病院、小学校という異なる施設の多職種連携が即座に自発的に生まれたときに、生命も脅かされていた家族の支援が可能になる。自発的にコミュニティが生成したことによって、逆境への応答が可能になっている。きわめて困難な生活状況にあるがゆえに、ほかの地方であれば施設入所が選ばれるであろうケースであっても、西成の場合は、複数の支援者が連携して生活に密着することで、子どもはそのまま親元で暮らしつづけることができる。

当時万年床でゲームをしていた子どもたちのうちのひとりは、すでに大きくなっており、私も何度かこどもの里で言葉を交わしたことがある。あるときは、荘保さんにお話をうかがっているときに、後ろでキャッチボールをしていた。ボールが転がってきて、「すんません」と僕に声をかけ、荘保さんから「今日は仕事休みなの？」と聞かれていた（そのとき彼は、飲食店に勤務していた）。今でも生活上の苦労はあるのだが、かつて万年床でゲームをしていた姿とは、まったく見違える。そして、小さいころからの居場所であるこどもの里に、大人になっても、いつでも戻って来られるという連続性も、彼に安心を与えているだろう。

2　本書の舞台

本書の舞台となる大阪市西成区北部は、難波の繁華街から南に歩いて一五分ほど、あべのハルカスがある天王寺駅や阿倍野駅からは西に向かって一〇分、通天閣がある新世界は釜ヶ崎から新今宮駅をはさんですぐ北側である。

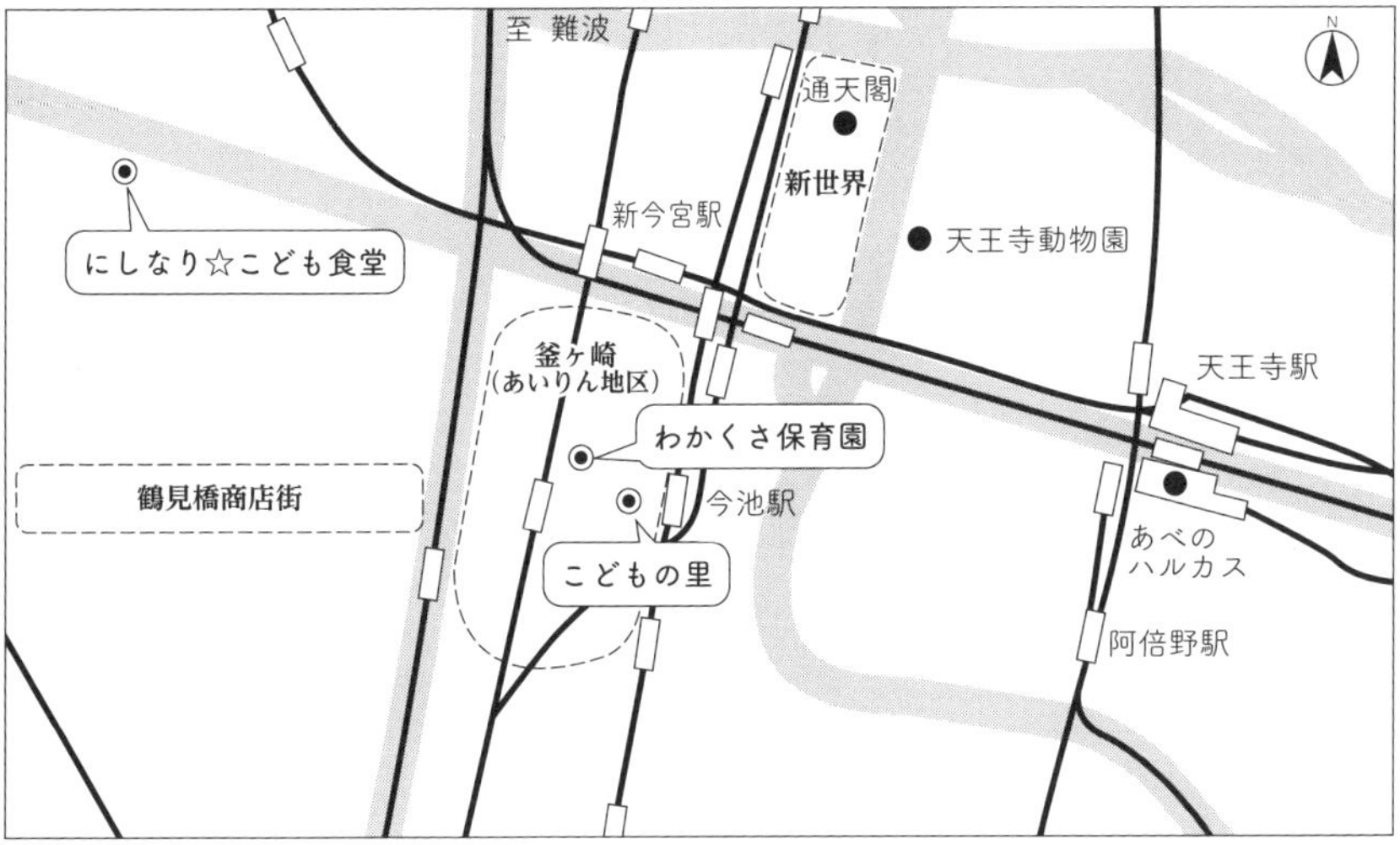

西成北部の地図

釜ヶ崎は、日雇い労働者の町として知られる。「こどもの里」と「わかくさ保育園」は、釜ヶ崎の真ん中にある。そして、「にしなり☆こども食堂」のある市営住宅と、こどもの里が運営する自立援助ホームが位置するのが、長橋地区だ。

釜ヶ崎には、外国からの旅行者が増えた今でも、簡易宿泊所が立ち並ぶ。また、外国人女性が店番をするカラオケスナックが多く、そして、なぜかいつも、路上におじさんたちが座っている。道路をはさんだ隣の長橋地区には、小さい民家や長屋、市営住宅と、町工場が並んでおり、人影が少なく閑散としているが、実は、大きな生活上の困難を抱えている家が多い［川本 2015］。この二つの地域の南端を東西につなぐのが、はるき悦巳の漫画『じゃりン子チエ』の舞台となったといわれる鶴見橋商店街で、昭和の面影を強く残す。

西成の魅力は、町中にあふれる猥雑さとエネルギー、そして、老若男女立場関係なく、誰もがフラットな関係を結べることだろう。少なくとも、私はそれゆえにほっとする。

大阪市西成区は、人口の約二三パーセントの住民が生活保護を受けるなど、深刻な貧困に脅かされている。[3]

釜ヶ崎だけに限ると、路上生活者を生活保護によって定住へと誘導したこともあり、生活保護の受給率はさらに高い（四〇パーセントほどといわれる）。と同時に、人口約一〇万五千人のうち、六五歳以上の人口が四万人で、高齢者の比率が高い。[4]バブル経済期に単身の日雇い労働者用の簡易宿泊所が増え、家族世帯が域外に移住したため、一五歳未満の人口が七パーセントほどと、子どもが少ない。[5]とはいえ、子どもたちはもちろん住んでおり、困難な家庭に育つ子どもも多い。

とくに釜ヶ崎に関していうと、二〇世紀初頭に日雇い労働者の居住地区としてつくられて以来、つねに全国各地から日雇い労働者が流入してきた、という特徴がある。[6]何かしらの事情があって故郷を離れ、場合によっては戸籍を伏せて、あるいは、本名を捨てて、西成で労働者となっている人たちが少なくなかった。労働者運動についてはすでに書籍も多く、[7]本書の主題ではないので、触れるにとどめたいのだが、労働者の町であるという歴史的な背景が、子育て支援にも大きく影響している。

釜ヶ崎に住む労働者たちの多くは、故郷を失っている。どこかに故郷はあるのだが、もう戻れない事情にある人も多い。そのため、人工的につくられた町であると同時に、釜ヶ崎自体が擬似的な故郷となる。子育て支援を考えるうえで、この〈しがらみの不在（人工都市）〉と〈居場所（擬似故郷）〉としての磁場は、きわめてポジティブに働いているように感じる。血縁のサポートと伝統によるしがらみが存在しない代わりに、自発的に動く民間の支援者組織が手厚く、それに引っ張られるかたちで行政も熱心である。

釜ヶ崎からあべのハルカスを望む（2019年10月全国地域寄せ場交流会のあと。伊藤悠子さん撮影）

3　西成北部の子育て支援

そのなかで、とりわけ釜ヶ崎に子どもを支える拠点がつくられてきた。前史としては、一九一一年に篤志家《とくしか》の援助で、私立徳風《とくふう》尋常小学校が不就学児のために建てられた。戦後になると、民生委員を務めた永田道正が、一九五六年から不就学児のための学習教室「萩町仲よし子供会」をはじめた。これが、戦後の子ども支援の記録に残る第一歩のようだ［小柳 1978, 218］。第一次西成暴動の翌年にあたる一九六二年に、不就学児のためのあいりん小学校、あいりん中学校（通称「あいりん学園」「あいりん学校」）が開設される［大阪市立新今宮小学校・中学校 1984］。一九七〇年に、第2章の舞台わかくさ保育園、そして、一九七七年には、今は公園をはさんで斜めまえにある、第1章の舞台こどもの里の前身が設立された。また、一九九五年に、わかくさ保育園を中心として、釜ヶ崎地区に「あいりん子ども連絡会」が設立され、一九九六年に、長橋地区にも地域の支援者を中心にしてケア会議が設立された。このように、長年にわたって、地域で子ども支援に関わる行政と民間の支援者たちが一堂に会して全ケースを共有する仕組みをつくってきている。この会議は、二〇〇三年の児童福祉法改正にともなって、「要保護児童対策地域協議会」の実務者会議になった。

かつて労働者街として栄えていたころは、父子家庭の子どもが多かったそうだが、現在は、母子家庭や異父きょうだいからなる大家族のステップファミリー（異父きょうだい、異母きょうだいが同居する家族）が目立つ。さらに、要保護児童対策地域協議会で議論される親子の多くは、障害者手帳をもっている。西成の子どもたちと親は、貧困を強いられ、生育歴と家族構造に由来する困難と、差別がないまぜになっている状況に置かれている。たとえば、第3章のにしなり☆こども食堂に通う子どものほとんどは、要保護児童対策地域協議会でフォローされている、養育困難家庭の子どもたちである。実際、キレやすい子ども、死にたくなる子ども、夜出歩いてたむろしている子どもは少なくない。

ところが、である。このような逆境のなかにいるのにもかかわらず、そしてたしかに虐待は少なくはないが、過去一〇年間、西成区の虐待相談件数はまったく変化していない（次ページのグラフ参照）。日本全国でも、大阪市でも、うなぎのぼりに増加しているのにもかかわらず、である。

このことは、何を意味するのであろうか。この町に頻繁に訪れるようになってから、相矛盾した二つの印象をもつようになった。ひとつは、「しんどい」家庭が多く、深刻な虐待と呼ばれるものがたしかに目立つことである。もうひとつは、子どもたちが元気で、熱心な支援者たちが多数活動しており、複数のグループが日常的に連絡を取り合って子どもたちを支えているために、逆説的ながら、理想的な子育て・子育ち環境となっていることである。

つまり、こういうことではないか。たしかに虐待はあるのだが、西成北部では、貧困と、そして、地域の熱心な支援者の働きもあって、虐待が可視化されやすい。それゆえに、虐待は一〇年以上まえからもともと統計に上がっており、増えることがないのではないか。この地域は社会が真剣に取り組むべき困窮を抱えるが、にもかかわらず、住みやすいコミュニティが成立しているということを、この統計は示しているのではないだろうか。

そもそも、七人に一人の子どもが貧困状態にあるといわれる今の日本において、貧困であることはもはや特徴とはならない。ひとり親家庭やステップファミリーも、貧困が目立つ地域では一般的だろう。西成の特徴は、むしろ、困難家庭が可視化されていて支援が入りやすいこと、サポートが行き届いていることにある。それゆえ、一人ひとりのニーズに応じてコミュニティをつくっていくモデルとして機能しうる。

大阪市の児童虐待相談件数の推移

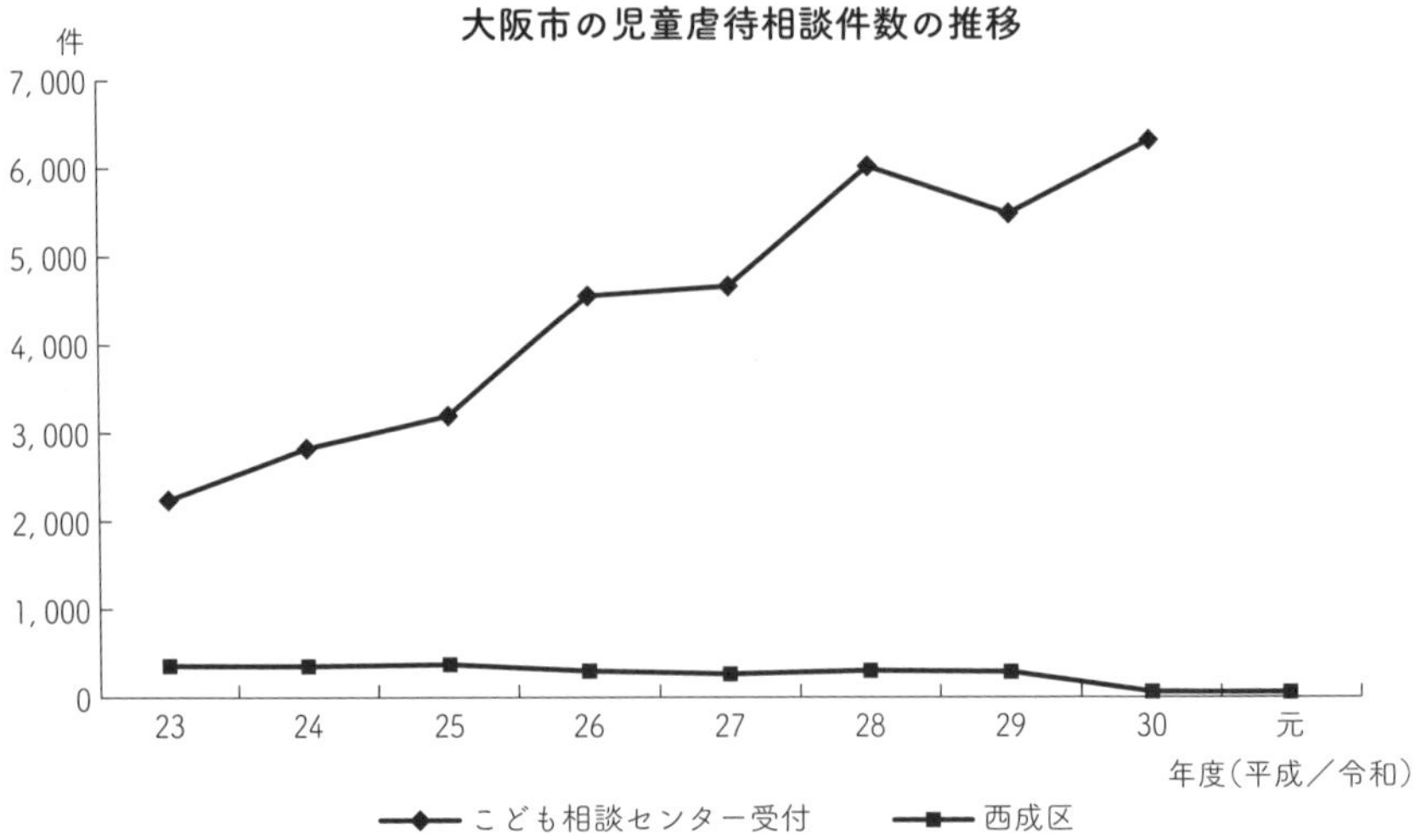

平成 30 年度に集計方法が変わったため見かけ上減っているが，実数はほぼ横ばいである（大阪市西成区子育て支援室提供）

児童相談所における児童虐待相談対応件数

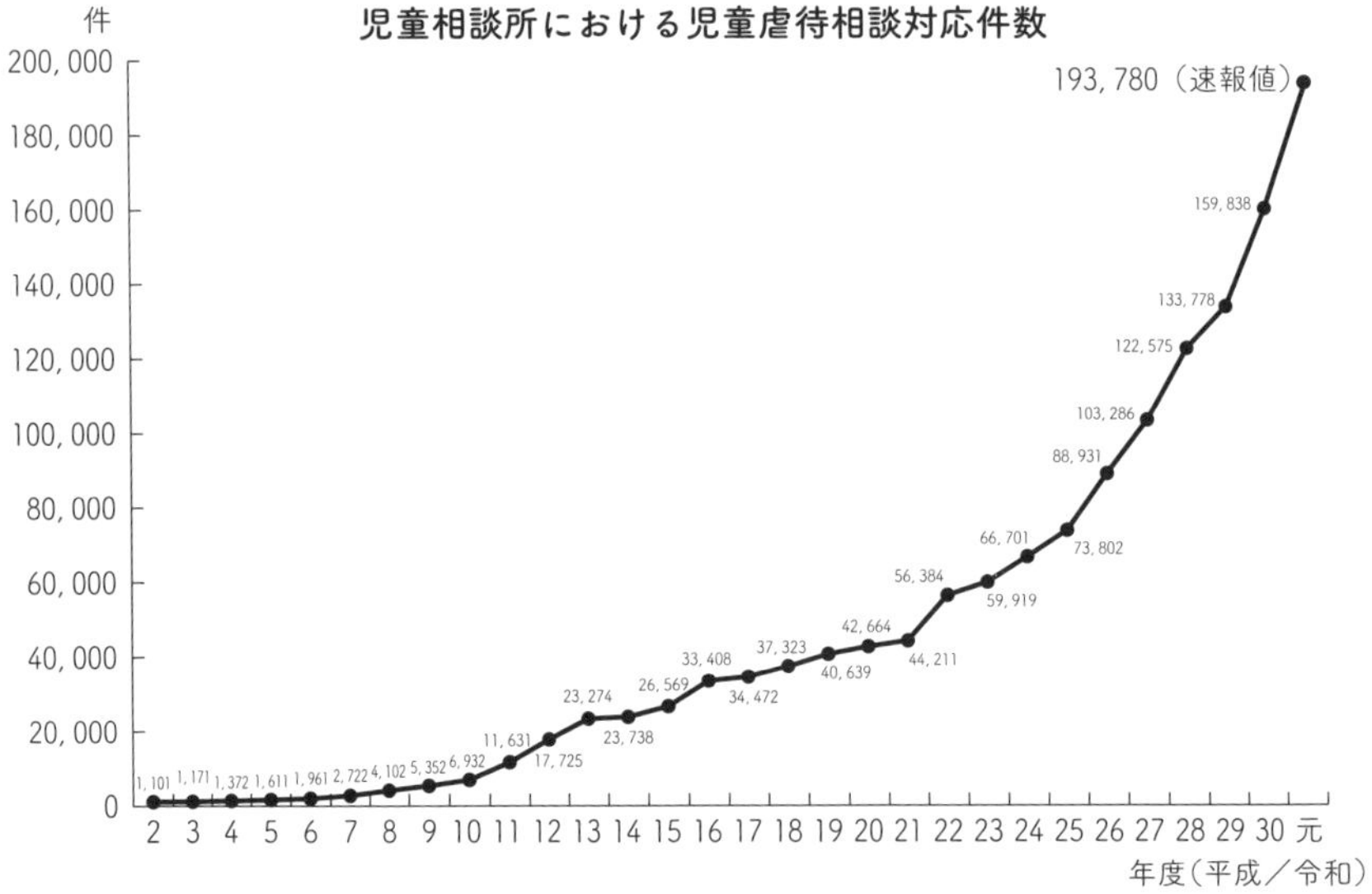

厚生労働省「令和元年度児童虐待相談対応件数（速報値）」(2021 年 1 月 7 日閲覧，https://www.mhlw.go.jp/content/000696156.pdf)

本書の目的は、〈逆境を反転して自分の人生をつくることを可能にするコミュニティがどのように生まれるのか〉を、西成の子育て支援の具体的な姿を描きながら考えていくことである。問われているのは、法律や制度・規範によってつくられた国家や組織ではなく、自発的に生まれる人々のつながりである。つまり、（福祉国家という姿をとるにせよ）上からの統治の仕組みではなく、一人ひとりの下からの社会をつくり出す動きを追う。統治権力の問題としての社会ではなく、一人ひとりの生活からみた地域の創造を描いていく。このようなつながりにおいては、人々は匿名的な「人」[8]に埋没することがない。お互いに顔の見える関係をつくっていくことになる。それゆえに、外から来た研究者にすぎない私自身もまた、だんだんとこの地域の人たちと顔なじみになり、親しくなっていくことになったのだ。

この地域の支援者が共有している明瞭な方針が、いくつかある。目立つのは、〈誰も取り残されない社会〉〈自己責任論を拒否すること〉〈地域での子育てにこだわること〉だ。この地域は、長年にわたって貧困や家庭の困難を抱えてきている。しかし、それは社会保障（これも統治機構の一部だ）の不備によって逆境から抜けられなくさせられているのであって、決して住人の努力の不足によるものではない。[9]貧困は自己責任によるのではないという事実は、本書を貫く前提なので、あらためて強調したい。

〈地域で子どもが暮らしつづけられること〉も重要だ（もちろん、遠くに引き離すことを決断する深刻な虐待のケースもある）。今の日本においては、深刻な虐待や、子育てが不可能になる貧困・病の場合、子どもは遠くの施設に措置されることが多い。[10]親と二度と会えない場合も少なくないという。これに対して、西成北部には子どもが同居を望むときには安全を確保しながら、親子が地域で暮らしつづけることを可能にする仕組みがある。支援者が柔軟に親子の個別のニーズへと応えることで、地域で「子育ち」が可能になるつながりが生まれる。

なお、本編をはじめるまえに、四つの基本用語について補足をしたので、あらかじめ参照されたい。そして、つぎの第1章では、西成の子育て支援のパイオニアであり、核であり、多くの支援者のモデルでありつづけているこどもの里の創設者、荘保共子さんの語りが、西成の子ども支援の根本にある思想を提示することになる。

用語解説

要保護児童対策地域協議会
——西成区北部の例

　この地域は、多くの人が顔見知りであり、友だちであるため、連携が容易である。そもそも、それゆえに私も、多くの人と親しくなることができた。インフォーマルな連携でひとりの子どもや一組の親子を支援する場面も少なくはないが、しかし、フォーマルな連携の仕組みもある。

　代表的なものは「要保護児童対策地域協議会（要対協）」[11]「あいりん子ども連絡会」「わが町にしなり子育てネット」の三つであろう。このなかで法律的な根拠があるのは、要対協の実務者会議（西成区での名称は「児童等地域別ケア会議」）であり、地域の支援者が集まって会議をする。この会議には守秘義務が課されるため、逆にここでは、関係機関が情報を共有することができる。要対協は全国の各自治体に置かれているのだが、西成では、ほかの地域とは大きく異なる働きをしている。

　一九九五年に、当時わかくさ保育園の園長だった故・小掠昭が、地域で子育て支援に関わる支援者たちを集めて情報交換する会議をはじめた。これがあいりん子ども連絡会である。この連絡会を母体として、児童福祉法の改正にともない、二〇〇三年に要対協が生まれる。現在では、あいりん子ども連絡会は、（転居や年齢の超過、施設入所によって）要対協から外れたケースを議論する場所として、毎月行われる要対協の実務者会議に引きつづいて開かれている。

　西成北部にある三つの要対協は、月に一回、行政、児童相談所、小中学校の生活指導の先生、民間やNPOも含めた地域の各施設で毎日子どもに触れている支援者が一堂に会して、一〇〇件ほどの家庭についてすべてのメンバー（子どもも親も祖父母や義父母なども）について、情報をもっている支援者がすべて発言してシェアしていくという仕組みをもっている。情報共有によってとくに重視されているのは虐待予防だ。深刻な事態になるまえにサポートを入れる相談を要対協で行うのだ。

荘保　私たちのとくに西成区の場合はね、もう、各中学校で〔要対協〕やってるわけだから、もう「誰々さん」っていったらみんな知ってるわけですよ、参加してる人はね。だから、その誰々さんで、ま、虐待にもいたらないケースも起こるであろうからって予防してる部分で話し合いをしてるね、ケースもたくさんあるわけで。〔荘保さん2回目のインタビュー4〕

　釜ヶ崎がある今宮中学校区では、毎月一回、西成市民館で実務者会議が開催される（二〇一九年から私も参加している）。荘保さんが司会を務め、一四時から一八時ごろまで実務者会議を行う。そのあと二〇時ごろまで、あいりん子ども連絡会を行い、かつて要対協にリストアップされていたが、転居や施設入所などの理由で現在は要対協のリストから外れている子どもについて議論をする。さらに個別の家庭で必要なときは、関係する支援者と家族で集まって、ケア会議を開く。あるいは、施設保護されていた子どもが措置解除で地域に戻るときには、子どもと家族と支援者を交えて、応援会議が開かれる（これは大阪市の児童相談所が導入した仕組みだ）。

　とくに、小中学校の生活指導担当の先生は、毎朝必ず校門に立って子どもに声をかけ、放課後も子どもたちの様子を見守っており、それを地域の支援者と共有していることは大きい。

生活指導担当のA先生　たとえば、寝不足でもう、ぼーっとした顔して来てたりとか、するとこう、「大丈夫か」って声かけたりもするし。明らかに

不機嫌な顔しとったら、こうやって言うたりとか。違う、いつもと違う〔様子がないか見ています〕。〔…〕

まあ、〔生活指導の教諭は〕みんながそうやと思いますけど子ども好きなんで、かわいいんで、はい。もう、全員好きですよ。

この先生は小学生から高校を卒業した人や保護者まで詳細に、「最近いらんことしてる」か、「機嫌よくしてる」か、どこで遊んでいるか、性格、微細な表情の変化、生活上のできることできないこと、できるようになったこと、友だち関係、きょうだい関係を把握している。地域の支援者たちは要対協で彼の意見を求めることが多い。

あるいは、学校に子どもが通えず、役所で生活に必要な手続きをとることも難しい母子がいるとしよう。先生が訪問しても、母親が応えないので、連絡がとれない。どうも子どもは、隣の行政区にいる祖母宅にいることも多いらしい。唯一つながっているのは、毎月生活保護費を渡す生活保護のソーシャルワーカーである。そういうときは、区役所の家庭児童相談員と生活保護ソーシャルワーカーが相談する。こうして民間の支援団体の子ども家庭支援員が、学校の送迎の手伝いをできるようにセッティングする。そこに、母親を昔からよく知っている中学校の生活指導の先生が助言をして、どのようにしたら（小学校の先生へとつないで、子ども家庭支援員が母親と学校に同行するなど）手続きができるか考える。

この架空の典型例のなかには、四人の多職種の人物が登場している。ふだんは別の場所で仕事をしている人たちが、ひとつの場所で話し合い、断片的な生活実態の情報をつなぎ合わせて全体像を把握し、それぞれのニーズに応える。子どもたちは場所によって見せる姿を変えることもあるので、多面的な情報を合わせることではじめてわかることがある。そして、どの支援者も、親を責めることはなくサポーティブであり、それぞれの業務からできることを考えている。

今宮中学校区の要対協実務者会議には、西成区の子育て支援室、家庭児童相談員、保健師、生活保護のソーシャルワーカー、子ども家庭支援員、大阪市のこども相談センター（児童相談所）、保育所、同じ敷地にある新今宮小学校・今宮中学校の生活指導主事の先生、こどもの里・山王こどもセンター・今池こどもの家・西成子ども子育てプラザといった遊び場や児童館のスタッフ、などが参加している。子どもに関わるステークホルダーが、一堂に会して情報共有するのだ。これによって救われる命がある。たとえば、高校生であっても、かつて通っていたわかくさ保育園の保育士が「昨日歩いてるの見たけど元気そうやったよ」というように、町全体で子どもが見守られている。

用語解説

ACEs（子ども時代の逆境体験）

ACEs研究という、逆境で育った人のその後の人生を大規模に調べた調査がある［Felitti et al. 1998］。子ども時代の逆境体験（虐待、貧困、ひとり親、親の精神疾患や不和など）は、大人になってからの生活に影響する、ということをアメリカの保険会社が調査した研究だ。抑うつや薬物やアルコールへの依存症といった心理的な影響や、DVや虐待のリスクだけではなく、学業や社会的地位に大きく影響し、さらには、がんや心臓病といった身体疾患のリスクが増加することも示した疫学的な調査である。逆境体験のなかで育った人は、最終的には平均寿命が短いということが示唆された。そして、その死因は病だけでなく、事故や殺人といったリスクを含むのだ。

西成の場合、要対協に挙がる家庭の多くが生活保護家庭であり、親も子も障害者手帳をもっていることはめずらしくない。[12] あるいは、親が病気を抱えていることも多い。要対協は虐待のリスクがある子どもの家庭について相談する場所であるが、ここではすべての家庭が生活困難であり、親自身が何らかの逆境のなかで育っているACEsスコアを複数もっていると考えられる。

松本伊智朗が北海道全域の児童相談所を調査し

た研究において、児童相談所に相談が上がる虐待ケースのほとんどでは、貧困、親か子どもの障害、社会的孤立、という三つのハンディキャップが重なっていた［松本（伊）2013］。このことは、「虐待」とされるものが、社会的な悪条件に追い込まれた人のSOSである、ということを示している。

西成区に六つあるうちの、ある要対協実務者会議で、ケースの生活状況が調査されたことがある。いうまでもなく、要対協でかかるケースは、虐待のリスクがあると考えられている家庭である。少し古い統計だが、生活保護家庭が六八パーセント、準要保護家庭が二五パーセントで、合計九三パーセント、また、父がいない家庭が六七パーセント、母がいない家庭が九パーセント、両方いない子どもが四パーセントで、合計八〇パーセントの子どもが、両親のそろっていない家庭にいることになる［西川 2014］。要対協で見守られている子どもが背負っている困難な状況は、ここからもわかるだろう。

西成の子育て支援について考えるということは、「ACEs」で明らかになるような逆境にどのような方策で応答するのがよいのか、という問いかけと重なるということだ。

用語解説

ヤングケアラー

この地域の家庭は、ネグレクトというラベルを貼られることが多い。しかし実際には、外国籍であったり、病であったりという困難をかかえている。そして、子どもが親をケアしているケースが多い。このような状態の子どもを、「ヤングケアラー」と呼ぶ。父親を養っていたスッチさんの「はじめに」での語りは、その典型的な例である。

澁谷智子は著書『ヤングケアラー』の冒頭で、つぎのように定義している。

ヤングケアラーとは、家族にケアを要する人がいるために、家事や家族の世話などを行っている、一八歳未満の子どものことである。

慢性的な病気や障がい、精神的な問題などのために、家族の誰かが長期のサポートや看護、見守りを必要とし、そのケアを支える人手が十分にない時には、未成年の子どもであっても、大人が担うようなケア責任を引き受け、家族の世話をする状況が生じる。［澁谷 2018, i］

また、ヤングケアラープロジェクトのホームページには、以下のようなケアの例が書かれている。

・家事：料理や洗濯、掃除など
・一般的なケア：投薬管理、着替えや移動の介助など
・情緒面のサポート：見守り、声かけ、励ましなど
・身辺ケア：入浴やトイレの介助
・きょうだいの世話：世話、見守り
・その他：金銭の管理、通院の付添い、家計を支えるための労働、家族のための通訳など[13]

たとえば、私が見聞きしたケースでは、病をもつ親の世話をし、病院の手続きをするという中学生の子どもがいる。あるいは、母子家庭で母親が突然病死し、遺された子どもたちのなかの姉が、家庭を取り仕切るケースがあった。

用語解説

子どもの権利条約

子どもの人権を守ろうとする動きは、一九五九年の「児童権利宣言」にはじまったが、一九七九年の「国際児童年」を経て、一九八九年に「子どもの権利条約（児童の権利に関する条約）」の締結というかたちで明文化された。

西成区にいると、子どもの権利条約が話題になることが多い。日本は一九九四年に批准したが、日本社会の現実は、条約が謳う子どもの権利からはほど遠い（恥ずかしながら私自身も、西成を訪れ

るようになってはじめて、この条約の条文を読んだ)。逆に、それゆえに子ども支援の理念として、西成区の支援者のあいだではこの条約の理念の実現がめざされている。

条約では、四つの基本的な権利が挙げられている。

生きる権利

すべての子どもの命が守られること

育つ権利

もって生まれた能力を十分に伸ばして成長できるよう、医療や教育、生活への支援などを受け、友達と遊んだりすること

守られる権利

暴力や搾取、有害な労働などから守られること

参加する権利

自由に意見を表したり、団体を作ったりできること[14]

原則は以下のとおりである。[15]

・**生命、生存及び発達に対する権利**（命を守られ成長できること）

すべての子どもの命が守られ、もって生まれた能力を十分に伸ばして成長できるよう、医療、教育、生活への支援などを受けることが保障されます。

・**子どもの最善の利益**（子どもにとって最もよいこと）

子どもに関することが行われる時は、「その子どもにとって最もよいこと」を第一に考えます。

・**子どもの意見の尊重**（意見を表明し参加できること）

子どもは自分に関係のある事柄について自由に意見を表すことができ、おとなはその意見を子どもの発達に応じて十分に考慮します。

・**差別の禁止**（差別のないこと）

すべての子どもは、子ども自身や親の人種、性別、意見、障がい、経済状況など

どんな理由でも差別されず、条約の定めるすべての権利が保障されます。[16]

子どもにとっての最善の利益を考え、子どもの声を聞くこと、これが要点となる。

これらはどれも、基本的人権として知られるものであろう。しかし同時に、日本の子どもたちがこれらの権利を行使できているとは言い難い。しつけや体罰の名のもとに、暴力から守られていない子どもは多い。あるいは、虐待を受けている被害者なのに、自分の意見や希望を表明する機会をもてない子どもがほとんどである。理不尽な校則は、端的な人権侵害だ。経済的に恵まれていても、友だちと遊ぶ機会を奪われている子どもはたくさんいるであろう。

第1章

子どもたちがつくる場所

「こどもの里」の荘保共子さん

「こどもの里」は、子どもたちが遊ぶ場所であり、親元で暮らすことが難しい子どもたちが（一時的あるいは長期にわたって）暮らす場所でもある。そして、「子どもの命をど真ん中に」と、こどもの里の代表・荘保共子さんがくり返し語る理念が四〇年まえから、そして、現在進行形で現実化される場所でもある。

こどもの里の正面玄関を入ると、一階正面はところ狭しとおもちゃが並ぶ遊び場で、右手に小さな事務室がある。玄関の正面の階段を上がって二階には、キッチンと食堂と書棚があり、奥は静かに遊んだり、宿題をしたりする部屋だ。そして三階は、個室六部屋のファミリーホームである。

ファミリーホームには、親と暮らすことができない子どもが住んでいる。二階の部屋では、緊急一時預かりでかくまわれた子どもや、親の仕事の都合などで一時的に寝泊まりする子どもが、何人かで布団を並べる（荘保さん自身も自室を持たず、大部屋で子どもたちと一緒に寝泊まりしている）。家で親とトラブルになった子どもが、SOSの電話をかけてきて、食事を食べに来たり、泊まりに来たりすることなどもある。

また、近所では、一五歳から二〇歳までの男子のための自立援助ホームや、（荘保さんによる自主事業として）DVを受けて避難した女性や子どものためのステップハウスを運営している。

私がはじめてこどもの里を訪れたときに一番印象に残ったのは、子どもの遊びではなく、玄関の上の壁一面に貼られた、子どもたちの笑顔の写真だった。荘保さんにそのことを尋ねることができたのは、何度もこどもの里を訪れてからだった（インタビューは複数回行っているが、本章では主に第一回目から引用する）。

村上　僕、最初にこどもの里に来たときに、一番印象に残ってるのが、あの玄関の写真で。なんというか、すごくショックを受けたんです。ショックっていうのかな。「〔何年〕何月何日帰天」って書いてある写真が並んでいますよね。なので、毎日、子どもたちが、玄関通って

入って来て、出て行って。だから、かつて自分の仲間だった子どもたちの写真も見ることになるので。〔…〕いろんな経緯で亡くなった方がいると思うんですけども。

荘保　いや、一緒にね、生きた人たちですよね。まあ今いてる家族も、家族で亡くなった写真も飾ってあるし。子ども、今そこに遊びに来てるし。きょうだい、きょうだいがね。ここに遊びに来てるし。なんだろ。

〔世間では〕みんなそれぞれ自分の子どもがいて、その子どもが亡くなったときに、おそらく世の中はね、こう位牌があったり思い出があったりするわけだけど。〔写真に写っている亡くなった子どもたちには〕本当にないんですよ、家族がね。で、ここ〔こどもの里〕は大きな家族だったから、まあ私たちが、と、関わった子どもたちは、それぞれみんなね、自分の家族を飾るように。ここに飾って、毎年五月五日には、あの子たちの写真、全部まえに置いて、で、どうして亡くなったのかって話を、毎年してます。ずっとしてますね。

ずっとしていて、今、生きてたら何歳っていうのと、「こういうことがあって」っていうこと、まあお母さんに殺された虐待の子もいれば、突然死した子もいれば、交通事故にあって亡くなった人もいれば、殺された子もいるし。でも、そのことで、まあ私たちはずっとそのことを忘れないで、今、いてる同じ仲間っていうことをね。

で、いつも言うんです。「夜になったら、この子らみんな降りて来て、ここの一階で遊んでんねん」っていうふうに。フフフ。信じてますよ、小さい子はみんな信じてる。アハハハ、フフ、フフフ。

もっとほかにね、大きい、亡くなった人たくさんいるんですけどね。自死した子もいるし。三人死んでます。自死した子ね。大人になってからですけど。〔インタビュー10 c－11〕

こどもの里の玄関の上の壁には、亡くなった子どもたちの写真と、西成にゆかりのある支援者（たとえば、かつてわかくさ保育園の園長だった小掠昭先生）の写真が、命日の記載（「〇年〇月〇日帰天」）とともに飾ってある。

荘保　ただひとりだけ、下〔の玄関〕に写真写ってる女の子が、お母さんから殺されてるんですよね。うん。で、お母さんも精神疾患あった人でしたわ。〔インタビュー8〕

西成区を訪れると、ときどきふとした瞬間に、死者たちの影が、今現在の日常のなかに浸透していると知らされることがある。西成はもともと、日雇い労働者や部落解放運動といった歴史的な背景が目に見えるかたちで残っている町であるが、それに加えて、釜ヶ崎夏祭りの慰霊祭に表れるように、今生きている人たちが死者とともにある、という感覚をもっている場所でもある。

釜ヶ崎の元日雇い労働者の孤立死の問題に焦点を当てたのが、白波瀬達也『貧困と地域』だった。白波瀬は、「その場限りの当たり障りのない会話は頻繁に見られるが、人間関係を長期的に構築した上で、プライバシーに関わる話を交わし合うことは一般的ではない」〔白波瀬 2017, 134〕と述べている。亡くなった、おそらくは被虐待の子どもたちと、故郷から移り住んできて独りで亡くなった元労働者とは、異なる層であるが、しかし、この地域が根っこにもつ孤立の問題を両面から照らしている。本書がテーマとしている地域の子ども支援のネットワークは、この孤立を反転させようとする運動でもある。

ある昼過ぎにこどもの里を訪れたときは、ちょうど数人の子どもたちが、ボランティアの大学生とボールをもってがやがや近所の公園に出かけるところで、狭い玄関はたくさんの人でごった返していた。同時に、スタッフのジロウさんが、「自転車を盗まれた」とやってきた高校生と一緒に、こどもの里の目のまえにある西成警察署へ、盗難届けを出しに行こうとしていた。

私は荘保さんと打ち合わせがあったのだが、ちょうど児童相談所の職員が来訪しており、スタッフのガニさんと三人で、一階の事務室で話し合っていた。スタッフのマユさんに、「すみません、キッチンで待っててください、奥の部屋は今ちっちゃい子たちがお昼寝してるので」と言われて、二階のキッチン兼食堂、図書スペースで待つことになった。いつもは奥の部屋でお話をうかがうのだが、ちょうどお昼寝の時間だったのだ。キッチンのちゃぶ台では、高校生が勉強をしているところを、マユさんが見てあげていた。

しばらくすると、荘保さんが上がってきた。そこへ、三階のファミリーホームに長期滞在している子どもが、荘保さんと私のあいだに入って座り、「ねえデメ、見て、かわいいでしょ」(「デメ」は荘保さんのニックネーム)と折り紙や組みひもを見せにきて、ちょうど学校がない期間だったので「暇過ぎて数の子の卵の数を数えた」というのを私にも見せてくれた。三時間半数えて、一〇二六個とのことだった。その隣では、床に落ちた飴玉を「バイキン」と押しつけ合う鬼ごっこが突然はじまり、ちゃぶ台の周りを、男の子・女の子さまざまな年齢の四人の子どもたちが走り回っている。

荘保共子さん（2020年）

どたばたしているところに、階下から男の子が泣きながら上がってきて、床の上にねころび、突然ばたばた泣き叫びはじめた。それを心配そうに、ほかの子どもたちが眺める。荘保さんは数の子を数えた少女に、今、その男の子がどういう気分だから泣いているのかを説明している。

なぜ男の子がキレたかというと、一階の広い遊び部屋を真っ暗にしてお化け屋敷をしていたときに、別の子に手があたってしまい、その子から怒られたことがきっかけだった。その子にあやまって和解したはずなのだが、気持ちが収まらず、二階にやってきて、床に転がってばたばたしていたのだった。

実は、泣いていた男の子も、数の子の卵

1階の遊び場。子どもたちが思い思いに遊び，年長の子どもが小さな子どもの相手をしている。お昼過ぎだったのでまだ子どもが少ない（2019年）

を見せてくれた女の子も、家庭で大きな困難を抱えていて帰れないために、こどもの里に滞在している子どもだった。男の子は、家庭状況ゆえに不安定だったのだ。少女も、虐待のフラッシュバックに苦しめられていた。

おやつの時間が近づいてきて、マユさんとアイリさんがお皿に準備しているところに、盗難届のために警察へ行っていた高校生が戻ってきた。「警官がえらそうでむかつく」と息巻いている。そこに、徒歩一五分ほど離れたところにある一〇代後半の男子のための自立援助ホームで責任者をしているケンジさんが、「荘保さんこれチェックしといてください」と書類を渡しにやってきた。

西成には、二〇一四年からほぼ毎週、多いときは週に二、三回とかなり頻繁に訪問しているのだが、荘保さんとはなかなかお会いできる機会がなかった（安易なことでは声をかけてはいけないというためらいがあった）。二〇一八年にはじめてこどもの里を訪れてお話ししたあと、チェ・ゲバラの写真が天井一面に貼ってあるカウンターの飲み屋（序章の写真に写っている「グランマ号」）で、鳥人間のテレビを見ながら差しでハイボールを飲んだのは、懐かしい思い出である。

そのあとは頻繁にお会いし、二〇一九年の春に私の授業でお話しいただき、インタビューも複数回行った。レコーダーを回さない場所でもたくさんのお話をうかがって、子ども支援に必要な思想を教わってきた。荘保さんとお会いするたびに「子どもの最善の利益を考える」「誰も取り残されない社会」「子どもの命をど真ん中に」と何度も何度もうかがっている。彼女の理念の追求と徹底が、西成のみなさんを支えているのは間違いない。以下に登場するのは、こどもの里をかたちづくってきた出来事の、ごく一部である。本書には描かれなかった数多くの大事な瞬間がある。

私の本務校にお招きした講義では、まず、子どもの権利条約が日本で十分に履行されていないことについて語られた。そのあと、一九〇三年の勧業博覧会を契機に釜ヶ崎の町ができていった歴史と、そのなかで子どもがどのような状況にあったのかが語られた。ひき逃げにあった労働者を放置したことに対する抗議から拡がった一九六一年八月の第一次西成暴動の際に、労働者に交じって子どもたちが投石したことから、荘保さんの子どもについての語りがはじまる。暴動の際にクローズアップされた不就学児[2]のために、一九六二年二月に「あいりん学園」が設立される［大阪市立新今宮小学校・中学校 1984, 38］。そして、労働福祉センターとわかくさ保育園が設立された一九七〇年に、荘保さんは学生ボランティアとして、はじめて釜ヶ崎を訪れている。

1　子どもの力をとらえる感性

一生懸命遊ぶ

荘保さんはまず、一九七〇年にできたわかくさ保育園に勤務したのだが、「あまりに子どもたちの生活が大変だったので」〔講義6〕という子どもたちの生活状況があり、それに応答するかたちで「もっと生活のなかで一緒にいたいな」と「子どもの居場所」〔同〕をつくることにする。[3]

荘保さんは、釜ヶ崎でドイツ人の神父がはじめた「ふるさとの家」という高齢の労働者のための施設の二階に間借りして、一九七七年に「こどもの広場」という遊び場をつくる。これが「こどもの里」の前身になる。はじめに子どもからもらったアイディアがあって、つぎにそれに使える福祉制度を探す、という仕方でこどもの里の組織はかたちづくられていく（たとえば、はじめは学童保育の制度を使っている）。①子どもの声がまずあり、②それを現実化する荘保さんの実践、③それに対して利用可能な福祉制度を見つけて手続きをする、という生成の順序が何度も語られることになる。子どもの声とは、遊びだったり、暮らし方だったり、問題行動と呼ばれるものだったり、さまざまな姿をとる。つまり、生活すべてなのだが、それを子どもからの声として読み取るのが荘保さんなのだ。それゆえ、荘保さんの実践そのものが、子どもの表現を引き継ぎ増幅するものとなる。

荘保　学童保育〔という制度〕は一年生から三年生が対象です。〔…〕〔こどもの広場をはじめようと思ったときに、まずはゲームセンターで〕「子どもだけが遊べる場所があるよ」っていうことで声をかけていったんです。一年生から三年生の子どもにね。ようやく四、五人の子どもに勇気を出して声をかけて、そして待っていたら、その子たちが本当に来てくれたんですね。ただね、来てくれたときに、その一年生から三年生の子どもが右手に弟、左手に妹、ちょっと上の四年生、五年生のお姉ちゃんがあかちゃんしょってやって来たんです。そして、中学生や高校生のお兄ちゃん一緒に、「ええっ、子どもだけで遊べるところがあるの?」ってやって来てくれました。

五人に声をかけて集まったのが三〇人です。つまり、きょうだいがすごく多いんですね。今でも釜〔＝釜ヶ崎〕の辺りは八人きょうだいっていう家族がいます。〔…〕その子どもたち何してるかというとね、一年生から三年までの子どもたちがですね、あかちゃんのおしめ替えてる、ミルク飲ましてる。そして寝かせてね、寝かしたあと必死になって遊ぶんです。もう、それこそ、ものすごい勢いでプロレスしたりなんとかして遊ぶんですね。

私はその様子を見て、「ごめんね、ここは学童保育で一年生から三年生しか駄目だから、あかちゃんも駄目だし、お姉ちゃんたちも来たら駄目よ」って、よう言わなかったんです。それで、こどもの里は誰が来てもいいようになりました。〔講義7b〕

学童保育は、小学校一年生から三年生までの児童が放課後につどうための公的な制度である。ところが、子どもがきょうだいたちも連れてきた。労働者の町であり、貧困地区であるこの地域には、多数のきょうだいのいる家族が今でも多い。そして、ひとり親の家庭も多く、昼間は子ども同士で面倒をみ合うことになる。このように、遊び場に集まった子どもたちの姿は、家族と社会の状況を反映している。子どもたちがきょうだいとともに来たという表現に荘保さんが応答することで、あらゆる年齢の子どもがつどう場所（そして年齢や障害の有無を問わない居場所）としてのこどもの広場、そして、こどもの里のかたちがつくられていった（今でも、乳児から一八歳になるまでの子どもたちが世代ごとに均等に一〇〇人ほど登録しているが、実際には二〇〇名ほどの子どもが出入りするそうだ）。

このとき、行政から降ってきた制度ではなく、子どもたちの声が組織のかたちを決めるのである。荘保さん自身のイニシアチブということですらなく、荘保さんはむしろ受け身であるかのような語り口である。子どもたちの自発的な表現に応じて組織が成立していく様子は、あらゆる局面で徹底されている。荘保さんの実践は、子どもの声への応答であり、子どもの表現の増幅なのだ。

このことは、日常でも徹底されている。たとえば、先ほど描いた日常の場面からもわかるとおり、こどもの里では大人が何か遊ぶ内容を準備することはない。

荘保　そして遊びは提供しないです、置いてあるだけです。自分たちでやります、これをしたいって自分がやりたいことをやる。自分がやりたいことをやったときに一番自信がつきますね。誰かがおやつ作りたいって言ったら、おやつ相談できます。誰かがスポーツしたいって言ったらスポーツができて、公園に行ってスポーツします。〔講義22〕

おもちゃなどは揃っているが、子どもがそのときに遊びたいことを自由に遊ぶのだ。子どもがそのつど好き勝手に遊んでいることも、訪れたときのカオスな印象につながる。

ところで、荘保さんの語りでは、「私」という一人称代名詞に対してつづく動詞が限られている。私は「見る」、私は「わからなかった」、私は「教えてもらいました」の三種類が主な使い方であり、ときどき「言う」

や「する」が登場する。この「見る」「わからなかった」「教えてもらいました」こそが、子どもの表現を引き受けて荘保さんが実践を重ねる仕方を示していることを、これから見ていく。

また、まえの語りには、もうひとつの子どもの表現がある。「必死になって」「ものすごい勢いで」遊ぶ。この必死さは、私が西成のさまざまな場所を訪れても実感するものだ。「勢い」は、子どもの表現と子どもの力を示している大事な要素だ。

子どもを〈力〉としてとらえる視点が、荘保さんにはある。そして、「ものすごい勢いでプロレス」していたとしても、（規範を押しつけて）止めたりすることはない。子どもの表現があり、この力が荘保さんに支えられて具体化する。支援とは弱い人を上から助けることではなく、人がもともともっている力を（エンパワーするよりさらに手前で）感じ取り、そのまま開くことなのだ。

荘保　で、この子どもたちとつき合ってるうちに、そうやって遊ぶ、一生懸命遊ぶその子どもたち、「くそばばあ」っていうその言葉の裏に、子どもたちは本当に家の、家庭のことを一生懸命手伝ってる〔のがわかった〕んですね。〔講義7〕

荘保　〔お父さんが仕事からあぶれると〕みんなその公園〔＝こどもの里の目のまえの四角公園〕で寝るんですよ。しょうがない、そんなん。

村上　まあ、そうですよね。

荘保　で、まあそっから、まあ学校に行くしね。あの、もう父ちゃんは仕事は探しに行って、行ってまあうまいこと仕事にありつけたら〔…〕アパート〔代〕払って、また生活するっていうね。で、そういうなかにいても、本当に子どもは明るいし、そのことを文句言わないし。

〔…〕ご飯もないやろけどね、そんなんおなかすいたなんて、絶対言わないもんね。「もうええねん、僕きょうおなか痛いねん」とかね。
〔…〕『すごい、子どもはすごい』と思った、本当に。よく文句も言わずに生きてるな、と思ったね。本当に。うん。でも本人たちもしんどいから、もう荒いしね。手は荒れるわ〔＝人を叩くわ〕、足は荒れるわ。もちろん親には反抗して、もう、そりゃすごい言葉づかいするしって。もう両親も髪の毛は金金やし。もういろいろなことするんだけど。〔インタビュー15〕

子どもたちはきょうだいの面倒をみながら、「一生懸命遊ぶ」。荘保さんの語りで強調される子どもたちの様子の、二つの軸が現れている。ひとつは遊ぶこと、[4]もうひとつは家族やほかの人を気づかうことであり、「一生懸命手伝ってる」、ヤングケアラーとしての子どもの姿だ。[5]この二つの「一生懸命」が、「はじめに」で語られた子どもの「きれいな目」の謎への答えだろう。

荘保　それこそ本当に一生懸命生きてる姿ですよ。なんかもう、要は、どうしたら明日生きれるんやろうな、みたいな。
〔…〕うん。だから、一生懸命、心をつかって生きてるんですよね。子どもたちはね。うん。心をつかってんですよ。〔インタビュー10b〕

「一生懸命遊ぶ」姿は、「一生懸命生きてる姿」に根ざしている。「一生懸命、心をつかって生きてる」は、まさに子どもの表現の端的な定義だ。「一生懸命」の理由は、「どうしたら明日生きれるんやろうな」という生存が脅かされる状況で生きていることを意味していることが、この語りからわかる。生存の基本的な条件である社会資源からも、法権利からも排除された状況に人が追い込まれた条件のもとで生き抜くときに、「一生懸命」が成立しているのだ。

つまり、「一生懸命」という誰もが頻繁に使う日常語が、荘保さんにおいては〈生存を賭けるなかでの個体化〉という極端な意味において使われている。[6]

人を気づかう力――「こども夜まわり」のはじまり

さて、親や弱い立場の人を気づかう力も、子どもたちの力の大きな部分であり、子どもの力の表現である。その力と表現が発揮される場面のひとつが、「こども夜まわり」である。釜ヶ崎で長年路上生活者の支援活動を行ってきた生田武志が、つぎのような場面を描いている。

> 二〇一三年一月深夜、「こどもの里」のこども夜回りが、あいりん総合センターそばの路上で、腰を痛めて歩行困難な七七歳の女性が震えているのを見つけた。女性に話を聞くと、兵庫県の甥のもとでくらしていたが、甥は彼女の面倒をみるのに疲れ、「あそこなら家がなくてもなんとかなる」といい、その日の夕方、釜ヶ崎まで車で連れて来て置き去り(!)にしたという。夜まわりには医師も参加しており、こどもの里に来てもらって点滴をうち、二日間泊まってもらった。お金も頼る先もなかったこの女性は、相談の上、釜ヶ崎近くの病院に入院した。そして退院後、相談の上で生活保護を受け、釜ヶ崎近くのアパートで生活することができた。
>
> これはもちろん、どう考えても許されない「姥捨て」だ。だが、釜ヶ崎に夜まわりがあり、「こどもの里」のような施設が存在したことは、この女性にとって最後の救いとなった。[生田 2016, 36]

最近参加した子どもの感想文も引用してみたい。

私は今日、日本橋を回ってきました。

初めての夜回りで、とても、きんちょうしていました。でも、おじさんたちも、やさしくて、どんどん自分からおじさんに話しかけるのが、楽しくなってきて、自分から、のじゅくしている人を、探すように、なりました。

今日、一番、勉強になったことは、小学生の時まで、家の近くとかでリヤカーを、おしている人とかがいると、キタナとか言っていましたが、今になってよく考えてみると、その人達も、ちゃんとした仕事をしているんだなーと思い、その時のことを、もうしわけなく思います。「ごめんなさい」〔こどもの里 2020, 62〕

子ども夜まわりは、今も毎冬つづいている。荘保さんは夜まわりのきっかけになる出来事のひとつを、つぎのように語った。

荘保　ちょうど一九八〇年の〔現在の場所への移転の〕ときにですね。〔…〕その最初の年に小学校三年生だった女の子です。やってきました、「ただいま」って。私そのまえに、用事があってですね、〔…〕こどもの里のまえに戻ろうと思ったら、この〔目のまえの〕西成警察の塀のところにおばさんが倒れてたんですね。〔…〕そのおばさん見て私は、『まあ、めずらしいな』と思って、私はこどもの里のなかに入ったんです。

さっき言った女の子がやってきました。「ただいま」って言って入ってこないんですよね。『どうしたのかな』と思って、こう見てるとですね、声が聞こえるんですね。その女の子、おばさんを見つけて、「おばちゃん大丈夫？」って声をかけてました。そこにちょうど西成警察の署員が二人通りました、お巡りさんですね。で、彼女はお巡りさんに言ったんです。「このおばちゃんなんとかしたって」って頼んだんです。

　おそらくそれはね、お父さんがしょっちゅう、アルコールを飲んで倒れてたでしょう、で、それいつも、何、起こすのに誰かを頼んでたと思うんです、ちっちゃい女の子だったからね。だから、それと同じように多分、言ったと思うんです、「なんとかして」って。そしたらお巡りさん言いました、今でも言うんですけど、「そんなのほっとけよ」って言いました。そしたら彼女ですね、お巡りさんのまえにぴしっと立ってね、「このおばさん死んだらあんたらのせいやで！」って怒ったんです、お巡りさんにね。私、それを聞いてて、その「あんたら」は私でした。私は知らん顔してなかに入ったんですね。

　そのことがあって、私たちは「こども夜まわり」っていうのははじめるんですけども。人とつながろうとする力とか親を慕う力ですね。〔講義12a〕

「〔私が〕見てると」「私、それを聞いてて」と荘保さんが知覚を語るのは、何か知らなかったことを発見するときである。そして、「見た」段階ではまだ何が問題になっているのか「わからない」が、そのあとに「教えてもらう」瞬間が来る。荘保さんは「子どもから教えられ」て、一九八六年度から、冬季深夜に路上生活の人たちを訪ねて歩く「こども夜まわり」という新たな事業を「はじめる」ことになる。[7] 子どもの声が増幅して実践になる。そして、「その〔おばさんを放っておいた〕「あんたら」は私でした」というように、第三者の問題を自分自身が直面する課題として引き受けている。

　また、子どもが警察官を呼び止めて倒れているおばさんを助けようとする姿は、他者への気づかいであり、かつ、「問題解決能力」〔講演11〕である。子どもは単に困ってSOSを出すだけの弱い人ではなく、気づかう力をもち、価値を教える主体でもある。支援とは、「弱い人を助けてあげる」ことではなく、当事者から価値を教わることであることになる。ほかの人を気づかう力は、生き抜き、SOSを出す力とともに荘保さんが注目する主要な力である。

もうひとつ、ここからいえることがある。ここでは少女自身が年齢や警察官の役職といったヒエラルキーを壊して、人と人との関係を導入している。私自身の実感としても、子どもたちは大人とのあいだにヒエラルキーを設けない。口が悪いといえば悪いが、決して臆することがない。対等に大人に対して言うべきことを言う。そして、荘保さんは対等な人間として子どもの言葉を聴く。このフラットな関係のなかで、少女からおばさんへの気づかいも、荘保さんの学びも生まれている。力と関係のフラットさが、応答表現としての支援の背景にある。

こどもの里は、さまざまな場面で地域のなかに浸透している。こども夜まわりやおじさんたちとの運動会[8]は、それがオフィシャルな活動になったものだが、そもそも地域におけるフラットさと気づかいが基礎にあり、それが実践へと具体化している。[9]

2 家を補完する

表現としての問題行動と家の代わりとしてのこどもの里——里親のはじまり

第1節では、一人ひとりの子どもの声への荘保さんからの応答が主題となっていた。そのなかで、子どもや親と地域との関わりが話題となっている。第2節では子ども個人ではなく、子どもが育ってきた家を単位としてみたときのこどもの里の役割を描いていく。子どもの「問題行動」とラベリングされたものが、実はSOSであると気づいたとき、家の代わりの避難所として、こどもの里がかたちづくられていく。このとき、遊び場としての役割から、避難場所へと変容していく。

荘保　こんなことを抱えながら、それでも子どもたちは一生懸命生きてるんですね。で、そのなかで私、とくにお話ししたいのは、非行ってことなんですけど。子どもたちも一・生・懸・命生きてるけど、反抗期に入ってきたら、もちろん家出します。お母さんに怒られたらさ、あたりまえです。〔…〕〔講義14a〕

荘保さんは非行・問題行動や症状というネガティブなラベルを用いず、家出を子どもがSOSを出すポジティブな力として捉える。このことは、子どもの声を引き継ぐという意味だけでなく、支援者の側がもちがちな先入観を捨てるという意味をもつ（ボトムアップに徹することは、支援者がもつ「規範」を捨てることでもある）。

荘保　ある小学校五年生の女の子の家出がはじまり、そして、その家出の女の子を中心にして、五、六人の女の子が一緒になって家出をするようになりました。でも女の子だし、私はやっぱりね、家に帰そうと思ってとりあえず探してですね、〔…〕そして見つけたら、「やっぱり女の子は家に帰ろう」と言って連れて、連れ戻しました。二週間ぐらいじっとしてるんだけど、また家出するんですね。で、また連れて帰る。二週間たったらまた家出する、もう本当にそのことがずっとくり返されました。〔講義14b〕

このあと髪の毛を金色に染め、シンナーを吸うようになったことが語られる。

荘保 それでも私たちは、やっぱり家に帰ろうって言って連れて帰ってたんですよ。そんなことで、一年が過ぎ、小学校六年生の卒業式のとき、卒業式があったそのときから、ぴたっとその女の子が来なくなりました。で、私はどこに行ったかわからなくなったんですけど、その女の子、中心的な女の子がいなくなってから家出は収まりました。ほかの子どもたちは、その学区の中学校に行きました。

三年たって、その来なくなった女の子が戻ってきました。戻ってきたっていうのもおかしいけど、施設に行ってたんです、三年間ね。〔講義14c〕

私たちは「居場所」という言葉をよく使う。たしかに居場所なのだが、それだけではあいまいである。こどもの里は、自宅での生活を補完する役割を負うことや、自宅の代わりの住まいになることもある。日々の遊び場であることが基礎にあって、さらにその上に、一時的な宿泊先や長期的な家の代わりとなる。子どもが家という生存の基盤を必要としているがゆえに発せられるSOS表現へと応答した結果である。つまり、「居場所」という言葉は、ここでは生存そのものを可能にする場所のことである。

荘保 彼女の家は、〔施設から〕帰ってきたけども、家がなかったんです、もう親たちがいなくなってて。それで、こどもの里に来てくれて、「なんとか住みたい、仕事を探して、出発したい」っていうことで。「じゃあ、生活しよう」ってことで、こどもの里で生活がはじまりました。それは里親のはじまりですね。そして、その生活をしているときに、〔少女とともに家を出た

友人と）二人で仕事を探しに行ってるときに帰ってきてから、すごい勢いで泣き出してですね、もうそれは、すごい勢いで泣き出したんです。その泣き出したそのときに、『いったい、何が？ おかしい、何かが起きた』と思ってね、『うわあ』っと思ってたんですよ。

とりあえず、「どうしたん？ 話を聴かして」っていうことでいったときに、ほとんど話さず、とりあえず泣き出した、二人、でも、その合間、合間に言ってくれたんです、「大人は大っ嫌い」って、「誰も助けてくれない」って言われました。——でも、私は思ってるんですよ、頭のなかで、『いや、あれもしたし、これもしたし』と思ってる。でも、彼女はそうやって泣きました。——そして話してくれたんです、何があったか。その家出をしてた女の子、実は、実の父親から性被害を受けてたんです。〔講義14d〕

この場面では性的虐待によって、少女が居場所であるはずの自宅から排除されている。家出とは家から排除された人が、能動的に生き延びようとする力を示している。そして、児童相談所に逃げて三年後に戻ってきたときに、少女の実家はなくなっている。逆境が（社会のなかの困窮ではなく）家族制度という単位で生じている。そもそも家は社会の波風を避ける生存の場所であるのに、その家での生存も保証されなくなるのが虐待である。子どものSOSの声を荘保さんが聴き取ったときに、自宅ではない場所に生存の場所を生み出すのだ。

荘保　私、それを知らないもんだから、いっつも私は加害者のもとに帰してたんです、二年間帰しました、加害者のもとに。そのたびごとに彼女は被害を受けて、そして、家出をした。その家出をしたときに友だちは知っていたそうです。なので、「彼女ひとりで、家出させるわけにはいかん」って言って、みんなが一緒に家出をしてあげていました。彼女がしんどくてシンナーを吸ったとき、友だちも一緒にシンナーを吸っていたんですね。そして彼女はずっと訴えかけていたんですよ、私たちに、でも、私にそれはわからなかった、どういうことかわからなかった。なので、彼女は小学校を卒業すると同時に自分で児童相談所に行って「助けてほしい」と、そして施設に入ったんです。そして三年間を過ごして帰ってきました。〔講義14e〕

家出が生き抜く力であり、SOSであることは、自分で児童相談所に「助けてほしい」と駆け込んだことからもわかる。少女たちがなぜ家出をしたのか、そのうちのひとりがなぜいなくなったのか、帰ってきたときになぜ泣いていたのか、なぜ「大人は大っ嫌い」と言ったのか、荘保さんには「わからなかった」。これらすべての「なぜ」の答えが父親からの性的虐待だった。号泣するという少女の表現は、今まで被害を語り出せなかった重さであり、かつ、行き場と居場所を失って行き詰まった苦境の表現でもある。

荘保さんの語りでは、子どもの行動がくり返されるとき、そのくり返しが何かのSOSの表現になっている。反復はまだ気づかれていない苦境の継続を示していると同時に、逆境のなかで生き抜こうとする力が持続していることも示している。逆にいうと、SOSが聞き取られないときに、SOSは反復する。(問題行動のような姿をとっている)反復はしばしば逆境を表現し、そのとき荘保さんの動きは逆境の反転というかたちをとる。

また、荘保さんは「わからなかった」と語ることで、子どもによって「教えられて」変化をしていったことを強調している。こどもの里に少女は戻って「来てくれて」いる。この「来てくれて」のなかに、こどもの里への少女の信頼がある。子どもの表現(家出、求職活動、号泣)を引き継いで現実化するように支援がかたちづくられている。子どもが帰宅したがらないときは、理由がわからなくてもかくまう。こうして荘保さんは子どもが家に戻れなくなったときに「里親」として、家の役割を果たす。荘保さんが実際に制度的な「里親」となったのはもっとあとの二〇〇〇年のことであるから、まずは子どものSOSに応じて子どもを迎え入れ、それを受けてあとから制度的な補助を見つけ出している。

つまり、「制度はあとからついてくる」（荘保さんからいただいたメールの引用）。このようにして、荘保さんは（家の代わりとなる）生存のための場所をつくる。子どもの声に応える活動は、子どもが逆境に置かれている場合、生存そのものの条件を確保する自発的な活動になる。単なる遊び場だった居場所が、こうしてシェルターになる。

なお、少女が家出やシンナーという仕方で出していたSOSに、はじめは荘保さんは気づけていなかった。問題行動はSOSとして受け取られなければSOSにならない。これに対し、少女の友人たちはSOSを受け止めて、「一緒に」家出をしている。ともに家出して、「一緒に」シンナーを吸うことで、少女は生き残ることができるようになっている。虐待から逃げ出すことは少女の力であり、そして、友人たちは「一緒に」家出することで少女の力が発現するのを手助けしている。

親しい人のあいだで使われる「一緒に」という言葉は、荘保さんにおいては〈生存に関わる場〉をつくり出すという強い意味をもつ。「一生懸命」が逆境に抗する行為につけられる形容であるのと同様に、「一緒に」は〈生き延びるために必要な場〉の戦略としての対人関係なのだ（この「場」は、そのつどの対人関係が生み出すものであり、目に見えない動的なものである）。この少女たちの「一緒に」は、「はじめに」のスッチさんも自らの少女時代について使った言葉だ。

まず、少女は「一緒に」というピアのサポートによって生き延びることができた。つぎに、荘保さんは子どもの表現を受けて里親をはじめる。つまり、生存のための居場所は、すでに町のなかで家出をともにした友人たちによっても流動的な仕方で実現されている。あらかじめ地域に潜在していたサポートが施設として具体化したのがこどもの里だということもできる。子どもの力は個人の力であるだけでなく、子どもが育ってきた地域の力、集団と歴史の力でもある。

荘保　〔その少女の友人の〕もうひとりの不登校だった女の子、〔…〕その子は言ってくれた。五年生のときにアパートの管理人が上に乗っかってきたんですって。で、そのときに隣の部屋にお母ちゃんいたから、「お母ちゃん助けて」って言ったのに親は助けてくれなかった。おそらく、その子のお母さんは売春の仕事をしていた。〔管理人から〕お金をもらってたのかわかんない。でも、助けてくれなかった、「大人は大っ嫌い、誰も助けてくれない」って彼女は泣きました。

そして、彼女の泣いたのは、その「お母さんの血が私の体のなかに流れているから、この血を替えたい、この血、替えて」って、「全部、血替えて」って泣きました。本当にあふれるほどに泣き、でも、その最後に言った言葉が、「それでも、私のお母ちゃんやねん」って、「お母ちゃん大好きやねん」って言って彼女は泣き崩れたんですね。〔講義15a〕

荘保　多分お母さん、お金もらってたんですよ。家主からね。で、自分の子ども〔を〕まあ言えば売った。ね。そのことは、彼女わかったあとでね、「それでも私のお母ちゃんや」と言ってね、泣き崩れて、ずっとお母ちゃんの面倒みてね、最後まで孫〔＝娘〕と一緒に、天国に送った〔＝看取った〕っていう。その子どもたちの気持ちを、勝手に切り離すことはあかんし。〔インタビュー8〕

性被害はしばしば家族を断ち切る。しかし、この場面では同時に、〈母親とつながろうとする力〉が拮抗している。少女、母親、加害者という三人の個人の問題でもあるが、同時に家という単位があるからこそ起きた葛藤であり、それゆえに家の代替物が必要になる。少女にとってこどもの里は家からの避難所であり、かつ二つ目の家となっている。子どもは避難場所を必要とするが、しかし、家族とのつながりも同時に生存に関わるものでありつづける。なので単純に親から引き離せばよいとは限らない。ここに複雑さがある。

こどもの里はこのような複雑さ・葛藤を可視化し、吸収する場所でもある。ある場面ではこどもの里にかくまいつつ親との接点を保ちつづけて同じ学校に通いつづけ、ある場面では親の暴力から完全に守るための強固なシェルターとなるのである。

荘保　だからそのときは、そうやって言って「ここに泊めろ」つったからね。で、それを無理やり帰すってのがね、〔…〕。無理やり家に帰してたんですよ、あの家の女の子。ずっと二年間ね、帰しつづけた。帰しつづけた結果が、結局、要は自分から児相〔児童相談所〕に行って助けを求めたっていう、それが結果だったんやね。だから子どもは、やっぱり自分が本当にしんどいときには自分が家出をするっていうの、よっぽど何か理由があるということですよ。うん。だからその理由を、やっぱりちゃんと聴くということやね。ちゃんと聴いて、で、わかれへんでもとりあえず、「帰りたくなかったら、ま、ここにいていいよ」って。「今日、泊まってき」っていうことが言えるっていうのは、それはだから、そういう子どもたちが、そういうふうに、そういう場をつくってくれたんですよ。ここをね。だから緊急一時〔保護〕にっていうかたちでなってます。

うん。だから、〔…〕私の知らない世界のなかで、私が出会ったその子どもたちが教えてくれたことで。教えてくれて、私に教えてくれた子どもたちがもつ力ですね。それが、実は子どもの権利やったっていうことを、思うんです。うん。〔インタビュー8d-9a〕

ドキュメンタリー映画『さとにきたらええやん』（重江良樹監督，2016年）のポスター。本作では，「こどもの里」を利用し，親との葛藤を抱えながら生き抜く子どもたちの姿が描かれている

「子どもたちがもつ力」がすなわち「子どもの権利」であるというのは不思議な言い方である。生き抜こうとする力と人とつながろうとする力は、尊重されなければいけない生きる権利であり、かつ、家族と暮らす権利であるということだ。そして、その力が具体化するためには力を受け止める人が周囲に必要なのだ。

ここでも、子どものSOSに応じてこどもの里の実践が生まれるということが強調される。

さらに子どものSOSに対して、「わかる」と「わからなかった」という受け止めのあいだに「わからへんでも「できることをする」」という第三の状態が示されている。家に帰りたがらないという子どもの声の意味がわからなくても、できることをして具体化したのがシェルターとしてのこどもの里であり、これを公的な制度に乗せた姿が緊急一時保護である。こどもの里は、自宅が居場所ではなくなって生存不可能になってしまった人のための、オルタナティブな家・居場所・生存の場所になる。

ネグレクトと家族のつながり——レスパイトのはじまり

ヤングケアラーとしての子どもが、しんどい親と一緒にいることの意味は、自死のケースをとおして、その生死に関わる性格が語られた。

荘保　この例も三人の例なんですけどね、お母さんはいろんな疾患をもっていて、いたんですけど。この三つのケース、三つともですね、お父さんが亡くなられたんです。二人は病気で、一人は地下鉄の工事現場の現場で壁が倒れてきて下敷きになって亡くなりました。残されたのは、この疾患を抱えている〔母〕親と子どもです。お母さん、もちろん一生懸命やるんですけれども、なかなか朝になったとき〔…〕起きれなかったり、もう、もちろん〔学校に行く用意が〕そろわない、なかなかね。お父さんがいたからなんとかなってたけども、だんだんそろわなくなり、そして子どもはお母さんが心配で学校を休むようになる、遅刻がはじまる。

　そうすると学校が〔児童相談所に〕通報するんです、ネグレクトで。子どもたちちゃんとお母さん、訪問してみたら「寝てたよ」って、「また起きてないよ」って。部屋のなかごみだらけだった、「これはよくないでしょう」ってかたちで、もちろん児相が来て学校から連れて行っちゃう。お母さん一生懸命なんですけどできない。

　では、そのためにはヘルパーさんがいるんですけど、そういう制度があるんですけど、なかなかつながっていかない、お母さんが拒否する場合が多いですので。で、この三組とも、施設に行ってしまいました。残されたお母さん、子どもがいるから生きてるんです。会わしてほしいから会いに、「会わしてほしい」って児相に行くんですね。

お母さんたちにはね、子どもたちが行った施設教えないんです。なぜなら教えたら迎えに行くでしょう。トラブルになるので教えなくて、面会は児童相談所でします。あるいは、区の子育て支援課のほうでするんですね。で、このお母さんは行きます。寂しくなって「子どもに会いたい」って、「会わしてくれ」って、でも、急に行っても当然そんな会わしてくれないですよね、せいぜい年に二回ですからね。お母さん行きます。どうしても会いたい、寂しいから。で、「駄目だ」って言う、「いや、会わしてくれ」って、もうそこで暴れちゃうんですね、「返せ」って。そしたらますます、もっと、「こんなお母さんのとこに子ども返せますか」ってなってしまう。もう悪循環です。このお母さん三人ともね、自死されたんです。

このことがあって、私はどんなことがあっても地域のなかで子どもと親が一緒に生活する、それを地域で守るってことがどういうことなのかっていうことを本当に教えてもらいました。今、二家族が一週間の全部を一緒に生活できない、半分ぐらいだったらなんとかなる。でも、そのあと半分はもう、お母さんがすごく、もう、怒りが出てきたり、あるいはものすごくしんどくなったりなんかして、子どもとの対応が悪くなるんで。ふつう、〔日本で〕こういう場合はもう施設です、行きます、別れます。

でも、こどもの里の場合、週の三回ですね、週の半分を里で預かります、子ども。そしてまた帰って週の三回、親と一緒に生活しています。学校もそこから行きます。これは地域のなかだからできるね、児相なんかにいたら学校行けないでしょう。〔講義18〕

子どもを一時保護された母親が、何度もくり返し児童相談所に訴える。反復はここでも解決されない苦境のサインである。そして、「一緒に」は生存に関わる意味をもつ。と同時に、「しんどく」は一緒にいることがで

きないという生存に関わる意味をもつ。離れるけれども「一緒にいる」というのも、先ほどの語りと同じである。

この場面では、子どもが生存し教育を受ける権利と、子どもが家族とともに安心して暮らす権利とが齟齬をきたしている。児童相談所は前者を優先するために子どもを保護し、その結果母親が自死している。こどもの里がめざすのは両者を両立させることだ。そのために子どもが緊急避難的にこどもの里に宿泊し、あるいは週末里親となり、(「ぴよちゃんバンク」という名前がついている) 保育所への送り迎えを代行するボランティアを派遣している (第4章のスッチさんの説明を参照)。子どもと親が望む同居を実現するための、生活上のサポートをするのである。母親のしんどさと子どもの育てにくさゆえに、子どもを叩いてしまいそうになるのだが、一週間のうち何日かを子どもが里に宿泊することで、母子で生活することが可能になるのだ。生活のサポートが入ったことで食事や起床が安定し、子どもが学校に通えるようになって友だちが増えた母子と、私も別の場所でお会いしたことがある。

荘保　ちょっとでも子どもたちに安心な場所。家庭が安心できなかったら、家庭に代わるどっかでね。子どもが安心におれる場所であるとか、「ここに行ったらなんとかなるよ」みたいなね。うん。やっぱりどこかあれば、それがあるのとないのとは、やっぱり違うんちゃうんかな、と。［インタビュー9］

つまり、家の機能が地域に拡大している。身体障害をもつ人の動きを車椅子や杖が補助するように、家を補助する補完装置としてこどもの里が機能する。虐待はプライベートな空間である家で起こる暴力だが、そこに支援が介入することで家が公共化する。しかし、この公共化をすぐに行政の介入にゆだねるのではなく、地域社会の自発的な動きのなかで取り組もうとするのだ。

3　子どもを守る

子どもをかくまう――緊急一時保護のはじまり

「一生懸命に生きる」ということは、生存が賭けられるような困窮に追い込まれているということである。この困窮には貧困や虐待だけでなく、社会の権利から排除されるという仕方で生存を脅かされている場合もある。[10]

こどもの里はあらかじめ行政の制度で決められた支援をするのではなく、子どものニーズと願いに応じて、「子どもらがつくった」［インタビュー10a］場を生む。この出発点は強い帰結を生む。単に困難な生活状況にある子どもを助けるだけでなく、制度・規範・権力によって居場所から排除された子どもを守る場所になるのである。上から押し付けられる規則ではなく、ボトムアップによって生まれる当事者主導の動きは、法権利から排除された人を擁護する動きを論理的な必然としてもともなう。それゆえ、こどもの里は権利を回復するための避難所となるのだ。子どもの声を聴いたのちに制度があとからついてくるということは、子どもが使える制度をつくるということだけでなく、人権がまず大前提となる普遍として存在し、それに応じた法制度を獲得するということでもある。

第2節で描いたのは、自宅にいられなくなった人の居場所としてのこどもの里だった。第3節は法権利を生み出す運動体としてのこどもの里が話題となる。

つぎの例は、法権力によって（親子の意思に反して）一時保護されてしまいそうになる子どもを地域にかくまう場面である。

荘保　お父さんが〔一〇日ほど飯場＝工事現場に〕行ってるあいだ、子どもたちだけで生活します。もちろん大きいお兄ちゃんたちは、学校休んで子どもの面倒をみる。だけども、ちっちゃい子どもたちも遊ぶでしょう、毎日、毎日遊びに来るのにね、幼稚園児の子どもたちだけ来なくなるんです。小学生のお姉ちゃんたち、お兄ちゃんたちは来るのにね。『どうしてちっちゃい子たちが来ないのかな？』って、私もわからなかった。それも聞けないんです、私もね。子どもたちも何も言わない。あとでそういうことがわかりました。その子どもたちは児童相談所に行ってたんですね。

なぜならば、子どもたちだけでうろうろするでしょう、お姉ちゃんたちは面倒みてるんだけどね、やっぱり通報があってお父ちゃんが親がいない、子どもたちだけでいるっていうことで小さな子どもたちだけ児童相談所は引き上げていくんですね。〔…〕〔児童相談所は〕「子どもの面倒をみなさい」って。「子どもの面倒をみなさい」って言ったらね、仕事に行けなくなる。仕事に行けなくなったら今度、お金がなくなる。これが日雇い労働者の生活の、日雇いの人たちの生活の一番しんどいところです。そうしながらも、でも子どもたちは生きていきます。〔講義10〕

子どもの安全を盾にして、子どもは自宅から引き離される。

―　**荘保**　あるとき、お父さんに言われました。「すまん、今度また一〇日のね、飯場の仕事があるんだけど、下の子どもだけすまんけど預かってくれないか」って。このまま置いといたらまた児童相談所に連れて行かれる。——実際、児童相談所に連れて行って返してくれない、つまり施設に行ってしまう、子どもたち。たくさんいたんです、遊びに来たのに来なくなった子どもたち、たくさんいました。私はそれを知っていたし。

　そのときまで私、児童相談所〔での生活を〕知らなかったんですよ。はじめて聞いてね、〔子どもたちの〕面会に〔私が〕行ったときに。『この釜のなかでは朝昼晩ご飯食べれない、風呂もなかなか入れない、だけど児童相談所は朝昼晩あるしね、ちゃんと寝られる、さぞかし楽しんでいるんだろう』と思って行ったんですね。[11] 子どもたちの言った言葉、「父ちゃん、いつ迎えに来てくれるの？　僕らは本当に帰れるの？　家に」って。もうね、不安でいっぱいだったんですよ。安全かもわかんないけどね、全然、安心な場所じゃないんですね、子どもたちにとって児童相談所はそんなとこです。

　それでお父さんが、「すまんけども、下の子だけでも預かってくれないか」って言われたときに私は「いいよ」って言いました。それが緊急一時〔自主事業として行っている一時保護の受け入れ先〕のはじまりなんですね。

　今でも緊急一時〔預かり〕やってます。いつでもしんどい人たちは来てください。お母さんとお父さん、お母さんとけんかした、子どももそうです、「今日、お母ちゃんとけんかして帰りたくない」っていう子どもは、「いいよ、来ていいよ」って。あるいはDVで、親子でもめて来ることもあるし、お母さんが仕事があって、今日はお泊まりだ、夜勤なので子どもだけ泊まるっていうこともある。それを児童相談所に行くんじゃなくて、この遊び〔場〕の地域のなかでそれを見ていく。自然にそうなったんです。お父さんに頼まれて、「いいよ」っていうふ

うに言ったことがはじまりでした。〔講義10–11〕

荘保　子どもたち〔一次〕保護するっていうときに、あまりにも子どもたちが今の生活から突然、学校から連れて行かれ、で、そこでずっと保護されてって。保護してるつもりか知らないけど、子どもたちはね、牢屋に入れられてると思ってるね。だって一歩も出られない、学校も行けない、連絡したくてもできない。で、そういうなかに子どもたちを置いとくことがね、はたして保護することになるのか、ということですよね。で、それはずいぶん言ってきて、今、広島市と福岡県が、ね、少なくとも、その小学校区に緊急一時の里親さんをつくりましょうっていうふうには動いてくれていますよね。で、本当はそういうふうになったらいいと思ってるし、ここ〔＝こどもの里〕もその、緊急一時の保護のつもりもあるし。〔インタビュー22–23〕

日常から外れて子どもがいなくなったり、あるいはいないはずの時間に子どもがやってきたりするときに、隠れていた逆境が顕在化する。この場面では、子どもが一時保護でいなくなっていた。

権力が強いる規範と生活（貧困）とがジレンマをおこしている。父が働きに行っているあいだに子どもが一時保護されているのだ。子どもが、住んでいる場所から引き離されてしまう。一時保護所での生活を荘保さんは「知らなかった」わけだが、子どもから「僕らは本当に帰れるの？」と聞かれ学んだことでこどもの里はシェルター機能をもつようになり、緊急一時保護という新しい事業がはじまる。子どもは社会制度から排除されそうになるが、こどもの里が地域で守ろうとする。この場面も実践をはじめて、あとから行政の制度に当てはめている。こどもの里はこのような、法権力によって住処から疎外されそうになる子どもをかくまう「安心な場所」として機能する。文字通り、自宅でも施設でもないサードプレイスとなる。それを可能にしているの

2階の奥の通称「静かな部屋」。荘保さんが大事にしているものだという木細工で遊ぼうとする子どもに遊び方を教える荘保さん（2019年。3回目のインタビューのとき）

が、日々の遊び場であるということだ。自然発生的に地域のなかの居場所から、地域のなかでかくまう里親による緊急一時（一時保護委託）が生成する。

この場面では当初、子どもが安全に生活し教育を受ける権利と、子どもが親と安心して暮らす権利が両立しなくなっていた。児童相談所は前者を優先することで一時保護してしまうのだが、荘保さんは両者を両立する支援を模索する（ジレンマがあったときに双方を可能にする第三の場所をつくるのがこどもの里の一貫した動きである）。そもそも親子がともに暮らす権利は、子どもの権利条約にも謳われているものだ。[12] そして、子どもが安心して一時的に避難することができるのは、こどもの里がふだんから慣れ親しんだ人と場所だからである。遊び場がそのとき避難場所になることに意味がある。

子どもと親のニーズ、ＳＯＳに合わせて、こどもの里のかたちがつくられていく。だから荘保さんは、「自然にそうなった」と言う。そして、遊び場の延長線上で、そこに組み込まれる仕方で緊急一時保護の機能をもつようになる。このことはこどもの里の建物の空間構造にも表現されている。一階が子どもの遊び場で二階がキッチン、食堂と勉強をする部屋（夜は一時的に滞在している子どもが布団を敷いて寝泊まりする）、三階がファミリーホームとしての居室である。地域のなかで荘保さんがスイッチを押したことがきっかけで、子どもの遊び場がかたちづくられていく。あるときは家にいられなくなった子どもをかくまうことになり、あるときは法制度から排除された人をかくまうシェルターとなる。
こどもの里は、アメーバ状の組織であるといってもよいかもしれない。アメーバが食べものを見つけて取り込み、自らの身体を変形させていくのと同じように、こどもの里もニーズをもった子どもを見つけたら招き入れ、子どもの声に従って組織のかたちを変化させていくのだ。理論的には、子どもたちの想像力が現実世界で実現する遊びの場が生成変化していくわけだから、ウィニコットの移行空間（transitional space）が施設として現実化したものだといってよい〔Winnicott 1971 ch.1（ウィニコット 2015 第1章）〕。そして同時に、子どもたちが生き抜くことと成長を容易にする環境（facilitating environment）を家庭とは別の場所で用意しているのである。[13]「地域」という言葉が、「一緒に」生存する人の紐帯を表すとすると、この「地域」なるものがある場所で施設として結晶化した姿が、こどもの里であろう。

法権利を得るための「手続き」

そもそも、日本国のなかに居住するのに法によって守られていない「例外状態」（シュミット＝アガンベン）に置かれている人がいる〔アガンベン 2003〕。国籍や戸籍をもたない子どもである。

荘保　さっき言ったように、就学、学校行ってない、〔…〕毎日遊びに来る子がいました、友だちと二人で。来たらね、めずらしく、当時もめずらしく宿題するんです、二人で。宿題をして、そしてそれからあとその子はね、本を読みあさってるんですね。『まあ、よっぽど勉強が好きな子だな』って思ってた私は、そっと見てたんですね。〔講義12〕

この場面の場合、子どもが勉強をして本を読みあさるということが非日常であり、荘保さんの目を引いている。この非日常的な「毎日」という反復が逆境・SOSの表現となっている。

荘保　三年生から五年生になったときに二人で運動会の話してたから、運動会を私、こそっと見に行ったんですね。そしたら、その二人のうちのその本の好きな子がね、いなかったんです。

で、私は、『しまった！』と思ったんです。〔…〕『ああ、〔困窮していて〕弁当つくれなかったのかな』と思って私はそのまま見ていたんですね。

そしたら、私の背中をたたく人がいて、それはその〔その子の〕友だちのお母さんでした。で、言われました。「あなた知らなかったの？〔…〕Jちゃん学校行ってないんだ」って、不就学児だったんですね。私、二年間知らないでいたんです。ずっと彼女は自分が学校に行ってる振りをして、ずっとこどもの里で過ごしていたんです。

慌てて私は家に行きました。家族五人いました。みんないました。弟も学校行ってませんでした。で、お母さんから話を聞いたら、お母さんとお父さんが既婚者同士で、いわゆる住民票、つまり出生届〔を出〕してなかったんですね、戸籍がない。戸籍がないから当然、当然学校の通知は来ないんですよね。[14]

そのときはまだ不就学児のための学校〔あいりん学園（一九六二―一九八四年）〕っていうのがあったときですから、それでもその学校にも行ってなかった子ですね。そして、もちろん、それからあと、すぐ学校に行くように手続きをしましたけれども。いろんなことを抱えながら生まれている子の、それは親だけでもどうしようもできないです。既婚者同士だからね、親もできない、もちろん子どももできない。子どものことを守ろうと思ったら親のことも一緒に守らないとできないっていうことも、そこ〔で〕教えてもらいました。で、私たちにできることは、せめて手続きの方法を知らせるとかね、一緒に行って、「こうやったらいいよ」とかね、そんなことしかできないですけど、でも、そういうことです。〔講義12-13〕

荘保さんの語りでは、「見る」という動詞は状況にはらまれた問いを感じ取ろうとする場面で登場する。「私はそのまま見ていた」、そこで、「私、二年間知らないでいた」とそれまで問題をわかっていなかったことに気づき、動く。

荘保さんの「動き」は、法権利の外に置かれてしまっている人たちのために「手続き」をして、法権利に守られる状態をつくり出すことである。「手続き」はそれゆえ、法権利から排除された人の法権利を創設するという強い意味をもつ。親や子どもには「できない」手続きを手伝うことが、「私たちにできること」であり、つまり、不可能なことを可能にする反転の動きでもある。

荘保さんが親や子どもと「一緒に」動くのは、このような場面である。家族間の「一緒に」は一緒に居ないと生きていけないという生存に関わるつながりを示しているが、荘保さんが親子と「一緒に」手続きをする場面は、法権利から排除された状態からの権利擁護の動きをする場面だ。

社会のなかでのこどもの里のあり方を視野に入れると、ここには複雑な状況がある。荘保さんの活動は、法制度ではなく、子どもの声（表現）に則っている。法はあとからついてくる。ところがこの語りの場面では、法が重視されている点が（論理上は）矛盾するようにもみえる。

しかし、もちろんそうではない。荘保さんは法を無視したり、否定したりしようとするアナーキストや反体制の活動家ではない。あくまで子どもの生存を出発点に置いたときに、ある場面では法制度があと回しになるが、ある場面ではまさに法制度が生存に関わるがゆえに第一の課題になる。子どもを中心にしたときに、制度や政治もまた子どもの権利を守るためのツールのひとつという位置に置かれるということだ。

子どもがこどもの里で朝から勉強していることは、学校に通えないという例外状態を意味している。子どもの〈潜在的なＳＯＳ〉を引き受け応答するかたちで、荘保さんは就学のための手続きをする。

荘保　本当に、ひとり。ま、いつも、だから私、いつもひとりしか見てないんですよ。ほんまにひとりしかいない。だから、この子とこの子との関係、ま、関係になるんだけど。関係ということは、あんまり意識してないんですけど、この子のことを、ＳＯＳに対してどういうふうに応えられるかという、応えられるなんて、とてもない。ないんだけど。

でも、まあ、先に生きたひとりの大人としてね。できることがあるんだったら、ま、役所に行くとかね、そんなんできるわけだから。もっといえば、出生届がなかったら、つくったらいいんだからって。それは子どもにはできないことだから、私たちが動いたらいいだけのことであって。［インタビュー２ｃ］

「この子」のＳＯＳに応答する。「応えられるか」はわからないが「できること」をする。「いつもひとり」を見るこのような動きは必然的に、すべての子どもの生存と居場所を確保する動きとなるだろう。「いつもひとりしか見てない」という表現が奇異に響くかもしれない。しかし実際、荘保さんをそばで見ていると、そのつどひとりの子どもが抱える困難に、必死に対応していることが実感としてわかる。本書を執筆していた期間にも、ある深刻な虐待を受けた子どもが安心して暮らせる環境を確保するために、荘保さんとスタッフが奔走する姿を、私は間近で見てきた。

子どものSOSという表現を見て気づくときは「私」という単数形、しかし、行動するときには共同の実践なので「私たち」になる。そして、「手続き」「動き」は、戸籍をつくるという法権利の創設に関わるのだ。この「動いたら」というのは、たとえば戸籍をつくるために、母親の所在を関東にまで探しにいくという「動き」である。この権利擁護の動きは、しかし、国籍をもたない人が国籍を獲得するために奔走するときに、限界に突き当たる。

荘保　そういう出生の、戸籍をつくるっていうことも、こんなんだけでも動いたらできることね。ほんで、今も、たとえば国籍のない子の国籍つくるっていうのは、もう動いてもできない。もうこれは、国のほうがもう、先に、どんなに子ども権利条約のなかに書いてあっても、もう変えれ〔ない〕、本省がノーと言ったらノーなのでね。それはもう、本当にどうしようもない。ないですよね。〔インタビュー3〕

国籍取得は「もう動いてもできない」では、権利創設の動きの限界点が指し示されている。このあと、父親が日本人で母親がフィリピン人の、日本で生まれた子どもの国籍を手にするために、日本ではじめて最高裁まで争ったこと、そして、母親の特別在留許可を獲得する第一号となった女性の支援について語られた。国籍を取ることができないということは、法律に守られた状態の外に留め置かれているということである。荘保さんの活動の一部は、このように法の外の「例外状態」に排除された人を法権利のもとにつなぎ直す、ぎりぎりのせめぎ合いの活動である。

荘保さんが「手続き」と言うときには、実は国籍がない、戸籍がない、学校に籍がない、というように、法による保護の外というぎりぎりの状況が念頭にある。「動く」こと、「手続き」することは、それゆえ最高裁で争って敗れるという法の適用範囲の限界に関わる動きのことを示す。荘保さんが「動く」や「手続きする」と語るとき、この言葉が日常でもつ意味を遥かに超える、極端な意味を背負っている。

そして、子どもの権利条約とはまさに、法の庇護の外にある人の人権を守るための理念としての重要な役割を担わされているのだ。

荘保　裁判のときに、「子どもの権利条約のなかに、ちゃんと国籍のない子どもに国籍を与えろっていう条文があります」っていうことを、裁判に出したんですよね。そこで私、はじめて子どもの権利条約という〔ものを〕、知ったんです。〔…〕子どもの権利条約をもって裁判をしたんですけれどもね。結局は負けて、負けて、最高裁まで行っても、嫡出子の問題。同じで、駄目だったんですけども。〔インタビュー4a〕

法の限界設定に関わる「手続き」の「動き」は、その支えとしての理念を要求し、それが子どもの権利条約に仮託されている。フランス革命の人権宣言が想定したように、自然法としての子どもの人権を想定し、それが実定法と対立したときに、子どもの権利条約という理念によって人権を守ろうとしているといえる。

4　「誰も取り残されない社会」

ニーズに応じてアメーバ状に変化する居場所

こどもの里は特異な成り立ちをもつ支援団体だが、しかし、こどもの里をとおしてつかむことができる特徴は、こどもの里だけではなく、西成全体の子ども支援の特徴、さらには、人権に関わる実践全体に普遍的に関わるものである。こどもの里の特異性は、ほかの地域でまだ実現できていない「子どもの声を聴き、子どもの願いに沿った環境を整える」という理念を実現できているところにある。

「子どもの声を聴く」などあたりまえのことに感じるかもしれないが、実は親が優先され、学校のリスク管理が優先される日本社会においては、このあたりまえの子どもの権利がないがしろにされている。二〇一八年に千葉県野田市で起きた虐待死事件が、その事情をよく示す例として思い出される。被害者の心愛《みあ》さんは先生にSOSを出す手紙を出したのに、教育委員会は手紙を親の要求に従って開示し、子どもは死に追いやられた。子どもの声は聴き届けられることがなかった。

荘保さんのお話をうかがうなかで、支援に「失敗した」ケースについてたくさんお話しになっていると私は感じていた。しかし、そこにこどもの里の発生構造が隠されていた。インタビューのなかで、失敗を糧にして変化する場面を語る支援者は多数いるが、失敗事例ばかりを語った支援者は荘保さんだけだと感じたので、インタビューの冒頭でうっかりそのことを尋ねてしまった。

村上　阪大〔の授業〕に来ていただいて、すごく印象的だったのは、今まで何回か荘保さんのお話うかがってるんですけど、荘保さんって、失敗のお話をすごくされるんですよね。〔…〕

荘保　だからね、そのね、失敗なのか何かわかんないですけど、なんか、うん。

村上　失敗とわかんないですよ。

荘保　わからないんだけど、要するに、私の知らなかった世界ですよ。うん。それを教えてもらったんです。うん。知らなかった世界だとか、ものの見方であるとか。そういうことを。だから知らなくて、結果として、ねえ、子どもたちを支援したって思ったのに害してたっていうことはあるんだけれども、本当にそういうことがあるっていうことは、私、本当に知らなかったのでね。だから、そういうことに気づかせてもらったというか。〔…〕あまりにもいろいろなことが、私、知らなかったので。だから本当に、一つひとつ、まあ子どもたちに教えてもらったっていう結果だと思うんですけどね。教えてもらいながら。「よう子どもらも、このとんちんかんな私とようつき合ってくれたな」って、ハハ、今からいえば。

村上　え？〔インタビュー1〕

荘保さんが「失敗」を語ったように私は早とちりしていたのだが、荘保さんにとってそれは失敗ではなく、「知らなかった」ことを「子どもたちに教えてもらった」場面だった。彼女の実践は、「わからなかったこと」に促されて、子どもから「教えてもらった」ことを出発点として、そのつど組み立てられていく。この言葉を受けて、あらためて講義の逐語録をふり返ったとき、たしかに荘保さんは「わからなかった」ことを子どもから「教えられた」と何度も語っていた。こどもの里はこの四〇年のあいだにどんどん活動を拡げているのだが、それは「子どもたちに教えてもらった」ことに従って、活動がそのつどつくられているからだ。

荘保　だって、みんなひとりずつ違うからね。誰ひとり、この子わかったからほかの子わかるってことはないのでね。みんな、ひとりずつ違うのでね。うん。だから、いつも新しい、新しいことを教えてくれる。で、私自身もまた、そう、そういう新しいものを、こう、取り込みながら生きてるというか。うん。〔インタビュー2a〕

荘保さんが子どもから新しいことを教えられるとともに、こどもの里は変化していく。このようにして、「荘保共子」という個人と、「こどもの里」という集団は同じではないが、連動する。そして、一人ひとり異なる子どもを迎え入れるということは、誰も取り残されない組織をつくろうとするということでもある。こどもの里の組織がもつ可塑性と、社会的包摂という性格は、同じことの裏表なのだ。

それゆえ、荘保さんが「わからなかった」と語る場面は、こどもの里という組織のアメーバのように融通無碍な展開と変化、そして、すき間に落ちそうになる人をつなぎとめようとする動きへと帰結するのだ。外からの訪問者である私にとって、こどもの里の活動は多岐にわたっており、子どもたちがやがやと遊んでいる姿は、エネルギッシュであることを通り越してカオスとなる。そのため、こどもの里の「かたち」は見えにくいのだが、これが複雑な場所を貫く原理である。

荘保　一般的には何かを、ことをはじめようというときには、こう計画を立てて目標をつくって、その目標に向かってこういうことが必要だっていうようなことをやって〔いると思うんですけど〕。

〔…〕私の発想とかね、いつもそうじゃないんですよ。うん。何も〔計画〕ないんです。ただ、『これせなあかんな』っていうのはあって。これをどうしていくかは、もう、それはやりなががら考えるというか。やりながら考えていく。もう、「こうでもない、ああでもない」って言いながら。

だって何もわからなくてね。必要なことだけがわかっていて、どうしていいかもわからないし。でもそのなかで『やらなあかん』と思ってこうやってきて、でもそんなことは全部、子どもらが教えてくれて。「ああしたらいい、こうしたらいい」とか、「いやこれしたい、あれしたい」って言うから、「ほなこれしよか、あれしよか」っていうふうに、こう。みな、子どもたちが言うから、それに合わせてこうやってきたのでね。〔インタビュー25〕

「どうしていいかもわからない」けれども、「やらなあかん」「必要なこと」だけわかる。つまり、ゴールだけ見えているなかで支援の仕組みを見つけていく。「やらなあかん」ことは、制度や法律でカバーされていることではなく、子どもが「あれしたい」と望んでいることである。そこに向けて制度にはない支援をつくっていく。「やらなあかん」ことが現実的な活動として具体化したものが、こどもの里という組織である。

荘保　だから、私たち〔大人〕が考えてかたちをつくってしまうと、そのかたちに合わない人たちを排除することになっていくんですよね。排除なんですよ。約束ごとが決まり、なんとかかんとかをすると、それに合わない人たちは、やっぱりこう、出て行かなくちゃいけないというね。だから、できるだけ約束ごとがない、あの場所で、それぞれ一人ひとりの、〔個性が〕あって。

〔こどもの里にでもある〕一般の約束は何かといったら、まあそうやな、夜のかぎ閉める時間同じとか。まあ、そんなんはどこの家庭でもあることなんでね。そんなことあってもいいけど、もう細かいいろんなことはないような、そういうふうな場所を。やっぱりだから、いてる人たちがつくっていくじゃない。〔…〕本当にそういうゆるやかな場所ですよね。うん。で、そういうことが、子どもの声を聴くとかねっていうことにつながっていくし、私がよく考えてみたら、うん、なんかやっぱり子どもらに教えてもらったっていうか、まずそういうことだったのかなと思うんですけどね。［インタビュー25-26］

子どもの声に従って、ボトムアップで居場所をつくっていくということは、上から約束をつくって押さえつけることがないということであり、このことが、とりもなおさずどんな子どもも排除しないということにもつながる。社会的包摂・開かれた社会は、一人ひとりの声を出発点にしたときに、自然と実現するということでもある。

ここでも、荘保さんは「子どもらに教えてもらった」と語っている。とすると「子どもから教えられた」ということは倫理でもある。そして、子どもの声を聴くという子どもの権利条約にも掲げられた権利とも、軌を一にする。

法権利から排除された人を守る

「誰も取り残されない社会」は荘保さんの口ぐせでもある。先ほどの語りに、子どもの声に従うことは、どんな子どもも排除しないことだとあった。このとき、子どもの権利から出発するボトムアップの動きが、上から押しつけられる法制度との緊張関係をもつ。それゆえ、国籍をもたない子どもや、戸籍をもたないがゆえに就学できない子どもといったように、法制度の保護から排除された人の権利を獲得しようとする動きが生まれてくる。そして、こどもの里にはさまざまな障害をもった子どももつどう。[15]

法律による保護から排除された人は、アガンベンがシュミットにならって「例外状態」と呼んだ過酷な状態に置かれる。たとえば、現代の日本社会では、入国管理事務所への外国人の収容と、そこでの残酷な人権侵害が顕著な例であろう。西成においても、かつては日雇い労働者が社会保障から漏れていた。現在では、国籍や戸籍をもたない人は、貧困と合わさって生活はきわめて劣悪な状態に置かれている。権利を剝奪されて生と死のあわいに追いやられ、法権利を奪われたまま生物学的生存が裸出する「剝き出しの生」になることもまれではない。

このような状況にある人たちをまえにして、荘保さんの実践は〈法権利から排除された人が権利を獲得する〉ための手続き、というラディカルな権利の原創設である。なぜラディカルかというと、法の外から法の内側への移行をめざすからだ。この原創設を、荘保さんは「手続き」という日常語で語った（福祉の世界では「同行支援」と呼ばれるものだが、荘保さんの場合は、さらに根本的な権利創設に関わる）。

法が人を統治するのではなく、人が本来もつはずの権利を起点として、その上に法をもとづけることが、「手続き」なのだ。さらっと語っているが、ときには裁判を覚悟する複雑な交渉である。[16]「手続き」は、法権力全体を相手に〈人権を現実化する行動〉のことである。その根拠として、子どもの権利条約が使われている。[17]法制度や権力によって抹消することができないものとしての権利が、前提とされている。

ここでも、荘保さんの語りからみえる支援の方針はシンプルである。子どもの声を聴くことを貫くことで、支援は可変的・可動的なものになり、誰も取り残されることのないラディカルな社会的包摂になる、ということだ。

子どもたちと荘保さんの関係の軸にあるのは、子どもがもっているさまざまな力を荘保さんが受け止めて具体化するという動きである。子どもたちは生き延びる力や、家族を気づかう力など、さまざまな力をもつ。しかし、逆境のなかではこの力は不登校であったり、家出であったりといった表現をとることもある。力は発揮されているのであるが、周囲は見逃していることもあろうし、問題行動として扱ってしまうかもしれない。つまり、子どもが発揮している力が効果をもち、子どもの生活や成長のためになるには、力を力として受け止める環境が必要である。

最近の荘保さんとの会話のなかで、彼女はヤングケアラーという言葉を強調することが多い。たとえば、母親が精神疾患をもっている母子家庭で、十分に子育てをすることができず生活がままならなくなっている家庭において、子どもが母親を気づかい世話をする場面である。従来ネグレクト家庭といわれていたのだが、荘保さんは子どもが母親を気づかい、生き延びようとする力のほうに焦点を当てようとする。生きる力とつながる力とを、それゆえ荘保さんは併置する。

こどもの里のかたちと活動は、子どもたちの声に荘保さんが応えるなかでつくられていっている(そして、現在も変化していっている)。家での生存が脅かされるときには、家の代替となるシェルターとしての居場所となる。子どもの声を聴くことは、話を聴いてカウンセリングすることではない。子どもの願いと必要に応じた環境を生み出し、環境がアメーバのように変化しつづけることが、「声を聴く」ことなのだ。

子どもの力との関係でもうひとつの要素は、子どもが生存を脅かされて社会や自宅から排除されるという背景である。子どもがあえて力を発揮せざるをえないのは、厳しい状況に追い込まれているからである。それゆえに、荘保さんとこどもの里の動きは、子どもの力が及ばない部分、(本来は子どもを守るべき)家のなかで起きた深刻な虐待という状況、あるいはつまり、学籍、戸籍、国籍から排除されているような状況において、子どもをかくまい、あるいは権利擁護し法権利を回復しようとする動きである。

このような成り立ちゆえに、荘保さんは、「この場所はね、もう、この子どもらがつくったんですよ。そう。

私がつくったん違う。フフ、フフ。子どもらがつくったんですよ。本当に。」［インタビュー10a］と語るのである。

子どもの声を増幅し、ニーズを聴き取ってアメーバのように変化していく居場所、これがこどもの里である。安全安心な居場所をつくり、日本社会のなかで暮らす権利を確保するための手続きをすることで、例外状態を反転するのだ。

次章では、こどもの里のすぐそばにある、わかくさ保育園に勤めていた保育士の取り組みを聴く。今度は子どものニーズを聴き取るために、地域に入り込んでいくアウトリーチがテーマとなる。

第2章

すき間を見つける視線

「わかくさ保育園」の西野伸一さん

「わかくさ保育園」は釜ヶ崎の真ん中、通称四角公園をはさんで、「こどもの里」の斜向《はすむ》かいに位置する。インタビュー当時、わかくさ保育園の保育士だった西野伸一さんの語りでは、保育園につどうさまざまな困難をもった子どもや母親への支援が主題となったが、副旋律として、さまざまな異なる価値観をもつ人同士がつながりをつくることも話題となった（西野さんはその後近くの保育園に異動になった）。

わかくさ保育園が属する石井記念愛染園は、岡山県で日本最初の孤児院を設立した石井十次の流れを汲んだ老舗の法人である。わかくさ保育園は、西成労働福祉センターと同じ一九七〇年に開設されている。長年地域の貧困層の子どもたちを支援してきた保育園であり、単に子どもを預かるだけでなく、送迎の支援や家庭訪問も含めて、親子の生活全体を支援している。わかくさ保育園の保育士は若手も含めてつねに二、三名要対協に出席している。西野さんも含めて、みなさん子どもの表情、行動（ほかの子どもたちとのやりとり）や保育士に愛着をどのように求めるかなどを細かく観察し、送迎をする養育者の様子も、詳細に報告している。

1　町を歩いて人と出会う——子どもと地域をつなげる

「町を歩きなさい」

西野さんは、あるきっかけから幼児教育の道を選び、大学卒業と同時にこの法人に勤務して二〇年強になるベテランで、この地域のなかで児童福祉について発信をつづけている中心的な人物でもある。私は、西野さんが主催しわかくさ保育園で開かれる、社会問題研究会という研究会で彼と出会って以来、定期的にお会いする機会がある。インタビューは、保育園の小さな応接室のなかで行われた。

西野　で、保育園自体は制度に乗った仕事ではあるんですけども、いろんな家族と出会いました。で、いろんな家族と出会うなかで、まず、一番最初に自分の価値観みたいなものが、わりとこう、狭い、あまり、こう、なんていうかな。知らない世界というか。なんかこうなんていったらいいんかな。固まってはないんだけど、なんとなくこう、いろんな価値観もった人たちと出会うことで、正しさみたいなものとか、が、わからなくなっていくっていうような経過が、ありましたね。

たとえば、お迎えに来ない保護者がいてたり、何かの依存症を抱えている保護者の方がいてたり、こう、自分が出会ってきた世界とは、少し違う。

で、そのときに、なんとなく感じたのは、その保護者の方のことを結局、責めたところで何も解決しないけれども。子どもたちの子どもらしくというか、過ごしていく、権利みたいなところを考えると、それが十分、やっぱり守られてない状況にもある子どもがたくさんいてるっていう状況に、すごく、僕自身が、『どう関わればいいのかな、正しさってなんやろうな』っていうこととかを、感じました。〔3a〕

最優先されるべき子どもの人権が守られていない。しかし、親を責めても何も解決しない。これがインタビューにおける西野さんの出発点だ。

「責めたところで何も解決しないけれども」と西野さんは語っている。西野さんの語りの特徴のひとつとして、「〜け（れ）ども」がある。「〜け（れ）ども」によって、問題の在り処が示されているとともに、まだ解決にはいたらないけれども、変化すべき方向性が暗示されている。

「いろんな価値観もった人」を導入する前に、西野さんは「わりとこう、狭い、あまり、こう、なんていう

西野伸一さん（2020年）

かな」とためらう。おそらく、一般的には虐待やネグレクトをしているとして責められてしまう親に対して責めるのではなく、価値観を相対化しつつも、しかし、子どもの人権が守られていないという事情があることが表現の難しさを生んでいるのだろう。ともあれ、世間一般の価値観をいったん脇に置いている。

　親の困難に由来する事情と子の人権という二つの両立しにくい文脈が、ひとつの状況をかたちづくっている。このとき、親は「いろんな価値観もった人」と位置づけられている。世間で流通している価値観は、いったん棚上げされて、別の解決策が探されることになる。「どう関わればいいのかな、正しさってなんやろうな」と、すぐには答えがわかりそうもない問いを立てている。このジレンマを解決する道筋として、西野さんはなぜか「町を歩く」という選択をする。

西野　で、その当時、その菅良介先生っていう先生に、子どもたちの関わりのなかでも、いろいろ相談しながら、実践には取り組んでいくんですけども、その当時によく言われたのがね、「町を歩きなさい」っていうふうに言われたんですね。〔…〕僕自身は児童館っていう施設に最初勤めたので、小学生以上がメインの子どもたちなんですけども、僕が、子どもたちと関わる時間っていうのは、それは児童館で過ごすほんの一部でしかなくって、「あなたはちゃんと子

どもたちの背景に目を向けていますか」っていうようなことを聞かれてるような感じがしたんですね。で、「あなたが、見ている子どもの姿って、ほんの一部でしょう。だけど、実は二四時間、三六五日っていったら連続したものであって、そこをしっかり、理解していないとその子のことを理解できないんだよ」っていう話がひとつありました。〔3-4a〕

ここでは、町を歩くことが、「子どもたちの背景」に目を向けること、そして、児童館での数時間だけでない地域での子どもの「二四時間、三六五日」の連続性を理解することとつながっていることが語られている。家での子どもの生活という空間的な背景との連続性と、二四時間三六五日という時間的な背景との連続性とがつながる。これをつなげるのが、「町を歩く」ことなのだ。時空間的に拡がる町と家での子どもの生活が、児童館に来る子どもの「背景」にある。親と子どもの葛藤あるいは関係は、彼らの「背景」に関わると類推できるが、その詳細はまだここでは述べられていない。背景を見るということは、表面に見えている遮蔽物を取り外すということでもある。

「わかくさ保育園」（松浦洋栄さん提供）

認識の問題——子どもと路上生活者が結びつかない

とはいえ、西野さんはただ歩いただけでは、子どもの問題と町の問題とがまだ接続しなかったという。

西野　『じゃあ、まあ、上司も、町に目を向けようというんだから、歩こう』と思って、歩くんだけど、何も発見できないというか。何も、わからないんですよね。正直。なので、〔西成区の隣の〕浪速区《なにわ》を、歩いて、歩いて、歩いてもわからない。で、釜ヶ崎に来て、歩いても、ま、いろんな問題はありますけれども、そこが自分の仕事、子どもの仕事と、こう、結びつかないというか。〔4b〕

西野さんの目をカメラにたとえてみたい。西野さんという〈カメラ〉は、町を「歩くんだけど」「発見できない」。歩けば見えてくるはずだと思ったのが、見えてこないのである。ここではまず問題を「意識」できるかどうかが問われている。問題が「わからない」ということと、町の問題と子どもの問題が「結びつかない」ことは、等価である。切り離されている事象を結びつけるときに、事象の意味が見えてくることが暗示されている。しかし、ここではまだ壁となっている何かを取り外すことができていない。

「問題はありますけれども」と、問題は発見されているが、いまだ西野さん自身に関わりのある問題になっていない。ここでも「けれども」は取り組むべき問題の在り処を示している。「結びつかない」という課題は逆に、結びつける方向へと向かっていることを示している。

西野　そういうようなところ、ジレンマがあったので、その当時〔浪速区の隣の西成区にあるわかくさ保育園の園長だった〕、小掠〔昭〕先生の所に来て、「町を歩いてるんだけど、僕自身、なかなか、こう、課題発見が、できないです」って言ったら。で、そのときに、返ってきた答えが、「君はね、通行人Aとして、町を歩いてるから、何も見えないんじゃないのか？」って聞かれて。「あ、そうか」通行人Aということは、すれ違う人にとっても、顔も名前もわからず、覚えてないような状態になってしまう人たち同士、じゃあ、「あなたはちゃんとアンテナを張って意識をもって歩いていますか」って言われて。今度、「あなたが通行人Aってことは、向こうの人たちから見ても、あなたがそうなんですよ。だからあなたは何も見えないんですよ」って言われたので、何も変わらず、何も状況は変わってないんですけども、少し、意識のもち方を変えながら、町を歩いていると、一番最初に意識がいったのは、やっぱり路上生活されてる方たちの暮らしやったんやんね。〔4c〕

「あなたが通行人Aってことは、向こうの人たちから見ても、あなたがそうなんですよ。だからあなたは何も見えない」の「だから」に意味があるだろう。ここで「だから」とつなぐのは、必ずしも論理的ではない、不思議な表現である。相手からも自分が見えるようにならないと、相手のこともわからないというのである。町で観察しているだけでは、人のことはわからない。相手と知り合ってこちらに話しかけてくれる関係にならないと、相手の背景はわからないということだろう。ここで西野さんの視野だけでなく、「向こうの人たちから見ても」、と町の人の視線が導入される。そして、「見ること」は、単なる事物の知覚ではなく、町の人の見えない背景を理解することへとつなげられている。そのためには、お互いの交流が必要なのだ。

無関心という遮蔽幕が、ここでは明らかになっている。サルトルが「群衆（le collectif）」と呼んだ、ただバス停に偶然並んだ人というような集まりのあり方だ［Sartre 1943, 307-308］。西野さんは、無関心を取り外して双方から関わりをもつようになっていく。路上生活の人、子ども、親、それぞれの問題が見えてくるとともに、問題同士がつながってくる。可視化は交流と連動するのだ。

まだ「何も状況は変わってないんですけども」の「けども」は変化すべき方向性を暗示している。それゆえ、つぎに行動に出ると状況が変わってくる。あるいは意識の変化が、行動の変化を導き出す、ともいえる。

子どもたちとおじさん――出会いが問題を可視化する

さて、ここまでは背景に隠れていた問題に気づいて、それを見ることが話題となっていた。つぎの場面からは、実際にこの問題と関わり合うようになる。今度は「見る」「知る」ということの先に進むことになる。

西野　で、児童館の子どもたちはよく、公園に行って、遊びに連れて行くこともよくあったんですね。そこで、よく遊びに行ってた公園も、ブルーテントが四方囲まれてるような公園で、子どもたちはそこで、日常ですから、野球をしたり、して遊ぶんですけど、ある日ボールが、ブルーテントのほうに飛んでいくと、子どもたちちょっと、取りに行きたがらなかったりするんですよね。で、その瞬間に、『あ、そうか』って。『この路上生活してらっしゃる方の問題と、子どもの問題は、実は、つながってる問題やな。今まで別の問題のように見えてたんだけども、つながってる問題かもしれない』というふうに思って。〔5a〕

遊ぶ子どものボールが、路上生活する人のブルーテントのなかに入る。このとき、お互いに無関心だった二つのグループが否応なく接続される。「あ、そうか」というのは、今まで見えなかったことが見えてきたことを示している。無関心の壁が取り外され、近づきたくない、という後ろ向きの気づかいが生まれる。後ろ向きとはいえ、路上生活の人への気づかいが生まれることで、子どもの視点から見た世界と路上生活の人から見た世界とが交差する。

「路上生活してらっしゃる方の問題と、子どもの問題は」「今まで別の問題のように見えてたんだけども」「取りに行きたがらなかったりする」ことで、「実は、つながってる問題やな」と、二つの異なる問題がつながってくる。西野さんにとって地域の人が抱える困難が見えていなかったことと、子どもたちが路上生活の人に差別意識をもっていたこととはさしあたっては別の問題であるはずだ。ところが、子どもが路上生活者へと向ける視線が顕在化したとき、西野さんは子どもの視線に教えられ、問題と問題をつなげる自らの視線を獲得する。そしてこの可視化はやはり交流によってもたらされることになる。

先ほどから「〜け（れ）ども」で示されてきた方向性が、ここでようやく解決の道筋を示す。問題への意識が変化したときに、関わり方も変化しているのだ。背景を「見る」ことから切れていたものをつなげることへと、行動も変化する。

声をかけることで問題を結びつける

西野さんは意識をもって町を歩くことで、問題を認識できるようになった。つぎの語りでは、「心を開いて」近づくことで、人々が変化していく実践上の効果が生まれる。意識の変化から行動の変化へと段階が進む。あいさつすることで路上生活の人とつながり、「相手に見える」ようになる働きかけによって、西野さんは問題を解決しようとする。

西野　『何か、僕にできることはないかな』と思ったので、町に出ていくなかで、一番最初にしたんは、ブルーテントにこう、僕がノックして、回るようにして。で、「こんにちは」ってあいさつをするようにしたんですね。で、なぜそのあいさつをしたかっていうと、『そうか、自分から、心をやっぱり開いて近づいていかないと、絶対に、お互いに多分、知り合うこと、出会うことができないんやろな』と思ったので、まずは出会いをしてみようと。

で、こう、一軒一軒ノックするんですよ。なかからおじさんたちが、ま、けげんな表情ですよね。で、出てくる。で、最初はもう、あいさつで、「こんにちは」って。「子どもたち、また来てちょっと、にぎやかにしてますけど、おじさんたちごめんなさいね」っていうような、日常会話をして、それを見てる子どもたちってのは、非常にけげんそうな顔で僕を見る。［5b］

まず西野さんが試みたのは、ブルーテントのおじさんにあいさつすること、つまり、相手のテリトリーへと入っていくことである。子どもたちがボールを取りに行きたがらなかったことと対照的な動きだ。西野さんという〈カメラ〉がブルーテントに飛び込むのだが、見ることの先で「近づいて」「出会うこと」で、相手との関係を変化させることが話題となっている。遮蔽幕を取り外す作業は、他者への無関心から、関心をもったつながりへの変化であり、それゆえ声をかけることが壁を取り外すことそのものになる。

町のなかで向こうから見える存在になるために、こちらからあいさつして働きかける。そして、西野さんは路上生活する人にあいさつすることで、ブルーテントで仕切られた境界線を越境して、相手の領域に入り込むということになる。こうして相手から西野さんが見えるようになったときに、出会うことができた、と西野さんは感じている。ただし、ここでの越境は、侵襲にならないように気づかう必要がある。路上生活する人に西野さんが出会うためには、彼らが生活する地点に目線を置いて接する必要がある。「弱くされた者」［本田 2015］

の位置に西野さんは身を置く。

この語りでも、「見る」ことは大事なのだが、先ほどとは違って西野さんの視線ではない。そこにいるみなの視線全体が問われる。西野さんがあいさつするとき、おじさんは「けげんな表情」で登場し、「見てる子どもたち」が「けげんそうな顔で僕を見る」。おじさんと子どもの「けげんな」視線が、いかに二つのグループが関係をもっていなかったのかを示している。無関心な状態から関心への変化の瞬間が、この「けげんそうな顔」に表現されているだろう。「けげんな」というのはどちらかというと後ろ向きの反応だが、しかし、両者のあいだの扉が開きはじめる出発点である。おじさんが見た世界と子どもが見た世界とが交差しはじめている。西野さんの視線が行為へと移行したとき、今度は子どもとおじさんが視線を獲得する。このとき、西野さんが路上生活の人へとあいさつする実践が、おじさんと子どもたちへと働きかけるのだ。西野さんが路上生活の人たちと子どものつながりをつくることで、子どもへの人権教育となり、かつ、社会からの排除から路上生活の人たちを社会へとつないでいる。

西野　で、質問が、僕、「にしっぺ」って呼ばれてるんですけど、「にしっぺ、あの、おっちゃんらと友だちなん？」っていう疑問で、で、どう答えたのかな、どう答えようかなと思ったのが、「ま、そ、そ、そういうもんや、そんな感じやな」っていう感じで答えを返したら、子どもたちは、「ふーん」っていうなんとなく、不思議なんだけども、なんとなく、納得するような、気持ちの表情がこぼれた。〔5c〕

この子どもたちのとまどいは、今まで遠くにいた人と接点ができたときに生じるとまどいである。しかし、「けげんそうな顔」は「不思議なんだけど〔…〕納得する」表情に変化する。子どもは、西野さんが「おっ

ちゃん」にかけたあいさつを自分のなかに吸収しようとする。いいかえると、西野さんが子どもとおっちゃんの媒介となりはじめている。西野さんは、「おっちゃんらと友だち」というフラットな位置に立つことに成功している。ここでは、おじさんへと近づいたがゆえに、呼び方も「おっちゃん」へと変化している。このことが、両者が接近しはじめている関係の質的な変化を表現している。

西野　それをずーっとね、その公園は、ずっと、継続的に通ってた公園やったので、毎回、毎回ノックするようなっていくんです。そしたら、そのおっちゃんの名前もわかってくるし〔…〕、ちょっとずつ関係性に変化が現れて、おっちゃんたちが、飼っていた犬が、ずっと野良犬、野放しの状態やったのが、子どもたちが来たときのみは、くくってくれるようになったりとか。お互いがお互いの存在をこうちょっと、尊重するような関係性みたいなことが見えはじめたんですね。

　で、子どもたちと、最終的にはおっちゃん対子どもの野球大会、みたいなことができるようになっていったので、すごくおもしろくて。そうしたら、今まで、なんていうかな、偏見とか、差別みたいな気持ちが、僕のなかにも多分あったと思うんですけども、子どもたちのなかにも、あった気持ちが、出会うことによって、随分変わってきたなっていうのを、強く印象にもったんですね。〔5c〕

「ずっと」「毎回、毎回」という「継続」性は、西野さんの実践の時間的な基盤となる。「ずっと」つづけるなかで「出会い」を生み出し、周囲の人たちの関係が「変わってきた」というのが、西野さんの実践の時間の最も大きな枠となっている。このとき、おじさんと子どもの視線が行為へと移行している。ここでも、「なんていうか」「思うんですけども」とあいまいな問題の所在が語られるとともに、解決の方向性も示されている。

西野さんが声をかけつづけたことによって、路上生活の人たちと子どもたちの関係にも変化が生まれる。「おっちゃんの名前もわかってくる」、つまり、「おっちゃん」と親しくなることで一人ひとり個別の人格とのつき合いへとなっていく。西野さんが一人ひとりのおっちゃんの名前を知るときには、当然おっちゃんたちも西野さんの名前と顔を覚えているであろう。相手から見える関係になることで、西野さんも相手のことを知る。こうして可視化と交流が起こる。

西野さんがたびたび使う「出会う」は、一般にもよく聞く言葉だが、ここでは特別な含蓄がある。西野さんにとっての「出会い」とは、もともと立場が違った人が、同じ場所で無関心に併存していたのだが、お互いに関心を向け、相手の立場（困窮、孤立など）に身を置こうと努力し、声をかけながら知り合う関係を結び、交流をとおして双方が変化していくことだ。「出会い」とは、無関係だったグループ同士が交流をはじめて、新しいコミュニティをつくることなのだ。

おっちゃんが犬をひもでつなぐのは、おっちゃんたちのテリトリーである公園で、子どもが安全に過ごせるようにという配慮であり、自分のテリトリーに迎え入れたということを示している。このとき、「尊重する」関係性が「見えはじめた」。路上生活の「おっちゃん」たちの逆境、子どもや親がもつ差別意識、西野さんには見えなかったことといった、（一見関係しない）複数の問題は、互いに対する視線を獲得し、関係をつないで一緒に活動できるようになったときに自ずと解消していっている（このとき野球は、子どもたちとおっちゃんたちをつなぐツール、アイテムとなっている。ブルーテントに飛び込んだボール、西野さんのあいさつの進化系が、野球である）。

〈点のカメラ〉だったものが、〈面のアンテナ〉へと変化する。

西野　「あの公園で、工事はじまるらしいね」って言って、で、「あそこでプレハブ建つらしいよ」って話を子どもたちにすると、子どもたちが、「おっちゃんたち大丈夫やろか。おっちゃんたちの住まいどうなるの?」っていう質問を、複数の子どもたちが僕にしてきたんですね。んん。僕としては、驚きでしたね。で、なんとなくうれしい気持ちがあって。で、今まで忌み嫌ってたような人たちのことをすごく心配するこの変化。『これってやっぱり人権守る教育やな』っていうふうにすごく感じたので、「そんなに心配やねんやったら、実際みんなで一緒に、見に行こうよ」っていう話をして、子どもたち、当時三〇人ぐらいの子どもたちと一緒に、連れて、その公園まで行ったんですね。〔6〕

人権という言葉が登場したのは三度目であるが、「人権守る教育」とは、弱いとされている人への眼差しを子どもが獲得すること、あるいは「自分自身の弱さを通して他者とつながる力を獲得することです」と西野さんは後日教えてくれた。

おっちゃんが生きている世界・見ている世界を子どもが自分ごととして感じ取ることなのだろう。子どもたちは「おっちゃんたち大丈夫やろか」とおっちゃんの位置に立って心配することができるようになる。そして、おっちゃんの人権に配慮することは、翻って子どもたち自身の人権を守ることにつながっていくだろう。というのは、誰もないがしろにされることがない社会を考えることでもあるからだ。西野さんは二〇〇〇年ごろの出来事について語ったのだが、同じ出会いはこどもの里が毎冬行うこども夜まわりで、今もずっとくり返されている。

そして、西野さんたちの活動の結果、このときの子どもたちのなかから、大人になって保育士として西野さんの同僚になる人も出てきている。

西野　〔支援者の活動もあって公園の一角が〕その人たちの居住スペースとして認められたっていうことがあったんですね。全体からすると、ほんの狭い一部なんですけども、その、住居の部分を勝ち取ってるのを見て。

子どもたちがね、安堵するんですよ。「よかったね、おっちゃんたち」って言って、すごく喜んでる姿を見て。まあ、これがやっぱり、出会いとかの力とか。お互いに、対話していく力。子どもたちとおっちゃんたちの対話っていうのが、本当にね、大きくて。

対話と、関わりと、この二つっていうのは、子どもたちのなかで人権感覚を大きく変えたなと思ってます。で、その当時子どもやった、小学生だった女の子が、今、うちの法人の保育士として働いてるんですけど、で、彼女も聞いてみると、「覚えてる？　そんなこと」って話をすると、「すっごい覚えてるよ」って話をして、そんときの気持ち、僕もちょっと大人になってから聞きたかったんで、そのときの気持ちはどうやったんって話を聞くと、子どもたちなりに、やっぱりあのおっちゃんたちのことがすごく心配になったって。で、犬の名前も覚えてるんですよね。僕も犬覚えてるんですけど、白い犬がおったんですけど、ハルっていう犬で。

村上　へー。

西野　で、「ハルとも一緒に遊んだよね」とか、「誰々くんはハルに一度追いかけられて、泣いてたよね」とか、当時のその、記憶って、彼女たち、彼らのなかで、すごく残っていて、それがなんかこう、なんていうんかな、僕たちこの仕事してて、よかったなと思えるところでもありますし、そのなかで、人と関わるこの仕事をしていこうと思って、うちの法人に来てくれたっていうのは。

村上　うん、そうですよね。

――西野　自分にとってはすごく、こう、宝のような存在やなっていうふうに、思います。〔7〕

私の授業で西成の支援者たちを紹介すると、「後継者はいるのですか？」「バーン・アウトしないのですか？」という質問が、学生から何度も来る。この問いへの答えのひとつが、ここにはあるだろう。理念と実践が何世代にもわたって共有されていくのである。

2　施設の壁をなぎさにする

施設の子どもと外の子どもをつなぐ

町に出て町の人と出会うということは、西野さん個人の町歩きの問題ではなく、児童館や保育園といった施設全体が変化することでもある。

西野　だから、若いころから、「人格的交流なんですよ」、とか、「二四時間三六五日の全体性把握するんですよ」とか、「連続性っていうところがあって、二四時間三六五日っていう連続性もあれば、ライフステージも連続性もあったり、地域と施設の連続性みたいなところをきちんと考えなさいよ」っていう話を〔当時の園長の小掠昭先生から〕されていて、いかにそこの「僕たち施設っていうのは、地域と壁があるでしょう」っていう話をよくしていて、で、「この壁をいかに「なぎさ」にしていくのか」みたいな話もずっと、若いころからしてたんですね。

で、なぎさ化っていうのは、なんなのかって考え、やっぱり、ここまでが陸、ここまでが海っていうのが境界線がない。てことは、その施設の壁をいかに自分たち自身が低くしていくのかっていう視点は、多分、一対一と、その人間同士の関係のなかでも、どういう視座に自分が立つのかっていうところだっていうふうに今、感じていて、それって、やっぱ若いころから言われてた、セツルメント〔ソーシャルワークの黎明期に困難を抱えた地域のなかに支援者が住み込んだ実践〕の対等性であったり、するのかなっていうことはずっと思ってたんですね。〔8a〕

ここでは施設の壁を低くすることが、「一対一」の「人間同士の関係」のなかでの「視座」の問題であると言われている。たしかに西野さん自身の実践から出発しているのであるが、そこで生まれている効果はむしろ施設という集団の問題となっているであろう。

施設の壁をなぎさにするとは、物理的に壁を乗り越えて出会うことでもあるが、それ以上に、施設のなかの人と町の人という、立場が違う人が出会ってお互いが置かれている状況に関心をもち、お互いが変化していくということでもある。「なぎさ化」は大阪で長くソーシャルワークおよびボランティア実践を行った岡本榮一に由来する概念だ〔岡本ほか 2014〕。施設の外の人と交流していくときに、グラデーションで混じり合っていく。単に自分の領土から外に出るだけでなく、そもそも境界線、領土というものを壊していこうとする運動である。そして、境界線をなくすことはこちらの「視座」の問題、つまり、相手の立場から見た世界へと移動することなのだ。はじめは町の人の生活が「見えなかった」西野さんだが、ここで交流と視座を手にしている。視線は一貫して重要な要素である。

このとき西野さんがもつ時間感覚は、「ずっと」という継続性のなかで、「今」という行為のチャンスが登場することだ。この語りでは、「若いころから」「ずっと」という長いスパンで教えられた実践の時間が、セツルメントという一九世紀末にイギリスで生まれたソーシャルワークの原点（支援者が人々のなかに入って生活をともにし、支える運動）[2]の継承という、さらに長い時間に裏打ちされており、それが「今」現在の実践を成り立たせることを示している。

西野　で、学童保育（児童館）[3]の子どもたちと、やっぱり町に出ていくと、学童保育の子どもたちっていうふうにやっぱ、町の子どもたちからも見られていく。

で、なんとなく、「預けられてる子たちや」みたいな、感覚があったので、いや、まったく同じ子ども同士なんだけども。預けられてる子たちと、僕たちはそうじゃない子どもたち、みたいな、そこにも見えない壁みたいなもの、ちょっと指導員として感じたんですね、その当時。なので、『あ、やっぱりこれは、町に』、さっきも言ったけど「町を歩こう」という標語と同じように、『子どもたちとともにやっぱり出ていく必要がある』と思って、子どもたちと一緒に、近くの公園で、一緒に遊ぶんですね。じゃあ、地域に出ると、地域の子どもたちも、愛染橋児童館に来てる子どもたちも一緒なので、一緒になって遊ぶんですよね。〔8b〕

人と人を隔てていた壁を低くして、交流できるなぎさにしていく活動は、町に出ていくことを通して実現する。やはりここでも「町に出ていく」という運動が、交流を可能にしている。二つのグループの間に葛藤や隔たりがあるときには、両者をつないでいくことで問題が自ずと消え去る。

「町の子どもたちからも〔差別の目線で〕見られていく」こと、児童館に通う子どもと町の子どもとのあいだに「見えない壁」があること、これらもまた視線の問題として語られている。隔てられているときには差別という「見えない壁」であるものが、交流することで「境界線がない」なぎさになる。壁があるときには「〔学童の子どもとして」見られる」という差別の視線を生むようだ。そして、視線として現れる差別をこわす動きとして、町に出るのであり、「一緒」に遊ぶのだ（「一緒」が四回くり返される）。一緒に遊ぶことで、問題そのものが自ずと消えていく。

浮遊している子ども

しかし、もう少し違った子どもの姿もある。

西野　最初は、なんていうんかな、「学童の子どもたち来た」みたいな感じで。なんとなくこう、低く見られていたのが、対等に遊べるようになってきた。

で、児童館なんですけども、外に出ていくことも自由にできるようにし、変えていったりとかしていくと、町の子どもたちの様子も見えてくるんですね。そうすると、ま、そのなかで、なんの問題もなくつったら変なんですけど、友だち同士の関係性もしっかりやって、公園で、自由に遊んでる子どもたちもいるんですけども、一歩、公園の外に〔出ると〕、こう、浮遊してるというか、誰ともつながれてないような子どもたちの存在みたいなのも見えてきたんですね。

〔9a〕

はじめは児童館に登録している子どもが差別されていたのが、交流することで解消されていく。つぎに、児童館の子ども、自由に遊んでいる町の子どもとは別に、第三のカテゴリーである浮遊している子どもが見つかる。保育園や学校に行かず、かといって親と一緒にいるわけでもない小さな子どもたちが町にいるのだ。

ここでも、「外に出ていく」と問題が「見えてくる」という構図は変わらない。ただし、この子どもは、いわば出会いの場である公園のさらに外にいる、「誰ともつながれてないような子ども」である。安全が確保された公園から外れた路地には人とのつながりももたない子どもたちが浮遊している。

町に出ることで、視界が順番に拡がっていっていることがわかる。西野さんは動くことで視力をつくり出すのだ。しかも西野さんの視野は、つながりをもたない人を、ニーズをもつ人として見出す視野だ。おっちゃんたちのときも、児童館の子どもを差別する外部の子どものときも、この視野のもち方は変わらない。つながるべきだがつながれていない人が「見える」のだ。

ところで、西野さんは「孤立」ではなく「浮遊してる」という表現を使った。人とのつながりをもつ人には何らかの所属しうる場がある。これに対して、つながりをもたない子どもは所属する場ももたずに漂うのだろう。

浮遊している子どもは、子ども同士ではつながれない。「一緒」に遊ぶこともできないから浮遊しているのだともいえる。西野さんが働きかけて巻き込んでいくことで、はじめてつながっていくことになる。右の場面は、インタビューのなかで子どもの困難がはじめて具体的に話題になった場面である。子どもの困難は、もちろん身体的な虐待のようなものでもありうるが、西野さんにとっては、まずは子どもたちがつながりをもたないこととして描かれるのである。浮遊とは、子どもがどのように生きているのか、世界を見ているのかがつかめない状態であるともいえる。

西野　なので、僕たちの施設っていうのは登録制ではあったんですけれども・・・、『やっぱりこの壁を取り払う必要があるやろうな』っていうふうに思ったので、行きしなは三〇人で行くと、帰りは三五人になって帰ってくる。ていうようなことがあって。とくに、町のなかで、独り

ぼっちがやっぱり、子どもはいてたので、『そういう子どもたちこそ、僕たちがやっぱ、関わらなあかん子じゃないか』と思ったので、『やっぱり〔児童館に〕来てる子だけじゃ、いけないな』っていうふうに思って、よく、呼び入れてました。〔9b〕

ここでは、「壁」の意味が先ほどと少しだけ変わっている。先ほどは、児童館に通う子どもに対して外の子どもたちが壁（差別意識）をつくる場面であった。今回は、浮遊している子どもに対して、児童館側が意識せずにつくっていた壁を崩していく（「登録制ではあったんですけれども」と、やはり「けれども」で問題が示される）。壁は外からつくられることも、内側からつくられることもあるのだ。とはいえ、壁の壊し方が相手に声をかけることからはじまることは変わらない。

ここでも、町に出る動きのなかで交流が生まれている。なぎさの外にいて、浮遊している子どもと溶け合っていくことも、「なぎさ」化のひとつである。差別の壁を取り除くだけでなく、疎外されている人を仲間にしていく。ここで「独りぼっち」という言葉が登場することで、浮遊の意味に孤立が入っていることが確かめられる。

実は、このように昼間独りで家にいる子どもたちを保育園へと呼び込む活動は、わかくさ保育園においては一九七二年から「あおぞら保育」という名前で制度化されている。[4] とくに簡易宿泊所を訪れて、親が世話をすることが難しい子どもたちを探す活動を現在も定期的にしているのだ。不就学児のための小中学校である「あいりん学園（あいりん学校）」で一九六八年から一九七五年までスクールソーシャルワーカーを務めた小柳伸顕は、つぎのように回想している。

このわかくさ保育園は、この地域にとって欠かせない存在である。一つは、このような地域の緊急の事態

〔親が病気になって突然配慮が必要になった子どもの入園〕に対応してくれることであり、いま一つは、「あおぞら保育」の実施である。あおぞら保育は大阪市民生局の助成により、この地域の就学前教育としてはじめられたもので、保育園前のK公園〔通称四角公園〕でなされているのでそう呼ばれている。〔小柳 1978, 94〕（〔 〕内筆者）

西野さんの活動は、このあおぞら保育の系譜のなかにある。そして、あおぞら保育は小柳たち（日本で最初のスクールソーシャルワーカーだった）あいりん学園のスクールソーシャルワーカーが、町中を歩いて子どもを探した活動の延長線上にある。荘保さんとのインタビューで、こどもの里にもよく訪問していた小柳先生の実践が回想された場面がある（私も小柳先生に案内していただいて、当時の釜ヶ崎の町の痕跡をたどったことがある）。

荘保　あいりん学園にも〔小柳伸顕先生のような〕ケースワーカーがいてね。ケースワーカーは何してるかって、もう、ずーっとこの町をね、歩いてやね、「誰かなんかウロウロしてる子おれへんか」言うて、歩いてたね。やっぱ、そういう、地域の力かもわかんないですね。うん。アウトサイダー的なね。〔インタビュー2回目51〕

この地域で半世紀以上にわたるアウトリーチの歴史のなかに、西野さんの実践は位置づけられる。「町に出る」ことで問題が「見える」ことのつぎの段階は、「関わらなあかん」という「関わる」ことである。ニーズのある子どもへと働きかけをすることが、つぎの段階だ。

3　町のネットワーカー

町の人から見える存在になる

第1・2節では、子どもや母親、路上生活の人といった困難を抱えながら孤立している人たちについて、相互につなぐことで問題が自ずと解消されていく様子が描かれた。第3節では、西野さんが支援の仲間をつくり出してつながっていくことで、第1・2節で描かれたような当事者同士のつながりが可能になる場面を取り上げる。

西野さん自身が町の人からも見える人にならないといけない、という町歩きの出発点に出会った格言は、さらにもう一歩先の見え方を生み出す。

西野　そういうことをくり返していくと、僕の体はひとつなんですけども、町のなかで見てくれてる人もたくさんいてて、遊んでる声っていうのは、町のなかでこだまするので。で、僕も当時、若いので、一緒に走り回って、こう、ずっと子どもたちと一緒に遊んでる。じゃあ、町のなかで子育てしながら、まだ、〔子どもが〕児童館の年齢にいたってない人〔＝母親〕たちも、その状況をよく、見てくれてたんですね。

村上　はあ。

西野　で、〔わが子が〕一年生になったお母さんが、愛染橋保育園から上がってきた子じゃなくて、外から入所してきた子がいてたので、「どうしてここの児童館の登録をしに来られたんですか」って言ったら、「いや、先生知らんの?」って。「先生の声おっきいから、有名やで。この町のなかで」ってゆうて。「え、どういうことですか」ってったら、「あそこの公園でいつも遊んでるやろ。だから、「あそこの児童館に行ったら、あないして一緒に遊んでもらえるねんな」みたいな話とかは、すごく周りの保護者たちしてるよ」っていう話を聞いて、『あ、そっか』って。『地域に出ていく意味ってすごくやっぱりあるな』って思って。で、そこからずっと歩いてるなかで、何人かやっぱり、時間かけながら、自分も知るんだけども、知ってもらえる関係性みたいなところが、できてきてる。〔10c〕

今度も、外に出ていくことで見えてくる、という構図のバリエーションではあるのだが、少しだけかたちが違う。西野さんが出ていくことで、(西野さんの目から一方的にニーズをもつ人が見えてくるのではなく)地域の人にとって西野さんの姿が見えてくるのだ。かつて町のなかで「通行人A」だった西野さんが、町の人にとっての「先生」「にしっぺ」へと変化している。町に出ることは、町のなかで周囲の人にインパクトを与えていくことでもある。

「知ってもらえる関係性」も、なぎさにすることの帰結である。ここで、さらに新しい視線が登場する。なぎさをつくるときには、その場にいる人たち(ここでは母親、のちに近所のおばさん)が西野さんを「見てくれてる」。子どもたちと路上生活の人たちとの出会いの場面でも、子どもたちは西野さんの姿を見て変化していった。ここでは母親たちが西野さんの姿を「見てくれて」、子どもを西野さんに預けることを選ぶ。

なぎさはお互いの視線が交わる場所であり、お互いが可視化する場所である。先ほどの語りでは、母親の話を聞くという受け身のベクトルが鍵となったが、ここでは「見られる」という受け身のベクトルが鍵である。

相手からの働きかけを受けられるようになる受容性をつくり出すことが、重要になっている。

同じことを時間からみると、「くり返していくと」「いつも」「ずっと」「時間かけながら」という継続性が、なぎさを成立させるための条件であり、これが「知ってもらえる関係性〔…〕が、できてきてる」という変化を可能にしている。

町のお母さんたちとはまだ話をしたことがないし、そもそも西野さんは知らない人なのだが、すでに潜在的な隣人としてのコミュニティができていることになる。[5] なぎさは、それぞれの人がもつ経験の蓄積、という時間的な深さをもつ。それだけでなく、まだ出会っていない人も潜在的にはなぎさのなかにいる、という空間的な拡がりがあるのだ。

「ニーズの範囲が仕事の範囲」

ところで、西野さんは「ニーズの範囲が仕事の範囲」と語る。

西野　なので、仕事の範囲っていうのは、どこに置くのかっていうことをつねに考えていて、これ、よくね、その小掠先生にもよく言われたんですけど、「仕事の枠は自分で決めるなよ」っていうふうにこう、よく、言われてたんですね。じゃ、『仕事の範囲ってどこやろうか？』って考えたときに、そのときに思ったんが、『あ、そうか』って。『ニーズの範囲が仕事の範囲や』っていうふうに捉えるとなんとなく〔すっきりする〕。
「自分がどこまでやったらいいんだろうか」っていう悩みって、多分、この仕事してる人って、どこかの場面で出会うんですけど。わりと、どこまでやったらいいんだろうかっていう人の多くに、あまりやってない場合が多い。だけど、『どこまで支援をすることでこの子どもたちのこの状況、条件を、改善できんのかな』っていうような発想に立ったときは、やっぱり、範囲を、『この子は、登録してる子だから、この子は登録してない子だから』っていうふうな枠を自分のなかで決めないでおこうっていうことを考えたのは、すごく、よく、当時から思ったんですね。〔10a〕

「ニーズの範囲が仕事の範囲」とは、施設をなぎさにすることで立場の異なる人たちが出会っていく活動を、西野さん個人の仕事からみて表現したものである。支援者が出会う町のなかでのニーズへと応答していくとき、ニーズの範囲とは、異なる立場の人たちが出会っていくなぎさの範囲と同じものになるはずだ。あるいは、こうもいえる。ニーズの範囲を仕事の範囲にするということは、徹底して「子どもにとっての最善の利益」[6]とは何かという視点を取るということだ。

このとき、制度で与えられた職務を自ずとはみ出ることになる。つぎの場面は、まさに保育士の業務を超えてニーズに応えていく実践である。

無関係な人々がつながる

さて、このように西野さん自身が町の人にとって見える存在となることで、協力者が生まれてくる。西野さんと同じ感度をもって心配な人をキャッチする町の人たちが、西野さんとつながってくる。

――**西野**　ある日電話かかってきたんですね。愛染橋〔児童館〕に。で、「うちのアパートのなかに、どうやら、路上で、寝ているような一〇代らしき子がいてるんやけども、先生やったらなんとかしてくれるかな」みたいな電話やったんですね。で、まずは見に行こうと思って、行って、やっぱり、出会ったんですね。その子と。で、その僕が出会ったその一七でした、当時、一七の青年は、僕もね、何日間か、何日間かずっと気になってた少年やったんですよ、町のなかで。

〔11a〕

知らない町の人が、保育士の西野さんに、高校生年齢の少年について相談の電話をかけてくるという状況の不思議さがある。関係のないはずの三者のあいだにこのような不思議なつながりが起きることが、なぎさをつくったことの効果であろう。なぎさは、お互いが見知っていて気づかいある「人格的な」交流の場なのだが、会って話したこともない人を交流へと引き込む力をもつ。つまり、場所そのものが交流の力動である。

「ずっと」町で活動することで、町の人が西野さんを頼るようになる。そして、西野さん自身も気になっていた少年について、「ある日」電話してくる。つまり、時間から見ると、ここでも「ずっと」という継続性の基盤の上に、「ある日」というピンポイントのタイミングでの出会いが凝縮するのだ。

浮遊していた少年の生活支援

この少年は、ほかの人とのつながりも、家という場所ももたない浮遊した少年である（自宅はあったが、父からの暴力を理由に家出していた）。ここから先の支援では、浮遊している子どもを児童館に招き入れた第2節の動きが反復されることになる。施設の外で浮遊している子どもとつながる支援には、構造上、西野さんが町の人やほかの施設の支援者といった外部の人とつながっていく営みが連動しているのだ。

西野　夕方ぐらいになると、小学校の門の周りをうろうろとしている一七歳ぐらいの子がいてて、『この子、学校行ってないのかな』って、午前中もやっぱり見ることもある。なんとなく『気になるな』と思って、『どのタイミングで声をかけよかな』って思ってた子と、夜、アパートの階段で、寝ている、その子が同じやったんですね。『これは、もう、今日これ、声かけどきや』と思ったので、声をかけさしてもらって、「どうしたの?」って話を聴くと、「いや、実は泊まるところがなくって、このアパートの階段やったら、雨にぬれずにおれるからここで寝てたんです」って話をして、『やっぱり、一七の路上生活っていうのは、これ、問題やな』って、子どもの権利やっぱ、ね、完全に守られてない状況なので、ただ、僕んとこ、二四時間開いてる施設ではなかったので、そこで感じたのはやっぱり制度の限界やったんですね。

村上　ああ。

西野　やっぱ、制度には限界があるな。うん。すき間、すき間レベルじゃない何かこう、限界やこれはと思って、どうしようかなと思って、ま、児童相談所にもすぐに連絡はしたんだけども、一泊は〔僕の家に〕してもらいました。で、一泊はしたんだけど、これを継続するってことはさすがにちょっと、僕自身も無理やったので、ま、児相に投げかけたんですけれども、一七歳っていう年齢が〔一八歳で児童福祉法の支援が切れるので〕微妙なんですよね。〔11c〕

この少年は、近所の組事務所から使いっ走りにされて食べものや服をもらって生きながらえていたのだが、このあと西野さんが困窮した高齢者用の救護施設に部屋を見つけて、就労支援から就職までつなぐことができた。もちろん、児童館の保育士としての業務を超えるのだが、出会ったニーズと向き合い、直接は関係ない高齢者施設の支援者と連携するという実践である。声をかけ、話を聴き、支援へつなぐことで人権を守るという

スタイルは一貫している。

　また、ずっと町に出るという継続性を基盤にして、キャッチしたニーズに介入する「声かけどき」の「タイミング」がやってくる。そして、西野さんの「声かけ」は、少年がSOSを出すよりまえに、すでにSOSを聴き取ったゆえの声かけでもある（このような関係は第5章で詳述する）。声かけをする瞬間にはまだ発せられていないSOSを聴き取るという仕方で、時間の秩序をかき乱すのだ。[7]

西野　そしたら、そういう状況を、毎日家庭訪問しているのは、そこのアパートのなかで住んでる人たちっていうのは、よくわかってくれていたので、その住民のなかで、一番上の階に住んでた人が。[8] 心配な家族……便利でね、何家族かおったんです。僕が家庭訪問しなきゃいかん家が。だからすごく、そこに行けば、何軒か一遍で済むっていうような状況があったんでね。その一番上の階に住んでた人が、面倒見のいいお母さんで、何かあればすぐに連絡くれる。その、路上生活していた一七歳の子を発見した人もその人やから。なので、ネットワークっていうのは、かたちとしては見えないじゃないですか。でも実は、『人のつながりやな』ってそのとき感じて。

『そうかじゃあ、自分が町に出向いて行くっていうのは、なんぼ体があっても足りないので、町の人にネットワーカーをつくればいいやん』って、そのときに、気づいて。町にネットワーカー築くために、すごくこう、いろんな、そういう意識をもってくれはる人との出会いを大切に、地域の人との対話みたいなことを、すごくするようになったんだね。

　そしたらもう、しょっちゅう電話がかかってきて、「今、どこどこのアパートの二階で不登校の子が、三人ぐらいで、座り込んでるから、ちょっと行ったってくれる？」とか。またすぐに走って動くんですよね。そこで子どもたちと話をしてると、まあいろいろな抱えている、家でのしんどさ、みたいなものを話《はなし》してくれる。じゃあその子たちは学校には行かないけども、愛染橋〔児童館〕には来れるようになって、午前中はみんな学校行っているんで、時間、わりと余裕があるんで、不登校の子が自由に来たりとかする。でも継続的に来て、なんとなく話聞いてもろたなってすっきりすると、学校に戻っていったりとかってするっていう経過を見てたんですね。〔14〕

ここでも、「しょっちゅう」「継続的に」という基盤の上で電話がかかってきたら、「今」「すぐに」介入している。「毎日」家庭訪問して、地域をなぎさにする活動をすることで、町の人がネットワーカーになり「しょっちゅう」電話してくる。そして、「今」関わりを必要としている子どもに「すぐに」西野さんが会って、「継続的に」関わると、子どもたちは学校に復帰していく。継続と臨機応変の対応が交互にはさまりながら子どもが変化していくという循環する時間構造がここで見えてくるのだ（この時間構造は、公園でおっちゃんたちと交流する場面でも観察できる）。

ほかの人から見えるようになるには、自分が相手に身をさらして見えるようにならないといけない。西野さんが町に出ていって見えるようになる動きは、町の人がネットワーカーとして西野さんの支援仲間になっていく生成の動きとパラレルなのである。いいかえると、西野さんが町に出ていくことで、西野さんを見ていた人が西野さんの分身になっていく。西野さんという〈点のカメラ〉が、町の人を巻き込むことで〈面のアンテナ〉となっていく。

—— **西野**　僕たちもなんていうかな、ひとりでは発見できなかった町の課題を、町の人たちがネットワーカーとして、自分たちは多分ネットワーカーと思ってはらないと思うんですけど。そういう役割をしてくれてはるっていうのは、すごく大きかったなっていうふうに思います。

それによって僕自身も、目の前で起きている問題、たとえば、物を盗んできたとか、空き巣に入るとか、もう、いろんな問題あったんですけど。それに対して、そのことに対して注意をしたりとか、するだけで終わってたかもしれないな。『この子の背景にあるものってなんやろか』、とか、『なぜこの子の行動は起こるんやろか』、というところへの視点みたいなものを、養われたのは、やっぱその経験があるなと思うんですね。

で、そこからあの、そこ〔愛染橋児童館〕には一三年いてたんですけども、えっと、そこから西成に転勤をしてきたんですね。で、西成に転勤してきて、一番最初に思ったのは、そういうネットワークがもうすでに出来上がっている。なんて、子育てしやすい町なんやろと思ったんです。でも、〔外から見た〕町の印象は違いますよね。〔15〕

ネットワークの拡がりが、子どもの背景を知る深さになる。盗難のような問題行動の背景にある困難が見えてくる。

子どもの背景を見る「視点」は、ネットワークの拡がりとパラレルになる。視点の複数化が、子どもが背景に抱える困難を見て取る視力ともなる。町の人がネットワーカーへと変化するとき、西野さんも子どもの背後を見通せるように変化している。町の人の思いを西野さんが支援者として現実化するがゆえに、町の人はネットワーカーへと変化し、町の人の思いから西野さんが学んでいるのだ。

ここでは、あたかも浮遊して社会から見えなくなった少年が西野さんや町の人たちをつなぎ、ネットワークをつくり出す縫い糸になっているかのようである。

4　家に赴いてつなぐ

ばらばらになりかけた家族をつなぎとめる

なぎさ化を進めていったとき、保育園は地域の誰にとっても居場所となる。これはわかくさ保育園だけでなく、こどもの里でも、第3章の「にしなり☆こども食堂」でも、同じである。それを可能にする条件は、居場所に立ち寄る人を尊重することと、その人の声を聴くことである。

西野さんはアウトリーチの一環として、家庭訪問をする。ほかの場面では孤立し浮遊した人とつながり、地域へとつなげるというアウトリーチが語られた。これに対して、以下の場面では、親と子のつながりを維持するためにアウトリーチする。

西野　当時、〔はじめに勤めた児童館では〕すべての家族の問題を、ひとりで抱えてるような状態で、正直、しんどい時期もあったんですけども、やっぱりほっとけないし、ニーズの範囲が仕事の範囲って、自分で決めてるので、ほっとくわけにはいかない。

じゃあ、この、自分の仕事は、夕方までは児童館は開館してるので。そのあとが、その家族たちとのつき合いの時間にしようと決めて、毎晩訪問し、全家庭なんて訪問する必要ないんですけど、必要のあるところは、必ず時間を決めて、訪問するようにしたんですね。

そのうち、一軒が、九時になったら必ず行くっていう家があって、当時ね、七人きょうだいの子どもたちがいてて、ええと、そのとき父子家庭でしたね。で、もういろんな問題起こすんです。そのきょうだいは。順番に問題を起こしてきて、一つひとつつき合っていくんですけど。その家庭には必ず九時に行くと、点呼取るんですね。七人全員そろっているかどうか。

村上 ほう。

西野 父子家庭で、お父ちゃん帰ってこないんで、仕事で。「九時に僕、必ず、行くからね」って。「そんときにそろっといてね」って。「九時以降は、やっぱ夜、外出るのやめとこう」っていう話をしてたらね。で、行くと、ひとり足りない。「今日あいつどこ行った?」「いや、さっき誰々とけんかして、出て、飛び出ていった」と。「集合ってゆってたやん。探すぞ」って言って、探すような、そんなやりとりを。「必ず行く」って言ったので必ず行かないとやっぱりかれらの、信頼を裏切ることになってしまうので、必要がなくなるまでは、それをつづけようと思っています。で、その七人の話をまず聴くんだよね。九時になったら。なら話を聴いて、やっぱさみしいじゃないですか、小さいから。で、お父さんに伝えてほしいこと、お父さんに聴いてほしいことっていう訴えを一人ひとりに聴くから、それを全部書いて、その日のうちにちゃんとテーブルに置く。で、「お父さんに必ずこれを見てもらう約束やから」っていうので、お父さんに、そこ伝える。

でもつぎの日来ると苦情が来て、「改善されてないやないか!」と子どもの要求がきて、「わかった。お父ちゃんとこ、ほんな、きょうな、行ってくる」って言って、仕事帰りに、お父ちゃんの仕事場にお父ちゃんに話をして、「子どもらはね、こういう要求をしてるねん」。でも、お父ちゃんはお父ちゃんで言い分があるんで、つぎはその言い分をちゃんと子どもたちに伝える、みたいなことをずっと毎晩くり返しましたね。

でもやっぱ、さびしくて、いろんな問題ありました。盗癖の子もいてたし。いろんなかたちで表現しましたね。施設にね、そのうちのひとりは、一時期、施設に行かざるをえなかった子もいてたりとかするし。〔13〕

西野さんは「自分で決めて」自発的にアウトリーチする。西野さんは、毎晩子どもたちの家へと通っては子どもの要望を聴き、父親の職場に行っては父親の要望も聴く。「ニーズの範囲が仕事の範囲」、つまり、子どもの「ニーズ」が行為を規定する。そして、子どものニーズは制度で決められた業務の範囲を超える。ニーズに応答しつづけるというのは、創造的に実践をつづけるためのひとつの解答であろう（これに対し、制度や規則に決められた業務は人をしばる）。外から西野さんが入ることで、家族をつなぐ。ある種の拡大された家族であろう。同じように、オープン・ダイアログ、あるいはファミリー・グループ・カンファレンスのように、第三者が入った話し合いのなかで家族が結びつけられていく。それによって、文字通りに家族での生活が可能になる。

ここで大事なことは、西野さんが子どもたちと父親の希望を聴き取っていることで、少なくとも三者の視点のあいだに大きな齟齬が生じていないということだ。願いを聴き取って、見えている世界の共有を生み出せるかどうかがポイントになっている。

点呼をとることには（児童館のルーティンだったかもしれないが）深い意味があるだろう。[9] 約束をすることは、一方的な命令ではない。お互いに約束することは対等な関係であり、西野さんと子どものあいだは上下のないフラットな立場である。また、点呼で一人ひとり名前を呼ぶことは、「あなたのことを心配している」「誰ひとり忘れない」という身振りである。名前を呼ぶことが相互に応答するコミュニケーションになる。

家庭での暮らしが難しいときに、子どもを地域のなかで見守る。子どもたちが望んだとおり、地域のなかで親子がともに暮らすためのサポートになっている。地域のサポートのおかげで、親子が分離することなく家での生活が可能になっている。

西野さんが父親を補完するかたちで子どもの話を聴き、子どもの願いを父親に伝える。しかし、「さみしい」気持ちを補いきれるわけではないので、子どもたちは「いろんな問題」を起こす。西野さんにとって子どもが「さびしくて」起こす「いろんな問題」は、SOSにほかならない。問題に「一つひとつつき合っていく」網羅性と徹底性は、ニーズに応じる方針が要請する必然である。

右の場面は、浮遊する子どもや路上生活の人のように孤立している人とつながるアウトリーチではなく、壊れかかっている家をつなぎとめるためのアウトリーチである。いずれにしても、切れかかっている関係をつねにつなぐわけであるから、連続性が重要になる。「必要のあるところは、必ず時間を決めて、訪問するようにしたんですね」に連続性と網羅性、徹底性が現れている。しばしばくり返される「必ず」や「ずっと」という言葉からもわかる。

児童館は、親が働いているあいだ子どもの居場所になるわけだから、すでに子どもの生活を補完する役割を担っている。さらに西野さんは、業務の時間外に家庭を訪問することによって、居場所としての児童館を拡大し、自宅とオーバーラップさせている。これは、二つの居場所同士が重なり合うなぎさ化である。あたかも家族のなかに施設（児童館）が浸透するかのようだ。

見るから聴くへ

以上のインタビューでは、町のなかで声をかけることでつながっていき、それによってお互いが生成変化していく様子が語られた。以下では、その先のステップが語られる。つながったうえで、親子の自宅という相手の「テリトリー」のなかで会話が行われる。

西野　やっぱり、保護者が保育園や児童館に来て話をしてるというのは、やっぱり自分のテリトリーではないじゃないですか。だけど、僕が、お邪魔してもらうことによって、〔親にとって〕自分が安心できる空間、場所に入るなかで、「ここだけの話やねんけどな」っていう話をやっぱり家に行くことでしてくれるし、親だけじゃなくて、子どもたちも、ぽろって一言漏らしてくれるっていうのは、やっぱそういう、なんていうのかな。お互いの領域を、お互いに知るっていうなかで、知れたことがあるし、信頼もそこでできてきたかなと思うんですね。〔10b〕

町のなかで浮遊して独りぼっちの子どもの背景には、家での親子双方の「しんどさ」がある。それゆえに西野さんは、「家に行く」。西野さんは「町に出る」ことでニーズを発見したが、さらにニーズに取り組むために「家に行く」。町に出ることのつぎの段階として、つながりをつくって関わるため、家に入って悩みを聴くのだ。

なぎさという出会いの場をつくるためには、支援者が相手のテリトリーに入って「お互いに知る」ことを必要とする。「児童館で見てるだけでは」、そして町で見てるだけでも「理解できない」。家に行って話を聴かないと理解できないのだ。〔誰もが交流しうるが誰のものでもない交流の場としての〕なぎさが成り立つための条件として、相手のテリトリーの内側に入って相手から聴く必要がある。「自分が安心できる空間、場所」とは安全地帯であり、そこで自分の秘匿された内奥が語られる。

そして、ここでも子どもだけでなく、親のケアが話題になっている。さらには、親の「領域」を知るというのは親から世界がどのように見えているのかを知るということでもあろう。つまり、パースペクティブ〔視座）が複数化しているということだ。

ピアスタッフの誕生

最後に、話を聴く場面をもうひとつ取り上げる。西野さんは保育園のなかでは親たちの相談を聴く役割も引き受けている。そのなかで、母親は自らの人生のなかでの痛みを語るのだが、つぎの場面は、以前西野さんが相談にのった母親が、今度は別の母親のサポーターへと生成変化していく場面である。西野さんの語りはすき間を見つけて声をかけていくことが大きなテーマだったが、もうひとつのテーマは、子ども、親、支援者が生成変化していくということだ。

先ほどは、声をかけて出会いのなかで町の人がネットワーカーとなる場面が語られた。今回は、迎え入れて聴く実践のなかで、ピアスタッフが誕生する場面である。支えられた人が支える人へと変容する。自由になる、主体になるとは、具体的には、逆境にあった人が手助けする人になるというかたちをとる。

西野〔以前相談に乗った母親Aさんから〕で、年一回ぐらいＬＩＮＥが来るんですよ。しんどくなったら。『ああ、久々に来たな』と思って、「いつでも話を聴くからおいで」って話をすると、まあ、いつものように日常会話がここ〔＝インタビューをしていた保育園の応接室〕ではじまって、本論にお母さんが、自分のタイミングで入りはるんですけど。その日の本編は違って、自分の話じゃなかったんですね。

「年長に、誰々ちゃんっていてるでしょ。誰々ちゃんのお母さん、今、すごくしんどい状況にあんねん。だから、一遍、話聴いてあげて」っていう話やったんです。〔17〕

「いつでも話を聴くから」という継続性のうえで、「自分のタイミング」をつかむという時間の構図は、ここでも同じである。

ここでママ友Bさんが、かつてのAさんと同じように悩み、子どもを殴ってしまう様子が語られる。

西野 〔Bさんに〕「「〔西野さんのところに〕行っといで」って言うんやけど、自分でも行かれへんと思うから、「私が『話聴いたって』って〔西野さんに〕言いに来るから」って、このお母さんにゆうてるから、だからちょっと声かけてあげてくれる？」っていうふうにして、自分の回復だけじゃなくって、人の痛みのところにまで、気づき、なんかこう、支援できるようなところにまで、会話されてるのを驚いて、その話を「当時では考えられへんかったよね」って言って。

「いつかお母さんが、――当時も言ってたんですね。回復のなかで――いつかお母さんが回復するから。必ず。で、〔回復〕したときには、つぎに出てくるしんどいお母さんのために、お母さんの話を聴かせてあげてね、とか、そんなときが絶対来るからね、みたいなことを当時してたんですよ。その日が来たね」、とかいう話をして。すごく、「やっぱり聴くってすごく大事やな」っていうのも教えられたし、「その人自身がもってる力ってすごく大きいんやな」っていうことは感じたんですね。

で、約束通り、その年長のお母さんと話をすると、〔…（ここで母親自身が幼少期に受けてきた虐待やネグレクトについての語りがはさまる）〕。

〔…〕だから、保護者同士の関係性、一対一の「支援者の立場と利用者」という一対一の関係だけではなくって、いかに、利用者同士というか、そういうピアな関係を、こちらが、どうつくっていくのかってことは、僕たちの役割、大きな役割なのかなっていうふうなことは、保

――育園で働きながら、いてます。[18]

西野さんが「必ず」親子の家を訪れたように、母親も回復したときには「必ず」ほかの人を支援すると確信している。ここでも連続性、つながりを生み出す力が永続的に反復されるであろうということが語られている。この確信は、論理的なものではないかもしれない。しかし、生き延びようとする力が必ずあり、それが人と人とを結びつける力でもあるということへの確信である。

「当時では考えられへんかったよね」と「驚いて」いながら、かつ「いつか回復するから」という確信をもっていたのは矛盾しているが、しかし、この矛盾に意味があるだろう。変化への願かけであり、実現した生成変化への驚きである。驚きは、かつて園児たちが路上生活のおっちゃんたちと仲良くなって変化した場面でも登場した。つまり、西野さんが関わった人が、ラディカルに変化したときに驚きが語られる。ここでは、偶然と必然が折り重なる地点で、母親の変化が起きている。

西野さんの語りのなかで、さまざまなかたちの（非公式的な）ピアサポートに出会ってきた。西野さんは近所のおばさんが町の子どもの見守り役へと生成変化し、西野さんにつなぐネットワーカーになる様子を語った。町のネットワーカーの発展型として、回復した母親がピアサポーターへと生成変化してママ友を支える。ニーズの範囲に応答するアウトリーチは、ついには関わった人を支援者へと変化させていくような、そういう浸透性をもっている。

自ら傷を負っている人は、ほかの人が負っている傷への感度が高い人でもある。町の人がネットワークをつくっていくという変化は、そのようなメンバー自身の生成変化をともなう。西成のこれからの課題のひとつは、このようなピアサポーターを可視化し、恒常的なものにしていく試みだろう［久保 2018］。

見えなくなっているすき間の人を見つけて声をかけ、ニーズに耳をそばだてる。西野さんの語りから見えてきたのは、保育園という施設でありながら地域全体のなかで潜在的なニーズを汲み取ってサポートしていき、地域全体の変化を促す支援だった。すき間を感じ取る一個の視点が、歩き回ることで地域全体に拡がり、地域全体が変容していく。〈すき間をまなざすカメラ〉が移動することで、空間全体が変化し、カメラが増殖し、すき間を見逃さない〈面のアンテナ〉になる。これが、西野さんの語りが描く地域の生成である。

西野さんは、施設の壁を取り払って地域のなかに浸透していく実践を、「なぎさ化」と呼んでいた。これは、交流の結果、お互いが変化すること、地域全体がすき間にいる人への感度を手に入れること、それによって取り残される人がいなくなること、であろう。

すき間を見つめる視線、まだ発せられていないSOSをすでに感じ取る視線を獲得したことで、西野さんが変化し、ついには地域全体が変化する。「まだ」発せられていないSOSが「すでに」聴き取られているというねじれた〈時間化〉と、地域全体のなぎさ化という〈空間化〉は同じ出来事の裏表だ。

西成北部の場合、親子のニーズがトラウマに関わる深刻なものから生まれていることも多い。それゆえ、働く人がみなトラウマへの感度をあげていくというトラウマ・インフォームド・ケア［野坂 2019］の視点を施設でも地域でももつということが、この概念が日本に輸入されるよりもはるかまえからめざされてきた。そして「トラウマ」に限られない本人のさまざまなニーズや苦労を聴きとっていく実践は、トラウマ・インフォームド・ケアよりさらに広く深い射程をもつ。

つぎの章では、再び居場所に目を向ける。にしなり☆こども食堂を通して、居場所がどのような機能をもつ場所なのか、ということを考えていきたい。

第3章

見守りの同心円

「にしなり☆こども食堂」の川辺康子さん

こども食堂は二〇一二年ごろからはじまり、二〇二〇年現在、日本全国に三〇〇〇ヶ所以上開設されているといわれる。そのなかのパイオニアのひとつである二〇一二年にできた食堂が、本章の舞台である。

「にしなり☆こども食堂」は、「こどもの里」や「わかくさ保育園」がある釜ヶ崎から北西に向かって一五分ほど歩いたところだ。こどもの里からにしなり☆こども食堂に行くときには、『じゃりン子チエ』の舞台といわれる鶴見橋商店街を西に進んで途中で細い道を北に上がる。小さい家や工場が立ち並ぶ静かな町で、食堂は古い市営住宅のなかにある。

にしなり☆こども食堂を訪れるときは、まだ準備がはじまる前の午後早い時間に到着するようにしている。食堂は夕方からなのだが、一人、二人と子どもたちが集まってくる。早い時間にひとりで来て、ままごとで遊んでいる男の子もいる。もしかすると学校に行かない事情があるかもしれないし、黙々と遊んでいる様子からは孤独感も感じる。早く到着したボランティアの人たちがそういう子どもたちに声をかけ、一対一でままごとをしたり、オセロをしたりという姿も見られる。

一五時ごろにボランティアのみなさんも集合し、食堂の支度がはじまるころには、下校の子どもたちも集まってくる。みんな思い思いの遊びをはじめ、そして、大人にかまってもらおうとして、いろいろとちょっかいを出してくる。多くの子どもたちは人見知りをすることもなく、とても積極的だ。畳敷きの狭い民家で鬼ごっこに誘われたり、わざと卑猥な言葉を言わせようと私に「クイズ」を出してきたりと、だんだん騒々しくなる。にしなり☆こども食堂には何度か訪れているが、そのたびに私自身も子どもに巻き込まれて遊ぶことになる。ボランティアの人たちも料理を準備するかたわらで子どもと遊び、話し相手になる。小学一年生の子どもが電子ピアノでねこふんじゃったを教えてくれたこともあった。

数人のボランティアが手分けしながら、何種類ものおかずが並ぶご飯をつくっていく。食材は寄付やふるさと納税で手に入った、良質のものだ。主宰の川辺康子さんはあるとき、「丁寧につくったおいしいものを食べ

川辺康子さん。はじめて訪れた引越しまえのにしなり☆こども食堂で。当時は地域の隣保館のカフェスペースで開かれていた（2016年）

てほしい。それがとても大事。ただ食べればいいわけじゃない」と私に語ってくれた。

ご飯ができると、子どもたちは思い思いに取りに来て、ちゃぶ台で食べはじめる。「いただきます」の号令もない自由さがここにはある。大人が押しつけるルールは、可能な限り避けられている。

狭い部屋に二〇人、三〇人の子どもたちが集まり、にぎやかにご飯を食べる。ボランティアの学生や大人たちもそこに交じって一緒に食べる。ときどきけんかをする子どももいるが、年齢も性別も関係なくみんなが声をかけ合っている。食べ終わると、めいめいがお皿を台所にもっていく。

ひととおり食べ終わると、日が暮れた団地の目の前の公園に何人かが出て、鬼ごっこがはじまる。子どもたちが勝手にルールをつくって大人たちを走らせるので、若くはない私はへとへとだ。食堂を訪れた夜は、いつもぐったりと心地よい疲れが残る。子どもたちがもつエネルギーは、おそらく四〇年ほどまえまで全国どこの街角でも見られたものだろう。今は自由に遊べる公園が少ないだけでなく、大都市の子どもたちは塾や習い事で忙しく、自由に遊ぶ暇もない。子どもたちが思いのままにつどって遊ぶことができる場所は、どのようにしてできるのだろうか。

1　みんな変化する――みんなが変化するために必要な支援者の姿

空腹とイライラ

川辺さんは、二〇〇一年ごろから子ども支援と母親支援の現場で実践をつづけている。二〇一〇年に、子どもが集まる場所である「あそびの広場」をはじめ、それを発展させるかたちで、にしなり☆こども食堂を二〇一二年に開いた。

今は閉鎖になった大阪市の建物であそびの広場を運営していた川辺さんは、あるとき料理教室を開いたところ、ふだんは乱暴ですぐに「キレる」子どもたちがおとなしく遊ぶことに気がつく。子どもがイライラして落ち着きがないのは、実は、おなかをすかしているからだったのだ。さらに、夏休みの昼に家へ帰らず水ばかり飲んでいる子どもにも出会う。このような子どもたちの空腹の発見と、もうひとつは、本章の後半で描く少年の存在がきっかけとなって、こども食堂を開くことを決意する。

インタビューの一回目と二回目のあいだに、こども食堂は場所を移動した。現在は古い公営住宅の一階にある店舗用スペースと風呂や洗濯機もある畳敷きの1ＬＤＫの部屋だ。風呂に入っていない子どものために風呂を沸かすこともあるし、ある日は水たまりでころんだ子どもを着替えさせていた。

二〇一六年にお願いした最初のインタビューの冒頭で、川辺さんはつぎのように語った。

川辺　ここの活動をね、もう四年目に入ります。で、三年やってみて、やっぱりたった週に二回、本当にもう二、三時間いてるだけでも、子どもたちってもう、みるみる変わっていくんですね。変化がものすごくあって。〔1回目1〕

この地域には、貧困に苦しむ家庭やひとり親家庭が多く、それにともなって、不登校などの子どもが抱える困難も深刻である。しかし、こども食堂という居場所を手にしたことで、子どもたちが変化する。「どのように変化するのか？」という問いが、川辺さんの語り全体の通奏低音をなす。

「変わらさんようにしてんのはあんたたちやん」

川辺さんが描く回復過程には、二つの種類があるようにみえる。ひとつは孤独な状態からつながりをつくり出すプロセス、もうひとつは、カオス（暴力や乱雑さとして表現される）から秩序が生み出されるプロセスである。

川辺さんは、親や子どもが変化するための前提として、支援者の側の構え、そして、こども食堂がもつ役割があるという。

川辺　やっぱり人は変われるんやっていう。それは本当に関わりで変われるし、〔…〕変わり方はさまざまだけど、その変わり方さえ否定しなかったら、やっぱり人は変わっていくんだというのは、ここの子どもたちもそうですし、親からも思います。だから「大人になったから変われない」とか〔言う支援者もいるけれど〕、『いや、変わらさんようにしてんのはあんたたちやん』ってどっかで思ったりするんです。『それをつくり上げてるのは、周りの私たち〔支援者〕ですよ』と。「そこに気づかへんかったら、変わらへんと思いますよ」っていうのをぶっちゃけ言うていきたいなっていうのを思う。〔1回目10-11〕

川辺さんは「やっぱり人は変われるんや」と、変化の可能性を何度も強調する。川辺さんの語りは、「子どもたちもそうですし、親からも思います」と子どもの変化と親の変化を同じものとしてとらえている。外から邪魔しなければ起きる、自発的で内在的な変化がある。親たちが変わるのを支援者が否定しなければ、親は変化する。支援者の変化が、子どもの変化を可能にする。いいかえると、まさに支援者が管理的な態度を改める変化こそが、つどう人の変化を促すということになる。

母親に教えてもらう

子どもや親ではなく、支援者こそが変化するという論点は、もうひとつの側面をもつ。

川辺　私この食堂やりながらね、子どもたちもそうですけど、「あの親はもうとんでもない親や」と言われてるお母さんたちからね、いろんなこと教えてもらってるっていうのがね、ほんまのところで。子どもたちに私が関わるなかでいろんなことを教えてもらってるんかなっていうのはあります。

村上　どんなこと？

川辺　どんなこと、まあたとえば、自分があたりまえに常識やと思ってる、自分のなかのまあ、人を見るものさしのようなね、そういうのんで、人を知らない間にこう測ってる。世間一般の常識で、その子を測るというか、そういうことを自分のなかでしていたんやなあっていうのが。〔1回目2〕

ここでも、母親の変化と子どもの変化が、同種のものとして語られている。母親がもつ力、変化の可能性を押さえ込んでしまうのは、支援者がもち込むものさし（社会的な価値観や規範）である。

しかも、「あの親はもうとんでもない親や」というものさしは、「世間一般の常識」なので、「知らない間に」働いてしまっている。このものさしは、（支援者がえらくて虐待をした母親が悪いという）社会的なヒエラルキーでもあり、もしもこのものさしを外すことができれば、「お母さんたちから〔…〕教えてもらってる」というように視点が逆転する。

川辺さんの語りには、何度か、「教えてもらう」という表現が出てくる（荘保さんや西野さんの語りもそうだった）。支援者が教えるのではなく、当事者が支援者に教えるという逆転が起きる。川辺さんの語りでこのような立場の逆転が登場する場面は、つねに困難な状況にいる（虐待といわれてしまうようなふるまいもしてしまう）親が変化する場面である。

ここでは、二重の反転が起きている。つまり、ヒエラルキーが逆転する場面とは、親が変化する場面でもある。まず、親ではなく支援者が変化すること、つぎに、親が自発的に変化することで、支援者のほうが教えられるのだ。

これは川辺さん個人のモットーとして語られているのではない。「この食堂やりながらね」と、こども食堂という場が自ずと生み出すのだ。

可視化する装置としてのこども食堂

川辺　ふつうに来てる子〔＝要対協でケースに挙がっていない子〕でも、意外にちょっと見てるとしんどい。しんどいというか、『あっ、この子ちょっと気になるなあ』っていう部分で、たくさんもってますよっていうのはあってね。まあ、うちが意外にね、ウワーってして自由なんで、そういうところで見えるんやろうけど。

はい、みんな一緒にね、ごあいさつして、で、いただきますして、ごちそうさま言うて、ありがとうございます言うてみたいなところやったらね、見えなくなるんかなとも思うんですけど。

元気盛りがいっぱいいるんで、そういう規律をすると、もう途端にバンッとはねのける力をね、この地域の子はもってるんです。大人の理不尽な干渉をね、はねのける力をこの地域の子はもってて。〔1回目8〕

「世間一般の常識」という「ものさし」は、子どもの姿を見えなくする。「いただきます」と「ごちそうさま」をすることも、支援者のものさしを強制することになる。そして逆に、「ウワー」というカオスが許されるこども食堂は、子どものしんどさや力を可視化する装置として働いている。子どもが変化する力は規範のものさしを「はねのける力」でもある。これから先の語りにも、何度も「ウワー」が登場するが、統御できない乱暴さを表していることが多い。しかし、「ウワー」は必ずしもネガティブなものではないことが、この語りからはわかる。自由・自発性という力でもある。

ものさしを外すことは親や子どもの変化を生む条件であるのだが、その手前で、そもそものさしが親や子どもが抱える問題を覆い隠してしまっている。変化を生み出すためには出発点にある「しんどさ」を見つけないといけないが、そのためには参加者の自発性が見える場が必要なのだ。「この子ちょっと気になるなあ」と、しんどさが可視化し、川辺さんを触発する。つまり、こども食堂はほかの人を引き寄せ、つなぎ、解放する。

子どもたちが親を変える

それでは、親はどのように変わるのか、そして、こども食堂は変化をどのように助けるのか。

川辺　「つかみどころないなあ」と〔ほかの支援者が〕言うてる親でも、やっぱり変わるし。〔そのお母さんは〕どうしても誰ともうまくいかへんかった。〔そのお母さんの〕子どもちゃんから〔支援に〕入ったんですけど、お母さん今なんか本当に明るくなって。丸々一年かかったんですけど、ここでの一年の関わりのなかで、お母さんがいろんな話をしてくれるようになったし。

もうね、〔昔は〕だから心配で子どもを表まで迎えにくるんですけど、あっちのね、信号のところで最初立っとったんですよ。

村上　ほう。フフフ。

川辺　私が、こう向こう〔の玄関〕から出ると、ペコッて一礼するだけのお母さんが、もう最近は「ちょっと一回一緒に食べてみたい」言うて、「子どもたちがどんな雰囲気のところで、どうやってご飯を食べて、どんな景色でご飯を食べてるのか食べてみたい」言わはったんですよ。

そういうお母さんのほうが、『子どもたちがここに来て、少し変わってきている。じゃあ、どんなところなんやろう』って、子どもに目を向けるようになってくるっていうね。受け止めをしっかりと〔している〕っていうか。気持ちが研ぎ澄まされてるというか、しんどいお母ちゃんのほうが。〔1回目12〕

「つかみどころない」「どうしても誰ともうまくいかへんかった」「信号のところで最初立っとった」というのは、お母さんが周りの人とうまくつながることができないことを示している。焦点は子どもへの「虐待」ではなく（川辺さんはこの言葉を使わない）、親のつながりにくさ、あるいは孤立なのだ。

この場面では、子ども食堂での子どもの変化が母親を触発し、母親の変化を促している。子どもの変化と母親の変化があわせて語られるのは、それが実際にも連動しているからでもある。子どもから母親への変化の連鎖を導くのは、母親がもっている感受性である。つまり、「しんどい」と言われている母親は、実は、「気持ちが研ぎ澄まされてる」人でもある。事態の「受け止め」をしっかりとしたときに、傷は感受性という力へと変化する。傷つきやすさは感受性でもあるのだ。

子どもの変化を目の当たりしたときに、母親は「子どもたちがどんな雰囲気のところで、どうやってご飯を食べて」いるのかという好奇心をもつ。「どんな」という問いの答えは、「子どもたち」につながるこども食堂という場である（引用の母親の子どもはひとりなのに、川辺さんは複数形で「子どもたち」と言っている。つまり、わが子がほかの子どもたちに囲まれている、みんなの場としての食堂が念頭にある）。「ちょっと一回一緒に食べてみたい」というときの「一緒」は、自分の子どもと「一緒」ということだが、必然的にほかの子どもたちとも「一緒」である。母親は子どもの変化をはぐくんだこども食堂という対人関係の場に、知らず知らずのうちに引き寄せられる。つまり、知らず知らずのうちに人とのつながりへと引きつけられている。

川辺さんが描くこども食堂は、このような孤立した人のつながりを回復する触媒となるような場である。支援者がものさしを押しつけなければ、このような自由なつながりが生まれる場となる。そして、この自ずと生まれるつながりの力が、孤立した人をだんだんと引き寄せてつないでいくのだ。

2 みんなで育てる構造

「来る子はひとりでもかまへん」

こども食堂はつながりをつくる場となるのだが、この場そのものも「みんな」によってつくられる。

川辺 だからこのこども食堂っていうのは、来てる子どもたちや親と一緒につくる場所やと、そう思ってるんです。誰かがひとりね、「食堂で食べさしたるわ」みたいなんではなくて、みんなで育ててる。そういう大切な場所なんやろうなっていうのは思うんですね。だから、私よく「何人くらい来られるんですか」とか言うて、で、「まあ、六〇人くらい来ますけど」言うたら、「うわあ、すごいですね」って言うんですけど。でもそれってね、「来る子はひとりでもかまへんじゃないですか」って。「その子とつながりたいと思える〔ような〕子がひとり来たら、あと何がいるんですか?」って思うんですよ。〔1回目19〕

ひとりの支援者の力ではなく、「みんなで育ててる」かつ「来る子はひとりでもかまへん」。この二つの命題

にしなり☆こども食堂を学生とともに訪れたときの様子。地域の小学校の先生の姿も見える（2018年）

が両立するときには、ひとりの子どもをみんなが取り囲む同心円状の構造になるであろう。〈見守りの同心円〉は、こども食堂を描くミニマムな単位となる。

西成では、「地域で子育て」という言葉をよく聞く。川辺さんの語りでは、そのことの意味が具体的に明らかになる。「来てる子どもたちや親と一緒につくる場所や」と言うように支援者ひとりの力ではなく、「みんなで育ててる」。それは同時にこども食堂という「場」が生きもののように育つことでもある。

出来上がって固定したあたりまえのもののようにあるのではなく、参加する人「みんな」がたえずつくり出すことでのみ成立する。実際、こども食堂には毎回数人のボランティアが参加し、ときには親や近隣の学校の先生も訪れる。

ここには子ども・親・ボランティアという参加者全員にとって、その人を取り囲むそれぞれの同心円状の輪がある。この先の語りでわかるとおり、同心円状に「みんなに見守られている私」というのが、子どもや親から見える支援の姿である。

そして、たくさんの子どもに食事を出すことに意味があるのではなく、「その子とつながりたいと思える子がひとり来たら」よい。これは、実際に現場にいるひとりの支援者の側から見た支援の姿である。支援は、一対一の関係を徹底することからはじまる。本章の後半でみるように、川辺さんはある少年を小さなころから支援しはじめ、施設入所を選ばず地域で育てることをつづけるなかで、こども食堂の開設を決意したのだった。私も訪れるたびに彼と会っているが、初回の訪問から二年ほどたったころには表情がだいぶ柔らかくなっていた。一対一のつながりが大事なのだから、「ひとりでもかまへん」という極限値が設定される。

このような支援の具体的なあり様を、つぎの語りでみてみたい。

見守りの同心円

川辺　うちに来てる若いお母ちゃんがね、母子家庭で生保〔生活保護〕ももうてたんです。で、子ども保育所行ったら、帰ってきたらもう何もすることなくて、ダラーッとしてやる子やったんです。で、「もう私なんかどうでもいいし」みたいな。

やっぱここに来てね、ここで人と関わる。で、子どもたちと関わって、おもてで〔子どもたちが〕自分を見てくれて、自分に声をかけてくれる。それがね、ちいちゃな子ども〔から声をかけられるの〕でも、やっぱり「私ってひとりじゃないんや」って思えるんですって。うん。だから、その子〔＝若いお母ちゃん〕にもまた教えてもらいましたね。

「川辺さんから見ると、なんかもうすっごい頼んないと映ると思います」って言いやるん。

「でも、はじめて出会ったころの私と今の私はぜんぜん違うんです」って言うて。「だからちょっとだけ安心してください」って。でもまたグンッと戻るときがあるんでね。ずっと今つながってたりはするんですけど。でも地域の子どもたちと出会う、ただそれだけのことで、人の気持ちってそんなに変わるんだなあ、ていうのんを〔教えてもらいました〕。で、「子どもたちが自分の子どもに声をかけてくれる。なんかそこってね、すごく居心地がよかったんです」言うてね。うん。

だから、みんなが集まっていろんな話をする空間がね、私のなかではいいなあと思ってやったけれど、実際そうやって言うてくれるっていうことで、「あっ、なんか失敗もあるけど、まんざら間違うてもないんだなあ」と。〔1回目19〕

「もう私なんかどうでもいいし」と自暴自棄で孤立していた親が、こども食堂に来ることで、子どもたちから声をかけられるようになる。この人の場合、子どもたちから声をかけられるという同心円の構造が孤独からの脱出を生み、「今の私はぜんぜん違う」という変化のきっかけとなっている。「その子にもまた教えてもらいましたね」と言うとおり、親が変化する力を川辺さんは学ぶのだ。支援者が困っている人を助けるという一方的な上下関係は、ここにはない。川辺さんと話していてよく登場する言葉に、「お母ちゃんも私も一緒に育っていく」というフレーズがある。「教えてもらう」ことと「一緒に育つ」ことは同じことだろう。見守りの同心円のなかで一緒に変化し、それに川辺さんが気づいていくのだ。

逆説的に聞こえるかもしれないが、ここで語られるのは支援者による見守りではない。地域の子どもたちがひとりの親を支えるのだ。それゆえ、語りでは何度も「子どもたち」が声をかけてくれることが強調される。川辺さんたちがこども食堂でつくり出しているのは、「みんなが」一人ひとりの「私」を見守る構造である。

すべての人にとって同心円状の見守りが成立しているのが、こども食堂なのだ。「みんなが集まっていろんな話をする空間」というランダムな関係が結ばれるネットワークに見えるものは、実はひとりの人が同心円状に見守ってもらっていると感じる構造なのだ。おそらく、これはものさしを外すことの論理的な帰結でもある。親がみんなに見守られるだけでなく、川辺さんにとってもみんなに教えられ育てられる場なのだ。見守りの同心円は大人が子どもを見守ることではない。こども食堂という場所が生み出す〈構造〉なのであり、そこでは誰もが仲間に見守られるのだ。[2]

しかも、川辺さんは「おもてで自分を見てくれて」と言っている。つまり、こども食堂で成立した見守りの同心円は、こども食堂の外の地域のなかへと拡がっていくのである。こども食堂でできあがった関係が、拡張していくのだ。「おもてで」声をかけられるときには、生活保護で暮らしていて社会のなかに位置をもたなかった親が、社会において存在を承認される。このとき「地域」という言葉が具体的な人間関係の場所として現れてくる。

そして、「ずっと今つながってたりはする」と川辺さんが一対一の関係を継続的につづけていることも示唆されている。あるいは、継続によってはじめて一対一の関係が確かなものになっていくということでもある（インタビューのなかで、川辺さんの属する団体が支援から手を「引いた」あとに自死したお母さんのことを思い出し、「向こうの〔団体の〕人が見てくれるんやったら、川辺さんいいですよ」と同僚に言われたときこそ「引いたらあかん」と語った。そういうときに今では「そんなら私がします」と言うのだ）。こども食堂でできたつながりは、時間的にも、空間的にも拡がっていくのである。

セルフケア、そして他者への気づかいへ

さらに、同心円状の見守りは、見守られるその人がもつ自己感、そして、対人関係の構造を変化させる。

川辺 食堂を通じて、本当に、お母さんも、本当にちょっとずつですけど、変わってくるっていう様子を見ると、やっぱりつながりっていうこと、自分が独りじゃないって思えることも、大切なんかなあ。ま、自分自身を認めることもね、それは大切なんですけど。独りじゃないと思えたときにね、自分も大事にできるんかなあと思うんです。

村上 うん、うん。なるほど。

川辺 「ずっと独りや」と思ってたら、結局自分のことって大事にできないし、「独りじゃない」と思って相手を思い描くこともできないんですよね。〔2回目19〕

同心円状の構造が「独りじゃない」という感覚を生む。「独りじゃない」ときにはじめて、「自分自身を認め」「自分も大事にできる」ようになる。かつての「もう私なんかどうでもいいし」という自暴自棄が、逆転するのである。そして、「相手を思い描く」こともできるようになる。同心円状にみんなに見守られていることを自覚したときに、自分を大事にすることができるようになり、さらには他者への気づかいも潜在的な力から現実的なものへと変化するのだ。みんなによる求心的な見守りから、中心にある「自分」のセルフケアへ移行し、つぎに中心の「自分」から放射状に、ほかの人への気づかいへと移るのだ。

ひとりにこだわる

見守りの同心円に時空間の拡がりがあるだけでなく、一対一のつながりにも進化形がある。

川辺　やっぱりそのひとりにこだわる。で、そのひとりの子にこだわったあと、なんかいろんなことが見えてくるっていうのは、こだわらないと、見えないんかなと。その男の子〔のちほど登場するA君〕と一緒にいてる中学生の子も、見えなかっただろうし。『やっぱこの子にはとくに丁寧に』って思って、そこを見ると、その奥におる友達関係とかも、似てる境遇の子どもたちがね、集まってくるって言うたらおかしいんですけど、そのなかでやっぱ見えてくるもんって、たくさんあったりするんです。〔2回目17〕

小学生のA君が、食堂の玄関までできた中学生二、三人とふらっと外に行く場面に、私も出会ったことがある。「ひとりの子にこだわる」ことが、つぎにその背景にいる友人関係、しんどい子どもたちをあぶりだしてくる。こうしてまた、一対一の単独的な関係が、複数の子どもに対してもくり返され、支援のネットワークが拡がっていく。

このことは、「育てる」あるいは「こだわる」という時間的な経過を含み込む支援のなかで、はじめは隠れていた複数のしんどい子が明らかになってくるという空間的な拡がりをも意味する。さらに、ひとりの子どもへと「こだわったあと」、その向こうにいる複数のしんどい子どもへの拡がりが生まれる。つまり、「こだわったあと」という時間は、複数の子どもの目に見えないしんどさへと気づいていく時間なのである。

3　カオスから秩序へ

見えなくなる子を見る

川辺さんの支援の大きな図式は、同心円の見守りと、一対一のつき合いだということをみてきた。見守りの同心円についてはは、第2節でかなりくわしく描かれたと思うので、つぎに一対一の関係の詳細についてみていきたい。

実は、乱暴な子どもがより多く困難を抱えているというわけではない。静かな子どものほうが困難を抱えているのだが、見えにくくなることがある。

川辺　うん。本当にもう関係性がこうプツプツッと途切れるのは、実はしんどくないと言われているご家庭の子どもたちのほうが、関係性、実はできにくいです。〔1回目13ａ〕

あまりに子どもが多くてにぎやかになると、関わりを必要としている静かな子どもと、しっかりした関わりがもてない。そのため、川辺さんは広い会場から（2回目のインタビューの直前に）狭い団地へと場所を移し、要保護児童対策地域協議会で挙がっている子どもを中心とした小さな食堂へと再編成することにしたのだった。

一対一でつながろうとする努力は、つながりをもてない状態からつながりをつくり出す努力と、カオス的な関わりから出発して関わりのなかで落ち着いた関係を見出す努力、という二つの側面をもつ。

川辺　やっぱりしんどい子っていうのは、本当に言葉にも出さないですし、そういう子がいろんな居場所のなかで、関係をつくって、ほっと一息、なんか自分の気持ちが言えるというようなね、のをつくらなあかんのかなあっていうのは、ほんまに思います。うん。

村上　あ、前回も、その声にならない、SOSを、聴き取るっていうようなことをおっしゃって、今もそうですよね。川辺さんはどうしてそれができるのか。なんだろう？

川辺　あのね。渦巻いてるなかに行くからなんが、一番だと思うんですけど、ま、キャッチしようともしてるし、その子どもたちの目に見える部分だけを見てると、そんなことはまったく見えてこないんです。で、問題行動といわれてるのを、起こすなかで、やっぱりその子自身が、何かこうSOSを出してるんやけど、多くの人たちは、それは問題行動としか取らなくて、なんかそれだけで、子どもたちと関係性をつないでいくので、そこに入らへんというか。〔2回目24-25〕

しんどい子どもは、「言葉にも出さない」。孤立しているということは、言葉の不在でもある。それゆえ、支援者は言葉にも出せない状態から言葉に出せる状態をつくろうとする。「言葉にも出さない」状態は、穏やかな状態ではなく、内心は「渦巻いてる」。問題行動という目に見えるカオスもあり、かつ、（明確なSOSとはならない）目には見えないカオスもある。ともあれ、カオスへと川辺さんが近づくことが、出発点となる。

つまり、「渦巻いてるなかに行く」ことがものさしを外す支援のもうひとつの姿である。「目に見える部分」の背景にある目に見えない部分とは、問題行動の背景にある事情のことである。川辺さんは、この背景の水準でつながりをつくろうとしている。「しんどい子っていうのは、本当に言葉にも出さない」のだから、この背景にある言葉にならない部分での関係をまずつくることが問われるのである。このような関係が、「ほっと一息、なんか自分の気持ちが言える」ということである。つまり、つながりと言葉が生まれる。「渦巻いてるなかに行く」とは、目に見える問題行動から目に見えないSOSへの踏み込み、孤立からつながりへ、そして、言葉の不在から言葉へ、という何重もの運動なのだ。

入り込むとは、「問題行動」と外からラベリングをされた状態を、入り込んで一対一の「関係性」へと変換することであり、そのとき、孤立したカオスは落ち着いた対人関係に変化する。見守りの同心円と一対一という構造をもつ場が、参加者に浸透するのにともない、カオスから落ち着きへの変化が生まれる。つまり、カオスから秩序への運動は、同心円と一対一という形式がもつ時間構造なのだ。

しんどいお母さんと向き合う

川辺さんは、食堂のあとに訪ねて来た親の話を聴き、あるいは家庭訪問もする。

川辺　家庭もうウワーってなって、しんどいお母さんとかに入ったりするんですけど、入るとね、なんか最初は警戒してね、「こいつ誰やねん」みたいな感じやけれど、そのうちふつうにその人と自分との会話で話してると、随分落ち着くんですよ。なんでみんながそんなにね、「あそこ大変やわ」って言うんかって。まあたしかに、いろいろなことで傷ついてきたり、いろんなことがあるんやけれど、でも、ちゃんとひとりの人間として向き合うと、すごく応えてくれて、何がしんどかったんかがわからへんくらいね。しんどくて周りから腫れものに触るようにすることのほうが、しんどいんかなっていうのはあったりします。

〔…〕特別なことをするんじゃなくて、あたりまえの日常のなかで、あたりまえに人として対応するというか。なんか『しんどいお母さんだからきっとこの人は子どもにこうしてるんじゃないかな』とかっていうめがねをかけず、そのめがねを外して、見たらええんちゃうかなって思うようなことはたくさんあります。だから、「いや、どっちかいうたら、〔教員に従順な〕あっち〔のお母さん〕がケースに挙がらなあかんのんちゃうん」とかね、子どもにしての対応とかでも。〔1回目7〕

話していると、「ウワー」というカオスが、「落ち着く」ようになる。「しんどいお母さんとかに入ったり」して「ふつうにその人と自分との会話で話してる」ことが、ものさしを外して向き合うことであり、「入る」ことである。

ここでも、「めがねを外す」ことが「入る」ための前提条件となる。支援者対当事者ではなく、「ひとりの人間として向き合う」ことが、「めがねをかけない」ことの内実である。つまり、めがねやものさしはラベルを貼って誤解することであり、同時に、一般化してしまって一人ひとりの姿と出会わないことでもある。そのように関わりをもつなかで、しんどいと思われていた人のしんどさが消えていく。

さて、「入る」ことは心理的なものとして語られているようにみえるかもしれないが、実は、物理的に家のなかに入ることをも意味している。

川辺　真冬の寒さのなか、五時間ぐらい待たされたりとかね、することもあるんですけど。でもやっぱりつながることのほうが大切なんでっていう。

村上　うん。会えば。

川辺　会えば、もう、〔家の〕なか入って、「ごめんください」言うて、もう初日から、〔家のなか〕歩きながら、〔家の〕ゴミを拾て、何気に、「やるで！」じゃなく、もうやりながら、「そうなんや」言うて〔相談聴いて〕。で、まあちょっと、〔台所で〕茶わん洗いながらみたいなことを、なんとなくできるし。今いてるお母さんたちは、それを受け入れてくれてるお母さんたちばっかりやったかなあっていうの。

で、こんな言いながらでも、けんかばっかりしたお母さんもおりますけどね。うん。本当に、「薬がやめられへんくって」っていうお母さんもいてたんですけど、で、「死ぬ、死ぬ」言うてね。眠剤飲んで、もうあんま腹立つから、「んなら、死んでみたらええわ」みたいなね。「ウワー」っとぶつかるときもあったんですけど。

でもやっぱり、そういうお母さんでもそうやって、「真剣に向き合ってくれた人が、今までいてなかった」言うて。合う合わんはきっとあると思うんですけど、人によって。だから、いろんなお母さんに出会って、やっぱり私は育ててもらったなあっていうような〔のが〕、本当にあって。〔2回目27〕

この事例では文字通り、散らかってカオスな部屋のなかに川辺さんは入り込んで、掃除をして、茶碗を洗いながら親の話を聴く。そのなかで「ウワー」とぶつかることもあるが、だんだんと落ち着いてきた様子が語られている。「ウワー」はカオスな関わりだが、真剣に向き合うことでもあり、回復の起点である。

川辺さんが親の家のなかに入ることは、親からすると川辺さんを「受け入れる」ことである。つまり、誰かとのつながりを受け入れることである。（たとえば母子家庭で孤立していた親が）つながりを手にすることが回復であるとすると、川辺さんが家に入ったときすでに、親は回復の途上にあることになる。今では、週に何回か寝起きをともにしながら生活のリズムをつくる実践も試みている。

「育ててもらった」というのは、ものさしを外して入り込むことに成功したとき、親が変化したときに使われる言葉である。ものさしを外す方向へと支援者が変化しないと、親は変わらない。そして、親が変わる場面に立ち会うことで、支援者は育てられる、つまり、変化する。このように、親と支援者は相互に働きかけ、変化し合うのだ。

空間上のカオスと地域との連携

さて、カオスは心や一対一の関係のカオスであるだけでなく、物理的な空間のカオスでもある。こども食堂もはじめは散らかし放題だったそうだ。

川辺　ここ〔＝最初のこども食堂〕来たときなんかは、もうここ〔＝床〕にご飯のかす〔が〕、いっぱいやったんですよ。でも最近は〔ほとんどない〕。もちろん一つか二つとか落ってるんですけど。〔昔は〕なんか食べ残って、てか終わったら、ほうきで掃いて、必ずモップせえへんかったらあかんくらいやったんですけど、最近は、モップをしなくても。この三ヶ月くらいかな。よう考えたら、モップしなくなったわと思う。〔1回目9〕

ここでは部屋の空間について表現されているが、それだけでなく、子どもたちの集団がカオスから秩序へと変化する、もうひとつの側面についても語られている。つまり、心のなかの不安定さ、一対一の関係の不安定さ、集団の乱雑さといったさまざまな段階のカオスが同時にあり、こども食堂での関わりのなかで、すべての段階が落ち着いていく。

川辺 いろんなところでボランティアさんがね、来てくれるんですよ。大学生の方も来てくれるし、ボランティアの方も来てくれる。で、やっぱ子どもたちっていうのは、「自分を見てほしい」っていう子どもたちがね、まあいうたら、全員です。自分をひとりで見てもらって、「今日、何して遊びたい？」って聞いてくれて、なんか同じ時間を共有してくれる人がいてると、もうなんていうんかな。騒ぎもしないし、もちろん調理室に入ってきて、グ・ワーッ・ていうこともないし、なんかこんなに落ち着くもんなんだなって。自分を、ひとりの人間としてっていうか、丁寧に関わってくれる大人が、もしくはこう自分よりちょっと上のお兄さんがいてるっていうのが、こんなにも違うもんなのかなって。［1回目10a］

子どもも親も、「ひとりで見てもらう」ことで「グワーッ」から「落ち着き」へ、つまり、カオスから秩序へと変化する。そして、それとともに集団も落ち着く。ここで、個人個人の関係と集団の動きとが結び合わされ、さらに一対一の関わりが同心円の見守りへと拡張していくであろうこともみえてくる。このような川辺さんと親との関わりが可能になるのは、保育園や小学校の保護者会にも出席し、定期的に読み聴かせに通うなど学校との連携のなかで、家庭への訪問も長年行ってきたという裾野があるからでもある。この地域には、六校連絡会という小中学校の集まりが毎週あり、川辺さんは学校の先生とつねに連絡をとっている。

にしなり☆こども食堂から見えてくることは、地域のなかにもともと潜在的に拡がっていた見守りと声かけが、居場所として結晶化する動きである。にしなり☆こども食堂の場合は、子どもの遊び場からの発展形であるが、同時に何代にもわたって貧困が蔓延して、食事に困っているという状況への応答でもある。そのなかで参加した人は誰でもほかの人から見守られ、その存在を承認されるという構造を生み出すことになる。支援者が助けるのではなく、ここにつどう人が一緒につくり、一緒に変化するなかで、この仕組みが生まれてきたということを川辺さんは強調していた。見守りの同心円は、このこども食堂が頻繁に開催されており、子どもボランティアも継続的に参加しているという連続性に依るところも多いだろう。ふだんは週二、三回だが、新型コロナウイルスの流行で学校が休校になっているあいだは、週六回昼食を提供していた。

さて、このような見守りの同心円としての居場所は、実は、ひとりの少年をサポートするなかで生まれてきたものだ。にしなり☆こども食堂は、彼を抜きにして考えることができないのであり、川辺さんの一対一の関係へのこだわりは、実は彼を念頭に置いている。つぎは、A君についての川辺さんの語りをみていきたい。

4 こども食堂をつくるきっかけになった少年

A君と私の出会い

A君は、その幼少時から川辺さんがサポートしている少年である。[3] A君を視野に入れたときには、こども食堂は、どれほど困難な環境に置かれている子どもであっても地域のなかで育てようとするという極端な実践としてみえてくる。

もともと川辺さんがこども食堂を開設するにいたった動機は二つある。ひとつは、地域の遊び場で子どもたちが空腹にしていることに気づいたこと、もうひとつが、地域で支援していたA君の存在だった。

〈つながることの不可能性〉と〈生存にかかわる困窮〉という二つの逆境を反転する試みが、こども食堂である。ここでは、A君と川辺さんの出会いを食堂をつくる理念として読んでいきたい。つながることができず、居場所をもたない少年へと向き合うことをとおして、地域のなかの居場所が出来上がっていくことになる。

数年前、はじめてにしなり☆こども食堂を訪れてICレコーダーのスイッチを入れた瞬間の語りが、A君についてのものだった。このとき、私はA君という少年の存在についてまだ知らなかった。にもかかわらず、突然A君についての話題から会話がはじまったことには、意味があるだろう。

川辺　とくに本当にもう、もともと私が食堂やりはじめたきっかけになるのは、あそこでね、今ね、青い服着て、ゲームやってる子がおるんですけど、あの子と出会って、なんかこう私のなかでチャラチャラと食堂をやってるだけではあかんねんなっていうか。食堂ってご飯も食べさせるためだけに、食堂するんじゃなくて、やっぱりちゃんと、子どもたちと向き合って、やっていかなあかんねんなっていうのは、彼と出会って、〔そう〕なったという感じですかね。

〔1回目1〕

A君の居場所と食事の機会をつくるという目的もあってこども食堂は立ち上がったわけだが、しかし、A君の存在は継続的に川辺さんの支援のあり方を問いただす。A君の存在を意識することで、しっかりと子どもたちと向き合う必要があることをそのつど再確認し、こども食堂の運営もその延長線上にあることを思い起こすようだ。

このあと何年かにわたって川辺さんの話をうかがうたびに、A君との関係の困難さが語られてきた（二〇二〇年に入ってから困難の語りは減った）。逆に〈不可能な関係をつくる〉ことが理念となって、こども食堂という場、そして、ほかの子どもたちとの関係が可能になっているようにもみえる。つながることが難しい子どもとつながろうと努力しつづける運動が、食堂の核をなしているということだろう。

私も食堂に行くたびに、A君には必ず会う。先ほどの語りは、はじめて食堂にお邪魔したときの様子で、遠くに彼の姿が見えていたが、彼の生い立ちも知らず、とくに気にとめてもいなかった。しかし、二回目のインタビューのときにくわしい生い立ちを聞くことになり、意味づけが変わった。詳細は省くが、彼の幼少時に突然両親が家からいなくなり、そのとき以来、血縁関係のない女性のもとで二人暮らしをしている。その女性が養母となったわけでもなく、ワンルームマンションでただルームシェアをしているという暮らしである。

私が本人とはじめて接触したのも、二回目の訪問のときである。「接触」というのは、直接話したわけではなく、身体的なコンタクトだけだったからだ。二回目の訪問は、食堂が今の畳敷きの公営住宅に移ってしばらくたったときのことだった。

二間続きの畳敷きの居間の片方でほかの子どもたちと遊んでいたときに、ちょうどもうひとつの部屋の奥にいたA君が、つーっと無言でやってきて、何も言葉を発しないままに、私の目を見ることもなく、私を本気で殴りはじめたのだ（彼にはとくに発達上の問題はない）。小学生だが、私の急所をめがけて、本気でパンチをしてきた。打ちどころが悪かったら、ケガをするような勢いだった。そして、何も言わずにつーっと離れて、玄関から出ていってしまった。

目も合わせずに本気で殴り続ける様子に、私は殺気を感じた。その晩、私は大きな犬に襲われる悪夢を見たことで、この経験が言葉にならない仕方で残っていたことにも気がついた。

この日の出来事はずっと気になっていた。彼がそのとき何を考えていたのか、さっぱり想像できなかったからだ。その日殴られるまえに、川辺さんから彼の生い立ちを聞いたこともあり、彼のなかに何か暗いものがあることは確かだった。とはいえ、こども食堂にはたくさんのボランティアが通っている。レギュラーメンバーの空手部の大学生と、楽しそうに遊んでいる様子も目にした。私自身はまだ二回目の食堂訪問であり、一回目はあいさつする機会もなかったので、彼はそのときはじめて私を目にとめたはずだ。それゆえ、とくに私にからんでくる理由もなかったのだ。

しばらくあと、長く大阪府子ども家庭センター（児童相談所）での勤務経験がある、愛育会子ども家庭総合研究所の山本恒雄先生とお話しする機会があり、このときのことを尋ねてみて、ようやく自分のなかで腑に落ちた。先生によると、「お前は誰やねん。ここはおれの縄張りやぞ」というメッセージで、大人は「痛い痛い、暴力はんたーい」といって相手をすればよいというのだ（実際、私はほぼそういう応対をした）。そして、最後に子どもが一発本気で殴ってきたら、こちらをメンバーとして認めてくれたあいさつだ、というのだ。

しばらくたってから食堂を訪れたとき、A君は私のことは覚えてはいなかったように思ったが、このときは「おい、まつぼっくり！」と呼びつけられて、取っ組み合いの遊びをした（このときは遊びであり、本気で殴られはしなかった。「まつぼっくり」は私の髪型からきている）。そのつぎに訪問したときには、「おい、くり！」とさらに短縮した呼称になった。そのころには、サッカーサークルに入って充実した毎日を送っており、私の目から見た様子もはじめのころとは大きく異なってきていた。

ここまで書いてからさらに二、三ヶ月のちに食堂でA君と会ったとき、彼は前回私のことを「くり！」と呼んだことをよく覚えていた（殴られたときから二年半ほどたっている）。そして、「ねえねえ何歳？」と親しく聞いてきた。年齢を聞くというのはある段階の親愛の表現であろうから、私は食堂に出入りする大人として認知されたのだろう。

孤独と切断への衝動

さて、もう一回時間を巻き戻して、こども食堂が最初の場所にあったころにお願いした一回目のインタビューをみてみよう。困難な生い立ちをもつ子どもへの支援は、一筋縄ではいかない。A君の場合、いわゆる問題行動や精神症状はないのだが（このことは彼の背景からすると本当に驚くべきことだ。川辺さんをはじめとするサポートの力は大きいだろう)、生い立ちに由来すると思われる難しいふるまいをする。

川辺　で、この子〔A君〕もおるし、晩のその少しの時間でも一緒におってね、『なんかいろんな話が聞けたらええなあ』と私は思ったんです。ほんで、彼に「こども食堂やるで」って言うたら、「なんでおまえのところに行かなあかんねん」言われてね、真っすぐ目見て。ほんで、「俺はおまえに恵んでもらうほど困ってない」と言う。『ああ』と思ったんです。で、「そもそもおまえと俺の関係はなんやねん」って。『あっ、すごいこと言う』。それが〔小学〕二年生やったんですけど。

で、そのとき彼が何を食べてたかいうたら、コンビニのおにぎりと、で、からあげくんが晩ご飯やったりするんで。「いやもちろん食べてんのは、食べてんのはわかってるよ」と。「でも一緒にご飯食べれたらええかなあと思って」って言うて、やったんですけど。〔1回目15b〕

「晩のその少しの時間でも一緒におってね、『なんかいろんな話が聞けたらええなあ』」、つまり、生活のなかでA君と会話をすることが、食堂をはじめる目的として語られる。こども食堂は、見守り機能をもった居場所であるまえに、生活のなかの会話が目的としてつくられていたことがわかる。ところが、A君は「なんでおまえのところに行かなあかんねん」と、川辺さんの予期を裏切り、つれないふるまいをみせる。

このときのA君の言葉は、何を伝えるメッセージなのだろう? 川辺さんこそが親身になって心配してくれる大人である。しかし、彼は親切を拒絶するかのようにみえる。しかも、川辺さんとの人間関係そのものも否認する。とはいえ、この拒絶と否認こそがA君の川辺さんとのつながり方であり、そういう仕方で川辺さんにつながろうとしているようにもみえる。

このあと何年か継続的に彼と川辺さんをみてきてわかったことは、川辺さんがA君とつながろうとして居場所をつくり出そうとするたびに、「そもそもおまえと俺の関係はなんやねん」というようなメッセージをA君が出すということだ。これは関係を拒絶する言葉というよりは、どれだけ彼が孤独であるか、ということを表現しているように今は感じる。まさに川辺さんとはつながりがあり、切れることもない安心感ももちかけているがゆえに、切れてしまうのではないかという不安から、このような言葉を発しているように感じるのだ。

彼が要所要所でくり返す切断の身振りは、幼少期に両親が突然失踪した切断を無意識的に反復していると考えると理解しやすくなる。過度に心理学化はしたくないのだが、このような精神医学的な心的外傷の理解を踏まえないとわからないことがある。潜在的な外傷の表現としての「そもそもおまえと俺の関係はなんやねん」というふるまいがあり、かつ、〈つながることができない人とでもつながる装置〉としてのこども食堂がある。また、空腹の反転としてのこども食堂がある。つまり、「チャラチャラと食堂をやってるだけではあかん」のは、こども食堂が孤独と貧困という二つの限界を、二重に反転する装置だからだ。その意味で、A君がくり返しみせる〈切断への衝動〉は、逆説的に食堂を生み出す出発点になっている。

A君が見えなくなる

さて、一回目のインタビューの直後に、こども食堂は近所の古い市営住宅の畳敷きの一室に移転した。1LDKプラス商店用のスペースをもつ部屋である。ここに移転してからしばらくして、二回目のインタビューをお願いした。

A君の詳細なエピソードは、二回目のインタビューではじめて語られた。しかも、A君が見守りからすり抜けてしまうことが語られた。川辺さんとの三年ほどの期間にまたがる数回のインタビューをとおして、子どもや母親の変化が語られたのだが、A君についてだけは、つながりにくさが変わらないということが語られつづけた。

川辺　ま、〔A君が〕来てんのは、ま、ご飯よそうんでわかるんですけど、いつ帰ってしまったかもわからへんくって、そのあとおうちにも帰らへんして、「うわああ」って、みんなと連れだってどっかに連れて行かれるっていうことがあって。

で、「私らを見てくれ」っていう子で〔川辺さんが〕てんやわんやしてたら、もう〔A君が〕いなくなってしまう。で、必要な話とかもできなくなってしまって。『あ、これはちょっとあかんな』ということで、〔前より狭くて子どもたちに目が届く〕こっちに移ったんですけど。

うん。で、移って、その間もね、結局、食堂でそうやってみんなが「うわあ」ってなってるのを、私も関わりますよね。ほな今度、その男の子〔A君〕がね、私と個別に関わったときに、「もう俺なんか、放っとってくれ」みたいなことになっちゃうんですよね。で、食堂来たときに言おうかなと思ったら、食堂でもどっかに行ってしまうし、っていう、なんていうかなあ、意思の疎通が少しとりにくくなるというか。

村上　ああ、そっか。

川辺　「どうせ俺はもうええねん」と。みたいな、ね。〔…〕本当こっちに来て、だからしばらくはもう本当に、ぐすぐずしてました。

村上　ま、あ、その子が。

川辺　はい。もうそろそろ五年生なんでね、最近は自分の生活スタイルと、ほかの子がちょっと違うっていうのは、なんかこう「あれ?」っていう感じですよね。「なんで俺は独りなん？」とか。もっと深く考えるようになってきてて。で、私も向こう〔の台所〕で「わあ」ってなってるし、「なんで俺は独りや？」っていうのもたくさんあるし。〔2回目4〕

川辺さんとA君のあいだでは、会話はあるのだが、対話が成立しているとはいいにくかったようだ。「いつ帰ってしまったかもわからへん」のは、「一緒に話をしたい」という当初の目標とは真逆の姿であるし、「どうせ俺はもうええねん」という関係を切断しようとする言葉がしばしば登場する。あいかわらず関係の切断がコミュニケーションの中身となるような、不思議なコミュニケーションである。

この語りでは、こども食堂が移転したことも、A君との会話を促すためであると語られている。こども食堂の設立も移転も、川辺さんの語りでは、A君を軸に考えられているのだ。A君との関係の難しさに促されるように、食堂のかたちも変わる。ここでも、関係の困難の反転として食堂が形成されている。

そして、A君はさらにそれを否定する身振りを取る。居場所が生まれると、今度は居場所に対しての切断の身振りを反復する。「みんな」に見守られているのだが、かつ、そのなかで「独り」なのだ。「うわあ」「てんやわんや」としている集団のカオスからはじき出されるかのようである（集団のカオスは、食堂を動かす子どものエネルギーでもある。私が見ている範囲では、A君もほかの子どもと遊んでいる）。このA君の独りであるというふるまいと、川辺さんの居場所づくりの動きが並走する。

子どもたちが「私らを見てくれ」と川辺さんに寄ってくるとき、A君も本当は川辺さんに見てほしいと願っているだろう（その証拠に、二回目のインタビューのときからさらに二年後に、川辺さんは「〔台所でふと目を上げると〕必ずAと目が合う」と語っている。彼がよく座っている部屋の奥のポジションは台所が見渡せる場所であることに、そのつぎに訪問した機会に私は気がついた〈川辺さんは気づいていなかった〉）。しかし、「いつ帰ってしまったかもわからへん」というかたちで見守り構造を切断する。もともと実の母親から見守られたという感覚が非常に薄かったA

君の場合、それゆえにこの希求は強いはずだが、私自身が見ている限り、食堂でA君が川辺さんにかまってもらおうとする姿は見たことがない（川辺さんに確認したところ、そのとおりだった）。川辺さんを見ているが、しかし、自分から川辺さんに話しかけることはない。この語りでも、A君が孤独を自覚しはじめているように語られている。年齢的に自覚したということでもあろうし、食堂で見守りの構造がくっきりしたことによって、自らの孤独が際立ったということでもあろう。

「放っとってくれ」という関わりの拒否は、「なんで俺は独りなん？」という孤独と裏表の関係にあるだろう。そしてもともとは、「放っとってくれ」というのは、かつての両親との離別の経験を自ら反復しようとする衝動、あるいは不安であると感じられる。今現在（とくに家で独りでいるときに）感じている孤独であり、かつ、人生の根っこにある孤独である。

それゆえ、「放っとってくれ」は、「ちゃんと見守ってくれ」の裏返しではないか。A君に促されながら成立したにしなり☆こども食堂の核にあるのは、実はこの〈見守られている感覚をもたない人を見守る〉という活動である。「なんで俺は独りなん？」という孤独は、孤独を反転する食堂をつくったことで、かえって際立つことになっている。孤独と見守りの緊張関係が、互いを際立たせるのだ。

居場所とのつながりを切断しようとする身振りは何度もくり返される。

川辺　うん。このまえなんかもあったんですけどね。〔遠足に〕「行ってくるわ」言うて、荷物をもって。〔それなのに〕荷物を出たとこの玄関に置いて、どこかに行ってしまう。そのあと、みんなが探す。でもだから、そうしてしたら、『誰かがそうやって一生懸命探す』とか、『自分のことを』とかいうのが、まったくないんです。うん。「俺なんか放っとってくれたら、ええし」みたいな。だから、行きたくないのであれば、「行かへん」とか。で、それを誰かに相談

するとか、っていうんでもなくて。なんか、『なんでそうなるんやろな』っていうのは。

村上　〔誰にも言わないっていうのは〕本当に独りなんですね。心のなかでは。

川辺　うん、うんうん。一緒に関わってる人がね、「なんか本当に困ったとき、川辺さんの顔が思い浮かぶと思うで」って言うんですけど、目のまえに誰か〔ほかの人〕がいてたら、絶対〔私のこと〕思い浮かばへんと思うんですよ。それはね、私もう確信もって言えるの。なんか知らんけど。うまいことよう言えないんですけど、自分の思いとか、誰かとつながってるとかいうのが、ないんちゃうかなあと。うん。

だから本当にもう見ず知らずの、もう自分が困ってるとき、見ず知らずの〔人に〕「こんなこんなんやねん」て〔困り事を〕言う、〔その人が〕「ちょっとかわいそうやなあ」って言う、で、そこで〔刹那的に〕つながる。なんかそういうことを、ずーっとやってきたと言うたらおかしいんですけど、ま、彼の話聞くとそうなんですね。だから、「これ困ったから、〔こども食堂の〕誰々さんに相談しよ」とか、もう一切ない。うん。だから、今言われたような、『ほんまに独りやねんな』っていうのは、うん。『どう関わるのがいいのか』っていうのは、フフフ。〔2回目9〕

玄関の外に出たら、もう川辺さんたちのことは存在しなかったのと同じようになる。あらかじめ相談することもなければ、あとで探されることも考えないというところで、川辺さんはA君が周囲の人を意識していないと感じている。「絶対〔私のこと〕思い浮かばへんと思うんですよ。それはね、私もう確信もって言える」という強い直観である。特定の親しい人に見守られているという感覚がない、と川辺さんには感じられている（実は、最近になって食堂に取材に入ったテレビカメラがこのことを知らず彼にカメラを向けたときに、「川辺さんが信頼して

くれたから自分は変われた。川辺さんと会ってなかったら、今でも暴れてた」と答えていた。川辺さんが「驚きですよね」と語って、泣き笑いをしていた)。

心のなかではつねに孤独なので、彼は町を浮遊する。居場所のない空間で、目のまえにいる匿名の他者に助けを求める。あたかも、親しい人がいる居場所という特異点がまだ世界のなかに出来上がっておらず、そのつど目のまえにいる人しか世界には存在しないかのようだ。持続的に誰かのことを頼りにしているというようなことはない。道具のように他者を使う。人格的な関係として他者が登場していないわけであり、存在の本質においては孤立であるという感覚がある。こども食堂にも、川辺さんが念を押さない限り来ないそうだ(ほかの子どもたちは心待ちにしているのでカレンダーをチェックする)。

なので、「『ほんまに独りやねんな』っていうのは、うん。『どう関わるのがいいのか』っていうのはね」と、孤立を反転することが、川辺さんの実践の方針となる。と同時に、居場所づくりは絶えず切断される。継続的な支えなしに生き延びてきた子どもを継続的に支えようとするという実践がどのようなものなのか、子どものなかにはじめから存在しなかった支えを新たに生み出すというのはどういうことか、という問いになる。

「優しくされたことがない」

居場所を切断する孤独というモチーフは、二回目のインタビューから二年後にお願いした三回目のインタビューでもくり返される(その間にも私は何回か食堂を訪問している)。以下は、年下の子どもに優しくしないことを注意した場面である。

——**川辺**　核心に迫る話をすると、「もう俺はいらん」とか、「いや、俺はここに来えへん」「もう

——みんなと関係絶ったらええんやろ」みたいな、結局そこに行ってしまうんでね。〔3回目2b〕

このような語りは、二年まえと同じである。ただし、三回目ではより心理的な描写になる。食堂からふっと「いなくなってしまう」のではなく、食堂での感情表現が話題となった。

川辺　で、Aといろんな話をしてるときに。「優しくされたことがない」みたいなことをね、彼は言うんです。で、下の子と遊ぶのに。まあまあなんて言うんですかね。もうちょっと優しく。で、「それがわからへん」って言うから。「いやいや」と。「大学生が来て、遊んでくれるやろ」って言うて。「楽しくないか?」って言うたら、「楽しい」って言う。「いや、それ、いや、そういうことをやっぱり下の子らにもできたら、まあ、してほしい」みたいなことを言うんやけど。わからないんですよね。わからへんというか。だから、だから彼のなかで「そういう優しいことされたことがない」ってはっきり言い切るんです。ここ七年もいてて、いや。〔3回目1b〕

「優しくされたことがない」というのは、つねに川辺さんやスタッフに見守られて、友だちやボランティアと楽しそうにしている今のA君の環境を考えると、不思議なセリフである。しかし同時に、彼の強い実感だということが、このあとくり返されることからわかる。切断のモチーフのバリエーションとして捉えてもよいだろう。おそらく、ここでは「〔小さいころにお母さんから〕優しくされたことがない」ということが、（本人ははっきりとは意識していないままに）その感情だけ回帰しているということなのだろう。かつては語れなかった思いを語れるようになったということに意味があるが、とはいえ、ここでも実際に周囲の人に守られている状況と

A君の心情とのあいだにずれがあり、二重化されている。

「優しくされたことがない」というようなセリフは、記憶する限り、二年まえの二回目のインタビューのときにはまだ川辺さんに向けては発することができなかった。寂しいという言葉は、ボランティアのような関係の薄い人にしか言えなかったことだ。その意味で、この言葉はA君の成長と、逆説的ながら、こども食堂が彼にとっての居場所になったことを示しているだろう。つまり、A君にとってこども食堂は〈孤独を感じて言葉にすることができる、つながりの場所〉となっている。

家での孤独

孤独は、自宅の描写でさらに鮮明となる。孤独がさまざまなメタファーで表現される。

川辺　大変なんです。で、まあやっと、今、落ち着いて、もう電話「大丈夫？」とか。もう晩の七時ぐらいになったら電話して、帰ってるかどうか、確認してっていうのをやって。
村上　あ、ええ、毎日？
川辺　毎日やってる。
村上　うわあ、すげえな。〔2回目6b〕

このように毎日電話をかけ、部屋に訪問する活動は、こども食堂での見守りや語り合いの活動を構成する一部である。会話の手前で生活を支えているがゆえに、対話の試みも成り立っている。川辺さんにとって、こども食堂は食堂だけで成り立つわけでもなく、家庭での生活の支援と連動している（保育園の送り迎えや、親の相談を聞くこと、そして学校での読み聞かせ活動や地域のなかでの日本語教室などがある。地域でのアウトリーチがもともとのベースにあって、それが結晶化していくなかで食堂ができあがってきている）。そして、川辺さんの一対一のつながりへの意志が、この語りにもよく出ている。問題は、A君がどのように応答するかである。一対一の関わりを徹底することで、孤独が際立つ。

川辺 今もたまには〔A君の家に〕行くんですけど。やっぱり、部屋丸ごと変えるてこともできなくて。で、その彼が住んで、寝てる、本当にふとんを敷いてる、そのスペースだけが、彼のものなんですね。シーツを整えたりっていうのはするんですけど。ま、一週間に一度行くと、『え、ここで寝てるんか？』っていうぐらいになるんですよ。で、そのたんびにこう、自分でちゃんと整えて、整ったところで寝んのがどんだけ気持ちいいかっていうのもやるんですけどね、やっぱり男の子なのか、全然もうふとんがくちゃっとなって、ぐちゃっぐちゃっとなってる上に、ランドセルが、ばんって。ふとんの上が砂だらけで。「これがきれいになったら気持ちいいやろ」言うて、そんときは、「わあ、気持ちいい」とか言うんやけど、もう、だからもう、『毎日毎日の、支えがないっていうのが、こんなになもんなんかなあ』とは思ってます。

私、お母さんがいてる子も、支援するんですけど。実はね、『子育てが苦手や』って思うお母さんでも、いてるといてないとでは、子どもの信頼関係が、『この子とはちょっと話ができるかな』と思うっていうのがね、格段に違うんですよ。

村上 あ、そうなんだ。

川辺 全然違います。〔2回目7〕

「ふとんがくちゃっとなって、ぐちゃっぐちゃっとなってる」描写に注目したい。川辺さんは、こども食堂を描写するときには「ウワー」というような擬態語を多用して、エネルギッシュなカオスを描いた。この「ウワー」はたくさんの子どもが騒ぐエネルギーを表しており、「ウワー」というカオスが落ち着いてきたときに、見守りの構造が際立ってくるのだった。ところが、この独りの部屋で「ふとんがくちゃっとなって、ぐちゃっぐちゃっとなってる」のは、孤立のカオスである。川辺さんが整えても、孤立のままである。同じカオスでも質が異なる。

川辺　でもやっぱり、彼のなかで、『本当に独りぼっちなんやろうな』っていうのは、ありますけどね。家片づけに行ったら、真っ二つに折れた鉛筆が、そこら辺に転がってたりとか。うん。本当に、もう会話が乏しいのでね。あたりまえになんかこう、雑談ができないんです。〔2回目11b〕

このような子どもの姿は、遺棄された子どもたちを受け入れてきた児童養護施設では、かねてから報告されてきたものだろう。このような子どもを、施設ではなく地域のなかで、しかも里親とは別の仕方で支えている。散らかった砂まみれのふとんは、孤独なカオスをそのまま示している。ワンルームの家のなかで、彼にとってのパーソナルスペースはこの万年床の上だけであり、そこが砂まみれなのだ。そして、「真っ二つに折れた鉛筆」という心象風景が、こども食堂で信頼関係を結ぶことの難しさとつなげられている。

「毎日毎日の、支えがない」ことは、生活上のなげやりさともつながっている。ほかの人との関係が刹那的であっただけでなく、自分自身も大事にするという感覚がなかったようだ。寝床は、居場所とはなりえていない。A君本人は自分の内面を「寂しい」という言葉以上に具体的に語ることはないがゆえに、このような空間描写が手がかりとなっている。川辺さんの語りでは、ふとんの光景とコミュニケーションの難しさが連続して語られている。セルフケアの不足とつながりにくさとがリンクしているように感じられているのだ。

自宅でのこのような孤独のイメージは、二年後の三回目のインタビューでも（過去の出来事の回想として）語られた（このときはインタビューというよりは、実質的には当時進んでいたプロジェクトについてA君にどう伝えたらよいのか、という相談だった）。つぎのエピソードは、こども食堂の前身となったあそびの広場のころのことだろう。

川辺　そうですね。だから。彼としっかり関わるようになったあと、半年間ぐらいずっと彼が、私が〔家へ〕送っていくたびにね。「もうあそこには行きたくない」とか、「俺のことをどう思ってるんか」って聞いたときに。半年くらいたったときかな。もう。私もちょっと早く戻らなきゃいけないときがあって。多分、これ言ったと思うんですけど、もう、ゆっくり歩く彼にちょっと。なんて言うんですかね。しびれを切らして「早よ帰らなおうちの人心配するやん」みたいなこと言うたら、彼がものすごくキレて「おまえはあの、あの部屋で独りぼっちで居てる俺の気持ちはわからへん」みたいなことで、わあってなって。そのときに、私がそういう経験したことがないので、「わからへん」と。もう「ごめんやけどわからへん」っていうのは正直に彼に言って。「ただ、これからは同じ景色を見て、あなたの隣でいろんなことを考えていくことはできると思う」と。「だから私はあなたのそばにおるんよ」っていうのは言うたんですよ。

そうすると、それから言わなくなったんですね、こうなんて言うんですか。「もうしょうもない」とか「もう行けへん」とか。で、普通の、ちょっと普通の会話をしながら、普通の会話っていうても、こっちが聞いたことにしか返事はしないんですけど。〔3回目6〕

「早よ帰らなおうちの人心配するやん」というのは、「大学生が来て、遊んでくれるやろ」というメッセージと同質のものである。A君の反応はこれを拒絶するものとなる。

川辺　「じゃあまたね」って。で、いつもマンションのまえまで送っていって、まっすぐ行ったときにエレベーターがあって、で、私はエレベーターのホールまで〔A君が行くのを〕待つんですけど、いつもこう、全然、自分〔＝A君〕、しっかり振り向かへんと、〔川辺さんがガラスに映るのを〕こう見ながら、おるかおれへんか確認しやるんです。

村上　川辺さんが〔まだいるかいないかを〕？

川辺　エレベーターで。そうそうそう。で、それをすると寂しいのかなと思って、ちょっと離れたところに居るようにはしたりするんですけど。

今までは、二人でいるときは、こうちょっと、しっかりまえ向くんやけど。そこの玄関のロック外して。エレベーターに行くまでのあいだっていうのは、もうなんかこう、肩をうなだれて。本当に今でもそんなに大きくないですけど、ものすごいちっちゃな子のような。ま、私がそういう印象をもってるんで。自分の気持ちがどっかにね、『ああ、また独りのところに戻るなあ』とか、私が思うからそんなふうに見えるかもわからないけど。

いつもこう下向き加減で、帰るんですよね。ま、そういうのんとかもちょっと。でも、ま、そこをそう、いうようにもう踏み込まな。ま、聞いたったら、もうどっかで、聞いたらあかんような〔気がする〕。お父さんが出て行ったときにどれだけ寂しかったかとか、というのは誰も彼に真剣に聞いてないんやろなっていうのは。〔3回目6‐7〕

「〔川辺さんと別れるのがいやで〕ゆっくり歩く彼」「肩をうなだれて」「ものすごいちっちゃな子のような」「いっもこう下向き加減で」、これらはすべて、A君の身体描写が示す彼の心象だ。この語りのときは、A君はもう中学生だったのだが、そこから小学校二年生当時の小さかったA君の姿を回想し、川辺さんはさらに「もうなんかこう、〔…〕ものすごいちっちゃな子」のようにと小さくイメージする。このような姿は食堂で私が見かける元気な姿とは大きく異なる。つまり、自宅においてはじめて表現された姿なのだろう。

「無理、却下、あきらめて」

しかし、川辺さんたちによる丁寧な関わりにもかかわらず、孤立やセルフケアの不足が解決されてはいないところに、A君との関係の特徴がある。

川辺 彼は、ちょっといけたかなと思うと、ま、よくいわれるね、「コップに〔信頼の〕水がいっぱいなって、あふれたら」っていうんですけど、彼はね、なんか途中でどっかにこぼしてるんちゃうかなと。もう注いでも注いでも、え、このまえなんか、あともうちょっとでいっぱいになるような感じになってたけど、『え、もうぜんぜん入ってないやん!』みたいなのがあって。彼には土台がなくて、やじろべえのようにね、ふらふらし、なんていうんですかね、本当、点だけで支えてるというか。それがこう揺らぐと、また入った水もこぼれんのんかなあとか。〔…〕『なくなったらまた注がなあかんな』と。ハハ。『こぼれ方がまた変わってくるかな』と思いながら。〔2回目8〕

揺れるたびに水がこぼれるコップ、ふらふらするやじろべえ、これもまたA君の孤独を示すメタファーであり、つながりをつくることが難しい状態、つながりの基盤をもたない状態を示している。A君と川辺さんの関係の比喩であり、A君自身の自尊心の比喩でもあろう。「点で支える」という表現を、川辺さんは二度使った。と同時に、「なくなったらまた注がなあかんな」という川辺さんの根気強さが、A君を支えている。「どうせもう俺はええねん」というメッセージを発しつつも川辺さんを頼りつづけるのは、この粘り強さがあるからだ。

川辺　うん。だから、最初に彼と出会ったときは、彼から出てくる言葉っていうのは、「無理、却下、あきらめて」、もうこの三つだけで、本当に三つだけだったんですよ。で、私がいろんな話をすると、「あ、それ無理ね、却下、あきらめて」みたいな。で、そ、そこで話が完結するんですよ。「いや、でもほかになんか言いようないの？　こうは、嫌やけど、こうはええとか」っていうのを説明しても、「何それ。わからん」みたいなことを延々言われて。でも友だちのなかでもね、ふあっと遊んででも、「ええ加減にせえよ」みたいな感じじゃないですか。で、まあなんか言われたら、「あ、無理、却下、あきらめて」みたいな。ほんで、「ばいばーい」ぐらいの。そんな、なんか少ない会話で、子どもたち同士は遊べるんですよね。言えば。うん。だからおうちに帰ってきて、たとえば、アイロン当ててるときに、こうしわ取りスプレーをしゅっしゅっとかける。「え、それ、なんでかけんのん？」からはじまって、みたいな感じなんですよ。だからもうまったくそういうのが〔欠けてる〕。〔2回目11b〕

「無理、却下、あきらめて」という口ぐせは、おそらく幼少時から同居している女性からかけられてきた言葉なのだろう。コミュニケーションを断つことがコミュニケーションになる、という両義的なあり方を示してもいる。たしかに、彼はいつもぶっきらぼうだ。私自身も「うるせえ、ぼけ、だまれ」とA君に悪態をつかれることがあったが、それは「ねえねえ」という声かけだろう。「無理、却下、あきらめて」も、周囲との関係のつくり方なのだろう。

彼は孤立のなかで成長しているので、アイロンスプレーを知らないように、生活を支える文化的な習慣をもっていない。たとえば、彼は熱いうどんにふーっと息をかけて冷ますということを知らなかったという。養育者との親密な関係が、身体や生活に文化を植えつけるということもわかる。

生活する力と支えられる力

このようにA君の孤独の表現とこども食堂がつくられていく運動は、裏返しの仕方で連動している。この動きを支えるのは（少なくとも私も実際に会って少しの時間ではあるが話もしてきて）、A君自身がもっているもともとの力であるように感じられてきた。

過酷な状況で生き延びてきたこと、しかし地域のなかで暮らしつづけてきたこと、支援者に向けていろんな悪態をつきながらもサポートを得られ、かわいがられていること（「俺がいなくなればいい」という発言を除くと、大人をわざと怒らせて反応をみる「お試し行動」が、彼にはまったくない）、毎日学校に通いつづけていること、精神症状や問題行動が（一回だけ私を殴ったことと、ふらっといなくなることを除けば）ないこと、これらはすべて、彼がもっている力とそれを引き出したサポートの手厚さを反映している。

川辺　なかなかのね、すごい子なんですよ。

村上　うん、まあいろんな意味で。

川辺　いろんな意味で。だし、そのなかで起きてきて、学校に行くっていうのもね、本当にすごいなっていうのがあるんですけど。腐らずね。で、「俺は独りぼっちやねん」っていうのもよく言いますけどね、みんなと話してても。「俺のお母さんはいてないねん」とか。って言うけど。うん、やっぱり彼はすごいなと。うん。で、そんな彼を取り巻く人たちも、やっぱり巡り合わせは、この子、いいなあっていうのは、そばで見てて、めっちゃ思いますね。ま、私とかもちょっとのけとったって、学校の先生も、やっぱり心配してくれてるやろうし。〔2回目11〕

孤独であるが、孤独を語りうるところに「みんな」に見守られている感覚がある。「みんな」を前提とした上での「独りぼっち」である。

孤独と同時に、周りの人に恵まれてもいるという「巡り合わせ」のよさもある。そして何よりも、毎日「学校に行く」というように、生きていこうとする力がある。A君のもっている力があり、その具体化としてのこども食堂がある。食堂をはじめとした地域全体のサポートのなかで現実化した力がある。

とはいえ、インタビュー当時からすでに人に頼ろうとする力も生まれてきていた。

川辺　だから、あの本当に、「靴を買ってほしい」と。で、「新しくしたい」。んな、いただいた靴があったりするんで、それをこう出したら、「これも履くけど、サッカーシューズも欲しい」言うてっていうように最近はね、なってきてて。ある人に言うたら、「ぜいたくやな」って言うんやけど、「でも自分の欲しいもの言うんですよ」って。「それすごいですよね！」みたいなのはあるので。「靴下がなくなってきてあと二足しかない」って。「二足で今ローテーションで履いてる」とか言うたら、『あ、そういうこと言うようになってきたなあ』とかね。まえまでは「靴下、大丈夫なん？」って聞くと、「もう放っとって。あるから」みたいなね、感じやったんですけど。

電話のときだけですけどね。電話してて、［(靴下)おんのん〔＝あるの〕？」って言うたときに、言うてくるときあるぐらいで。まだ面と向かってはないんですよ、実は。〔2回目13〕

「もう放っとって。あるから」は、私がふだん目にしてきたA君の姿だ。これに対して、大好きなサッカーをとおして「自分の欲しいもの言う」は、つながりを求めるサインである。そして、願いを伝えることは、その人らしさを生み出すことにつながり、かつ、対人関係へ向けての願いである（この場面では友だちがいるサッカーチームへむけての願いである）。また、川辺さんにお願いをしても関係が壊れないという信頼感が生まれてきた、ということかもしれない。

しかし、今のところ、A君は面と向かっては希望を言えない。距離があったほうがSOSを伝えられるというのは、道端で見知らぬ人にはSOSを求めたというのと似た構図である。


A君の姿とこども食堂は、逆境の反転としての居場所という運動を純粋なかたちで示すように思える。もし誰かの逆境を反転することができる場所が生まれたとしたら、それは必然的に、ほかの人にとっても生きやすい場所になる。

本章前半で描かれた見守りの同心円は、実は、こども食堂をつくるきっかけとなったA君がくり返す切断の身振りをねばり強くくつがえそうとする川辺さんの姿勢が、場を触発することで生まれたものである。逆境や孤立と居場所とのあいだにつねにある緊張関係が、見守りを成り立たせている。

さて、つぎの章では再び地域でのアウトリーチに目を戻す。「はじめに」で登場したスッチさんによる、家庭を訪問し生活支援を行っていく実践をみていく。インタビュー当時、スッチさんはこどもの里のスタッフでもあったので、ここまで区別しながら考えてきたアウトリーチと居場所が、どのように接続しているのかも考えていくことになる。

第4章

はざまに入って一緒に行動する

アウトリーチと居場所をつなぐスッチさん

「はじめに」でヤングケアラーとしての少女時代を回想したスッチさんは、インタビューの時点では、こどもの里のスタッフだった（その後、西成にあるNPO法人「子育て運動えん」の代表になった）。彼女は、支援者としては二つの特徴をもつ。

ひとつは、逆境のなかで育ってきたがゆえに、彼女が支援する親にとってはピアサポーターでもあるということだ。ボランティアとして支援団体に関わるなかで、次第に援助職に転じていった。同時に、西成の子どもの歴史を生まれ育った当事者としてつなぐ証人でもある。

もうひとつは、家庭訪問のアウトリーチを長年務めてからこどもの里に転職したため、アウトリーチと居場所をつなぐ視点で実践しているということだ（実は、西野さんも保育園という居場所からアウトリーチを行い、川辺さんもこども食堂のかたわら家庭訪問をつづけている。アウトリーチと居場所の接続は、西成ではよくみられる実践だが、明瞭に語ったスッチさんに両者のリンクを示してもらおうと思う）。

スッチさんは、二〇〇〇年代のはじめ、大阪府の子ども家庭サポーターのボランティアになるための研修を受けたときに、ヤングケアラーとしての自分の来歴が支援の仕事とつながる経験をする。「はじめに」では、少女時代の〈語りえなかった〉困難が、スッチさんの語りの基調となっていたことを思い出したい。はじめ明確に言葉にできなかった自分を取り巻く状況が、大人になってはじめて言語化され、それによってスッチさん自身が大きく変わる。

スッチ（性暴力被害者の支援を長年行ってきた）森田ゆりさんが登壇してはって、で、そのときに聞いたことが、すごい、なんていうかな、自分のなかですとんと落ちるというか、なんかこう、パズルがはまるというか。なんか、そういう、『私はそういう状況やったし、そういう状況にあったんやな』とか、生きづらさやったりとか、なんか、いろんなことっていうことに、なん

か、気づいて。

で、気づいて、自分自身もそこから少しずつ、やっぱり子育て支援センターで働いて、で、当時、子育ても自分でしてたし、すごくこう、関わりやったりとかっていうことの、こう、なんていうかな、あたりまえのように、なんていうかな、自分が育ってきた環境のこのなかでは、暴言も暴力もあったりとかするような状況のなかで育ってきてるし、自分も、なんていうかな、叩いたりはしいへんけれども、子どもの子育てについてはすごく悩んだりもしていたし、声かけとか「うまくいけへん」っていうようなこともあるし、で、何よりも「生活があるから」っていうので、まあ〔子どもを措いて〕仕事するっていうような状況だったから。

なんか、でも、このことをきっかけに、すごく、こう、なんていうかな、自分自身も変わっていったしっていう。〔…〕そう。フフフフッ。だから、なんか、なんとなく、こう、吸い寄せられるというか、なんか、そういう感じなのかなとは。〔3-4〕

研修によって子どもの逆境とその影響についての知識を得たときに、スッチさん自身が経験してきた「生きづらさ」に対してはじめて言葉が与えられることになる。「なんていうかな」「なんかこう」とためらいがくり返されるのはスッチさんの人生の大事な瞬間を語る場面だ。そして、「自分」という主語は、逆境を語るときに使われる主語だ（このあとの実践の場面では、「自分」という主語が消える）。

「そういう」が三回くり返されながら、自分がかつて置かれていた状況と今支援している家族の逆境とが重ね合わされる。と同時に、育ってきた環境への気づきが、当時進行中だった自分の子育ての難しさともリンクすることになる。可視化は行為と切り離せないのだ。この二つの言語化の経験から、スッチさんは「自分自身も変わっていったし」と支援者としての自分自身をかたちづくっていくことにもなる。

スッチさん。今宮中学校区要保護児童対策地域協議会にて（2020年7月）

語法上の特徴がもうひとつある。スッチさんの語りでは、「なんか、気づいて。で、気づいて」というように同じ動詞が二度くり返されることがある。このような、自らが語ったことを噛みしめるようなくり返しがみられるとき、状況に展開があることが多い。この場面では、スッチさん自身が自分自身の過去についての気づきを通して支援者へと生成変化する。スッチさんの語り全体では、むしろ状況が停滞して「なかなか」変化しないという描写が多い。「育ってきてるし」「こともあるし」など、「〜し」という語尾の連鎖がそのような停滞した状況を描写するくり返しだ。停滞のなかに変化が導入される場面で、「気づいて。で、気づいて」と同じ言葉のくり返しが登場するのだ。

1　家庭訪問事業——はざまの見える化からはざまからの行為的直観へ

はざまでのボランティア

要保護児童対策地域協議会が法制化される二〇〇三年ごろ、大阪市が子ども家庭支援員を設置することになり、スッチさんは、西成区では荘保共子さんにつづいて二人目の支援員として活動をはじめる。職業として支援者になったときに、スッチさんは当事者である母親と「一緒に」動くことを実践の核に据えることになる。

スッチ　〔二〇〇三年〕当時、多かったのは、子どもが施設に入っているんだけれども、〔家族〕再統合に向けてのサポートやったりとか、〔親と〕一緒に同行して、施設に面会に行ったりとかっていうサポートやったりとかっていうところからはじまって。最初は、すごくぽつぽつだったんですけど、やっぱり、西成区の場合、割とリスクの高いケースが、〔…〕要対協のなかで「誰か訪問、必要やな」っていうことになると、まあ、〔家庭に〕行くっていうようなかたちだったり。

だから、病院の同行とかもしたし、で、薬物使用やったりとか、後遺症やったりとかっていう親がいてることと、親元で生活している子どもみたいなところに行って、夜預かったりとかも、当時はまだできたので、フフ、夜預かったりとか。で、もう、母が知的障害があって、あと、精神疾患もあるっていう状況のなかで子どもが生まれるとなったら、出産、退院と同時に、退院のときに出向いて、で、毎日出向いて、生活支援みたいな、子どものお風呂のサポートしたりとか、そういうようなことをしたりとかっていうようなのが、子ども家庭支援は多かったです。〔5-6〕

「リスク」が高くて「訪問、必要やな」というようにニーズに応じて訪問がはじまる。子どもや親のニーズに応じて瞬時に訪問する姿というのは、本書のなかで何度も登場した実践である。そして、要対協の多職種の話し合いのなかで子どものニーズが見えてくるのも、何度か登場した場面である。

ここでは、徹底して親の視点から支援が組み立てられている。親がひとりで生活や手続きをすることができないときに、「一緒に」行って支える支援のバリエーションには、訪問家庭での生活支援、病院への同行、子どもの預かり、という三つのベクトルの動き方がある。自宅にサポートを入れ、子どもを一時的に預かって親の負担を軽減し、地域の支援へとつなぐサポートを行うことで、そもそも親子がともに生活するということを可能にしている。

「〜やし」という語尾の反復が逆境の執拗さを示すのに対し、「行くっていうようなかたちだったり」「夜預かったり」という「〜たり」の反復は、そのような逆境へと一緒に対処していく実践の継続性を示す（「たり」は困難を示す場面でも使われるが）。変化しにくい逆境のなかでのシームレスな生活の支援が必要とされていることが、「〜やし」vs.「〜たり」の弁証法から読み取れる。

スッチ　今はいいみたいだけど、いっとき〔子ども家庭支援員制度では〕「送迎支援はできません」とかっていうようなことになってたので、じゃあ、制度とかのはざま、枠組みから外れるところってすごい大きいから、「じゃあそれはぴよちゃんバンク〔子育て支援のために家庭訪問を

―するボランティア組織〕で行きます」。〔6c〕

制度の「枠組み」がはっきりすると、そこから外れてしまう「はざま」が生まれる。その部分のサポートが「すごい大きい」ので、制度の「はざま」はボランティアで入る。ニーズは制度で決められた支援の側ではなく、「はざま」の側にある。それゆえ、見つけたニーズに対して〔制度の外で〕自発的に「勝手にしてます」「必要なことをします」と支援を組み立てていく。つまり、ニーズを出発点として、たとえ制度に乗らないボランティアとなったとしても、フレキシブルにボトムアップでサポートをつくっていく。これは、これまでの章でも観察できた実践だ。

このあと、スッチさんは二〇一四年ごろに釜ヶ崎へ支援の基盤を移したあとは、簡易宿泊所にアウトリーチしに行くわかくさ保育園の取り組みと結び合わさっていく。

村上 〔釜ヶ崎で〕「つどいの広場」にいらしたときのアウトリーチっていうのは、たとえば、簡宿〔簡易宿泊所〔日雇い労働者のための、日払いで三畳一間ほどのアパート〕〕にいる母子とかを見つけて、つなげるっていうこと？

スッチ そうです、そうです。私の役割。で、〔わかくさ保育園の〕「あおぞら〔保育〕」に同行させてもらって学んで。まあ、保育園に、在籍してるけど、来てないところやったりとか、そう、「子どもがいてる、あそこの簡宿にいてるね」。で、結構、〔親子の〕出入りもあるから、簡宿の受付のところであいさつして、「気になる方いないですか」みたいなことを言ったりとかっていう町歩きをして、声をかけて。〔12〕

保育園の送迎・家庭訪問・手続き同行・子どもの預かりというはざまにいる人の生活支援のアウトリーチに加えて、その手前にある、〈はざまで見えなくなっている人を捜索する〉という（第2章の西野さんのような）はざまを見つけるアウトリーチのバリエーションが加わる。どんな活動であるかの参考のために、簡易宿泊所を訪問していた保健師の文章を少し引用してみる。

道代さんは、三人の子どものお母さんでしたが、若くして病気で亡くなりました。〔…〕三人目の子どもは簡宿に住みながら育てましたが、赤ちゃんの沐浴をさせるのに、部屋ではできないと生後一週間の赤ちゃんを銭湯に連れていきました。管理人さんが、「熱いお湯に入れたらアカンよ」と言ったけど気にしていなかったみたいだと教えてくれました。［南・亀岡 1998, 100-101］

つぎの第5章の助産師・ひろえさんと会話するなかでも、「〔簡宿で暮らしていた母と乳児のために〕管理人さんが気をつかってくれて、お風呂を一番につかわせてくれた」というような話が出ることがあった。困窮した親子が簡易宿泊所でなんとか暮らしている場面は、昔話ではない。

このような活動によって、地域で困難を抱えている親子に何らかの仕方でサポートが届くかたちになる。

「ネグレクト」と生活支援

このような訪問のなかで、行政の支援が届いていない家庭の困難が見えてくることになり、だんだんと「見える化」がキーワードになっていく。表面的にはわからないが背景で抱えている困難を可視化することが訪問の役割となっていく。

スッチ　で、それをつづけることで、〔家庭訪問する〕ぴよちゃんバンクなんかは、役所からじゃなくって、地域からとか学校からの相談、連絡とかもくるようになって、サポートに入ったりとかっていう。

　ほとんどが、もう本当に孤立しているし、制度の、ほんまに、はざまにあるところで、要対協のなかでも「見守りケース」っていわれてるところって、結構、ネグレクトやったりとかっていうカテゴリーがされていて、で、〔AからEまでのリスクが〕ランクづけもされてるけど、ランクづけも、まあ子どもの命に別条もないし、「危険にさらされてない」っていうことで、すごく、こう〔D、Eに〕下がるんやけれども、でも、実際、行ってみると、かなり、やっぱり、いろんな状況があって。

〔…〕行ったときもう感覚的っていうかな、「……!」っていうような家庭もすごく、やっぱ多いし。やし、実際話しして、ドアを開けて、ほとんどがもう、〔寝ていて〕ドアが開かへん家庭やったりとか、学校のつながりも緩かったり、子どもも行ってないっていうような状況ができてしまっている、状況のあるところに行って、実際、こう、入ってみると、もう、まあ、〔要対協で〕見守りをされてて〔支援が入っていない〕っていうか、〔支援団体と〕つながられへんから見守りにならざるをえないケースっていうような状況が多くって。それは、今も「入ってみてわかる」っていうようなところは、すごく多いんじゃないかなと思っている。〔7a〕

　ここでは、役所、学校、地域の多職種連携の一環として、訪問事業が語られている。正確には、スッチさんの草の根のアウトリーチこそがハブになって、行政などの施設の連携が可能になる。先ほどまでの「再統合」「同行」「送迎支援」といった行政の用語で淡々と説明する場面から、いきいきと家を描く場面へとうつる。

「ネグレクト」という「カテゴリー」に分類されているが、実際に訪問してみると状況は単純ではない。

あるときスッチさんと立ち話をしていて、「やっぱり送迎行って保育園までいろいろ話するの好きやし」と語っていた。送迎や同行は、現場で見つかったニーズに応答するために要請される仕事だが、同時に、スッチさん自身が率先して意味を見出してそこに自分を表現する実践でもある。この自発性は、本書に登場するすべての人に共通する。これが研究者である私にとっても、この地域の魅力となっている。要対協で議論するなかでも、心配な家庭に訪問するきっかけをみんなで相談し合っている。要対協のメンバーのなかに心配な親子のママ友がいるときには、そこから様子を見に行ったりする。

暴力や性被害のリスクが少ないと判断されると、要対協では「危険にさらされてない」と判断される。スッチさんがメンバーであり、私も参加していた要対協実務者会議では、緊急度が低いD、Eランクになり、「見守り」ケースにクラス分けされる。しかし、「見守り」とは、実は背景を〈見ない〉ことなのだ。実際に家を訪問していると、「状況」は「……!」と言葉を飲むような（明確には語られない）「いろんな（深刻な）状況」であることが見えてくる（ここから先で「行ってみる」「行ったとき」「入ってみる」「入ってみて」という行為の反復を通して、言葉になりにくい不透明な状況が見える化するという変化が描かれる。やはり行為=可視化だ）。

ここでも、訪問してはじめてわかる〈見えなさ〉と、「いろんな」とだけ触れられる〈語られなさ〉が大事な指標となっている。目に見える暴力がないからといって、子どもの生活が守られているとは限らない。「はじめに」でみた子ども時代のスッチさんは、当事者として「［困難が］わかってもらえる人はおれへん」と社会からの見えづらさを語っていた。その裏返しで、今度は支援者としての立場から、見えにくい家庭の姿が話題になっている。スッチさんが見つける「はざま」とは、表面的には穏やかだが、背後に深刻な生活が隠れている状況なのだ。「入ってみてわかる」というように、訪問が状況を可視化するきっかけとなる。

スッチ　そうやって人とつながっていくことを、いったん、あきらめたりとかしているなかで、決まった時間、約束した時間に行って、で、こう、話したり、「できない」っていうようなことを、一緒にしたりとかっていうことをしながら、だんだん、実際の状況が見えてくるっていうのがあるので、〔子どもの世話をするという〕親の役割を求めるのは、すごく、ハードルを上げてしまうんやろなっていうふうには思うんですけど。
　でも、そこはいろいろと。捉え方やと、やっぱり見え方によっては、「できるのに、親が昼夜逆転でゲームしてる」とかっていうようなことにもなるし、実際に「昼間何してるかわからへんですよ」っていうような、ことも多いし。〔7b〕

「親の役割」を求めるという規範に視点を置いてしまうと、「昼夜逆転でゲームしてる」ことが非難されるが、生活の困難に視点をとると、「人とつながっていくことを〔…〕あきらめたり」というように見え方が変わってくる。スッチさんが親の困難に目を向けたときには、保育園に子どもが通わない、親が昼夜逆転でゲームをしているという「問題行動」は、「SOS」としてキャッチされるのだ。私が最近訪問しているある家庭も、子どもが小学校に通えず身なりも整わなかったので、深刻なネグレクトのケースとして児童相談所のケースワーカーが関わっていた。服薬の過多もあいまって、母親は起床できなくなっていたのだ。ところが支援者が朝晩母子の生活のサポートに入ったことで劇的に変化し、子どもは学校にも通えて友だちも増えた。

〈目に見えない〉「実際の状況」を可視化（「だんだん〔…〕見えてくる」）するためには、家を訪問して、親ひとりではできないことを「話したり」「一緒にしたり」くり返しともにすることが必要である。一緒にしてみると、困りごとが見えてくる。さらに、困窮した状況にある人は「人とつながっていく」ことをいったんはあきらめているがゆえに見えなくなっているわけだが、それゆえにこそ、訪ねて行って、できないことを「一緒に」することが必要なのである。生活の「あきらめ」と孤立とは連動している。逆にいうと、つながること（訪問と、一緒に手伝う実践）とはざまの可視化とは、連動している。それゆえ、同じ目線で「一緒に」家事をすることが話題になる。

村上　おうちって、まあ、ふつうにお皿洗ったりとか、そういうことですかね。

スッチ　ううん。ね、最初は、保育所に行けてなかったりとか、それから、「送迎で行くよ」って。

　で、送迎〔に〕すごく困っていることが見えてるから、それに対してだけ、「サポートするよ」っていうようなかたちで行くんだけど、でも実際は〔玄関を〕開けてもらわなあかんし、ていうと、〔保育所に行く〕準備はできてないし、まず〔お母さんを〕起こすところからとかっていうことになったりとかするから。実際的には、それで〔家に〕入って、今するべき、保育所の準備を一緒にしたりとか、お母さんの話聴いたりとか、ていうことが、生まれてくる。それだし、すごい、本当に、ごみ屋敷状態のところなんかは、一緒に、ちょっと片づけ、そういうのを経て、なんか、「一緒に片づけようか」ていうようなことになったり、そうやって。「いつのん？」っていうようなパンを、ふとんのなかから出してきて食べるとか、『おお』と思いながら。フフフフ。〔8b〕

　私の「お皿洗ったりとか」という質問に対して、スッチさんは「ううん」とあいまいに否定しながら、「送迎で行くよ」と声かけをする場面から語りはじめる。つまり、家庭の訪問においては、そもそもどのように家に入るのかのとっかかりの場面が、とても大事だということが暗示されている。

表面上は、〈保育所に通えない〉という悩みで訪問のオーダーが入っている。だから「それに対してだけ、「サポートするよ」」と訪問がはじまる。しかし、実際に訪れてみて可視化される状況は、親が起床できない（精神疾患や薬物など、さまざまな理由がありうる）、部屋が片づけられない、ご飯を食べていない、孤立しているので話を聴いてもらったことがない、といった具体的なさまざまな困難だ。「〜準備はできてないし」「それだし」とニーズを発見するのに応じて、「話聴いたり」「〔一緒に片づけようと〕なったり」と、すべきサポートも「生まれてくる」（「〜やし」vs.「〜たり」の弁証法で、隠れていた逆境と可視化し支援する実践のからみ合いが描かれている）。訪問はこれだけの生活のサポートを含んでいる。あるいは逆に、「一緒に行う」という行為をとおして困難が見えてくるということでもある。これは、スッチさんにとっては見える化なのだが、「一緒に」片づけを行うのだから、必然的に親自身にとっての困難の「見える化」でもあろう。

つぎの語りは、先ほどの語りのつづきである。

スッチ　で、そこから何をするかっていうと、やっぱ使えるサービスやったり、やっぱり社会から、ちょっとこぼれてるというか、もうつながれてないところを、つなげるっていうのは、やっぱり人を入れる、人がつなげるっていうのが、一番、やっぱりやし、一緒に同行したりするとかっていうようなこと、一緒にするっていうことが、すごく、やっぱり、必要やなっていう。

で、ほんで子どもも、一保〔一時保護〕で、保護になったりとかいう経験とかももっていたり。で、実は、でも、〔母親自身〕自分たちも施設で育ってたりっていうので、やっぱり人とのところで傷つき体験もあるし。やっぱり、なんていうのかな、見捨てられもあるし、うまくいけへん経験っていう〔のを〕かなりしてきてるから、それをもう一回っていうのって、なかな

――か、やっぱり難しかったりとかするから、そこはもう、一緒にやったりとか。〔8c〕

この語りでは、「やっぱ〔り〕」が八回登場する。家に直に入ることで、「やっぱり」大変な状況や傷つき体験をもつことが発見される。「やっぱり」は、リアルに目にしたことから得られる気づきだ。外から見た「昼夜逆転でゲームしてる」というラベリングと、実際の傷つきとのあいだに〈はざま〉があり、それを見つけることが「やっぱり」なのだ（かつての自分の子ども時代の逆境については、「まあ」と回想のなかで、時間差で俯瞰しながら発見したのと対比的だ。「やっぱり」は、リアルタイムで実情をとらえる見える化の方法だ）。傷つき体験を背景にもつような困難な〈状況〉があり、そのなかで「ごみ屋敷状態」で「パンを、ふとんのなかから出してきて食べる」ような〈生活〉が営まれている。

この生活環境のなかで、当事者である親は、子どもを虐待疑いで保護されたという傷つきの「経験」や、自分自身も「施設で育ってたり」という「人とのところで傷つき体験」をもつ。つまり、人間関係で大きな困難を経験してきている。「経験」「体験」という言葉は、まずは困難な「状況」にもとづけられた「生活」環境のなかでの「傷つき体験」として登場する。

そのなかで、スッチさんという支援者であり、かつ、困難な環境を経験してきたピアでもあるという立場の人がつながり、「一緒に」する経験を積み重ねていく。まず、生活のなかで「つながり」、「保育所の準備を一緒にしたり」「一緒に片づけたり」生活が整うためのサポートをする。そのうえで、つぎに、支援制度へのつなぎを「一緒に」する。

つづけて毎朝家庭を訪問することに私は「すげえ」と反応するのだが、スッチさんは「行ってからが、すごい」、と訪問先で二時間をかけてゆっくりつき合うということを語った。

スッチ　〔ぴよちゃんバンクの活動を一緒にしている〕たまちゃんも去年までは毎日回ってたし、私も毎日支援があったし、朝。

村上　すげえ。

スッチ　行ってからが、すごい。一時間で済むような、あれ〔状況〕じゃなくて、行ったらやっぱり、いろんなケース、〔寝てるのを〕起こすところからのところは、もう、学校行くまでに二時間ぐらいかかる。「宿題やってない」とか、なんか、「あれがない」とか、「お母さん、朝ごはん食べやな」とかっていって、出かけるまでに二時間ぐらいかかったりとか。とか、なかなか、やっぱ、昼夜逆転でっていうところでは、とうとう玄関も出てこれへんくって、で、後から電話かかってきて、「迎えに来てください」とかっていうのもあるし、〔保育所から子どもを〕連れて行っても、〔親が〕まだ帰ってないとかっていう状況もあったりとか。〔9b〕

実はここまでのところで、「ずっと」困難な生活をつづける、あるいは「なかなか」変化しないということが何度か語られていた。当事者の人たちが抱えている変化がなかなか「起きない」というリズムに支援者が合わせるかたちでしか、支援が成立しない。リズムの同調、あるいはずれは、スッチさんの語りでときどき登場するテーマである。毎日訪問し二時間つき合うというように、いったんは一人ひとりのニーズに合わせて環境をつくることで、生活を「一緒に」組み立てることが可能になっていく。

窓口への同行とはざまのサポート

家のなかに入って「一緒に」片づけや登園の準備をする支援は、つぎのステップとして、「一緒に」役所の窓口に行って手続きをする、という外に出ていく段階がある。アウトリーチのつぎの段階であり、親自身が社会へと参入していくステップである。

スッチ　で、そこには、それはそれで、やっぱり、「〔書類の〕意味がわかれへん」とか、こう、区役所行って、「言われてる意味がわかれへん」とか、「書けない」とか、保育所の申請するにしても書かれへんとかっていうのがあるから、一緒に役所行って、一緒に書くとかっていうようなことするまで。

で、で、〔区の子育て〕支援室には報告して、「こうこう、こうしてほしい」っていうこととか、「こうこう、これがニーズです」っていうこととかをつなぐようにして、で、そこからつなぐ場所が、もう、ねえ、支援室やったりの役割やから、そこは一緒に行くけど、つなげてもらって、ほかの制度を使えるようにしていくとか。

まあ、ほかの制度をつなげていって、していてても、やっぱり、そこの〔家への〕支援が切れるわけじゃないので、だんだん、間隔が、毎日じゃなくてもよくなったりとか。で、でも、ほんまに困ったときに、SOSの連絡があったりとかっていう関係で、ずっと、つながってたりとかっていうような状況のケースもあったりで、〔支援の効果は〕なかなか見えにくいし、効果っていうのはなかなか測れないところだけれども、まあ、行ってると着実に、こう、変化やったりとかっていうことを感じれはするけれども。〔8c〕

自宅のなかで「一緒に」片づけをしたつぎには、外に出て役所などに「一緒に、こう、同行したり」、手続きを「一緒にやったり」ということが語られる。つまり、家から出にくくなって社会から切れてしまっていた人を社会へとつなぐ。スッチさんの役割は、行動することが難しい人に同行して手続きをサポートすることと、そして「これがニーズです」と（親本人は語らなかった、気づいていなかったニーズを）言語化することである。言語化・見える化は、単に本人の心理的な気づきなのではなく、制度的支援につないで困難を公共のものにする行為でもある（ここでも可視化＝行為）。

第1章の荘保さんの語りでも、「手続き」が登場し、法権利を回復するという創設的な営みに焦点があたっていた。スッチさんにおいては、親自身が自分の生活をつくり出していく生成変化の一環に、「同行」による手続きが登場する。[2]

スッチさんの場合は、とくに家庭に「出向いて」、病院や区役所に「同行して」、というかたちで親につき添っていくアウトリーチの支援が、何度もくり返し語られる。「同行」は、困難をもって孤立している人が社会的なサービス・制度とつながるための媒介だ。はざまの人や社会とつながるために必要な実践が、同行支援である。福祉の世界では子育て支援だけでなく、生活保護や住宅支援の申請手続きなどの同行支援がさまざまな場面でとても大事な役割を担っている。

そして、スッチさんの役割は、社会と「なかなか」つながれない人と「ずっと」つながる伴走であり、媒介である。「ずっと」つき合っても「なかなか」変化は見えにくいが、ゆっくり「だんだん」と変わっていくというのがスッチさんの支援のリズムだ。

サポートをつづけることで生活が自立して成り立ってきたときには、今度は親から「SOSの連絡があったり」する。（問題行動という潜在的なサインではなく）明示的なSOSが出せることは、自らつながる力を示す大きな成長であり、そして、周囲にSOSを受け止める環境が整っているということでもある。親がSOSを出せる力をもつことも、言語化の効果である。

スッチ〔要対協の〕ケース会議、ケア会議のなかでは、虐待があるケースっていうふうに。まあ、〔かつてのあいりん子ども連絡会が〕要対協になってからとくにそうカテゴリー化されてるけど、なかで、ネグレクトっていわれているところをみると、親に疾病があったりとか、外国ルーツがあったりとかっていうことっていうと、視点を入れたら、かなりの子どもたちがヤングケアラーっていう状況に、幼少期、ちっちゃいうちからあるって。で、だけど、状況としてはネグレクトやし、状況からは〔一時〕保護するっていうところまで、まあいかへんし。実際は、親子の関係の、ある程度はやっぱりできているとかもしてるようなケースがすごく多いし。

だから、そこが地域のなかで、子どもたち〔の安全安心〕も、保障されつつ、保育園行ったりとか、食べたり、寝たりっていうことも保障されて生活するっていうことを考えたら、やっぱりそれを〔地域で〕サポートするっていう。〔10b〕

ネグレクトといわれる家庭の背景には、疾病や外国籍の家庭といったハンディキャップがある。そのとき子どもは、（かつてのスッチさん自身がそうであったように）「ヤングケアラーっていう状況」になる。この場合、親子の関係は「できている」ので行政の介入はされない。そして、子どもも親と一緒に暮らすことを望む。私が最近訪問している母子も、外からは「深刻なネグレクト」と言われていたが、子どもは母親が大好きである。「見守り」として（可視化されずに）放って置かれがちだが、背景の状況は、実は深刻である。しかし、衣食住全体をサポートすることで「生活」の安定が図られることになる。状況の上に生活が成り立つのだから、状況をサポートすることで生活が変化するのだ。アウトリーチによって家庭に入ることで、親も子どもも生活状況が変化していく。

第2章の西野さんのアウトリーチでは、地域全体がすき間（はざま）で困っている人を見つけるアンテナとなる支援側の変化が話題となっていたが、スッチさんの場合は、はざまにいる人自身が変化するアウトリーチが話題となっている。一緒に生活をつくるなかで、親たちが変化するのだ。

直観（気づき）と行為がからみ合って起きるこの変化を、西田幾多郎の言葉を借りて〈はざまからの行為的直観〉と呼びたい。[3] 一見すると、支援のネットワークと、支援を受ける人たちにとっての地域とが分けられているかのようにみえるかもしれないが、それは正確な理解ではないだろう。スッチさん自身が西成のなかで育ち、地域の人たちとの交流のなかで自然に気づき、変化するなかで今の実践に行きついたことからわかるように、支援する側とされる側の区別は流動的で、両者は連続している。ひとりの人が支援する側にもされる側にもなる。どちらにしても、すべての人が生成変化していく場所が「地域」なのである。

〈はざまからの行為的直観〉は、はざまで社会から見えなくなっている人、そして、自分でも逆境に気づける状態にない人が、自らへの気づきと同時に状況へと応答して動きはじめること、そうすることで、社会の表舞台に浮かび上がってくることである。

2 アウトリーチから居場所へ

こどもの里とは何か

スッチさんは、はじめは長橋地区で実践していたのだが、二〇〇三年に「わが町にしなり子育てネット」ができたころから釜ヶ崎の子育て支援のグループとも関わりはじめる。二〇〇七年から二〇一四年ごろまで、わかくさ保育園と同じ法人（石井記念愛染園）が大阪市の委託で運営していたつどいの広場で働き、そのあと、荘保さんに誘われてこどもの里で勤務するようになる。

スッチさんが訪問事業について長く語ったあと、こどもの里について最初に語ったのは、意外なことに、現在こどもの里が抱えている難しさだとスッチさんが感じていることのほうだった。つねに子どもの新たなニーズに応じ、子どものニーズに応じてアメーバ状に変化しつづけるこどもの里は、完成することはない。一人ひとりの子どものニーズに応じてこどもの里が変化するという荘保さん自身の思想は、永久運動を要求する。

村上　まあでも、ちょっと、里本体について。

スッチ　里本体について。フフッ。里本体について……。里の、デメキン〔荘保さんのあだ名〕の言うように、子ども〔が一時〕保護されるときの、「子どもが〔一時〕保護所に行って」っていうのじゃなくって、「〔近所にあるこどもの里に滞在して〕地域のなかで生活しながら、里があるから親との交流だったりとかっていうのもできる」っていうところは、すごい、すごい、大事なとこやし、必要やなと思うのと。

〔でも〕親との距離が近いっていうところで、やっぱり、こう、すごい影響、子どもたちの状況としても、すごく影響しながら生活しているっていうところも見えてきたりするし、『難しいな』と思っていて、今。今ね。

村上　今?

スッチ　今。アハハハハ。今、難しいなと思って。

村上　あ、そうなの。え、どういうこと?

スッチ　うーん、なんていうかな、うーん、結構、子どもは、もちろん〔こどもの里でいろんな人が〕関わったりとか、いろいろする、子どもも大きくなるし、で、親との関係性も変わってきて、子どもも変化してくるし。けどやっぱり、〔親と〕会って外泊に行ったりとかしてるんだけど、でも実際的にも親が、多少は、変化はあるけど、変わったっていうわけではなくって、やっぱり〔親元に一時的に〕帰ると、〔もともとの親子の〕関係性があるから、すごい乱れて〔こどもの里に〕帰ってくるし、泣いて帰ってきたりとかっていう状況があるなかで、うーん、あるなかで。〔15a〕

こどもの里の代表である荘保さんは、地域での子育ての重要性を強調する。困難な生活環境にあったとしても、子どもが望むのであれば遠くの施設に措置するのではなく、もともとの地域のなかで暮らしつづけるためのサポートを整えたほうがよいと考えている。親子の関係ができているのであれば、生活ができないからといって単純に保護すればよいわけではない。レスパイト先を使いながら親元で暮らすことがよい場合も、少なくない。そのため、各中学校区ごとに民間団体や学童保育が一時保護所の役割を担えばよい。実際多くの場合、子どもはヤングケアラーであり、私が知っている子どもも親との暮らしを望んでいる。そして、生活のサポートさえあれば、ネグレクト状態は改善される。あるいは、親子のあいだに葛藤があったとしても、ときどき里に泊まりながら距離をとれさえすれば、親子はよい関係を築ける。子どもの生活形態やサポートは、それぞれの家の事情に応じてフレキシブルに変化させていくことができれば、こどもの里や地域の支援が自宅を補完する支えとして機能する。

しかし、スッチさんはそのときに生じる難しさについて、ここで指摘している。

親がしんどさを抱えていて、子どもがこどもの里で過ごす場合、里での子どもの状態は安定するし、成長もする。子どもの影響を受けて親も変化するが、「子どもの気づきのほうがはるかに大きい（大人が考えている以上に〔子どもは〕知っている）」[4]。それゆえ帰宅した際には、再度親の混乱に巻き込まれることになる。

第1章の冒頭で、こどもの里で男の子が暴れる場面を描いたが、彼もそのように、家での混乱が里で出たケースだ。彼もまたスッチさんが支援してきた子どもだ。親子の変化のスピードのギャップが生む葛藤もある、というのだ。[5]

とはいえ、地域での親のサポートは重要であるし、こどもの里につどう子どもは成長するということでもある。この変化の理由を以下でみていく。

村上　スッチさんからみて、里って、なん？　一言で。

スッチ　一言でいう、里って、里は、拡大家族、フッフッフッ、フフ、かなとは思う。拡大家族とか、なんていうんやろ、ひとつの、なんかこう、何、親子でもないし、別に、こう、なんやろう、親戚のおばちゃんとかでもないけど、でも、それ、なんていうかな。でも、支援っていうよりは、すごく、こう、もう少し生活やったりとかに近い関係のある場所で、子ども同士もやし、そこに大人も。

　すごく近いし、すぐ。だから、ほんま日常の。みんなが、そこに「ただいま！」って言って帰ってくるし、なんかあったら里に来るし。でも、すっごいあれやなと思うのは、里、やっぱ困ったときに、里で「困ってる」って、すごく、ちゃんと言える、安心があるっていうし。まあ、そこにいてる〔スタッフの〕大人は少なくとも敵じゃないとは思ってるやろうし。[6]〔21a〕

こどもの里は支援の場所というよりも生活の場である、とスッチさんは語る。子どもたちは「ただいま！って言って帰ってくるし」、スタッフは「おかえり！」と出迎える。二つ目の生活の場であるからこそ、「困ってる」と子どもはSOSを出すことができる。つまり、生活の場であり、大人のスタッフは「少なくとも敵じゃない」という安心感ゆえに、自宅以上に困難が可視化され、支援が可能になる場所なのだ。そして、自宅との近さゆえに、日常の延長線上で「困ってる」ことを打ち明けることができる（近いがゆえに親に巻き込まれることと両義的だ）。

村上　そうか、僕の質問が、やっと、見えてきました。〔…〕アウトリーチからみたときに、里っていうのは、どういう役割としてみえてるのかなって。

スッチ　うーん。アウトリーチから里、うーん。（無言）

どうやろう。どんなん。え、ひとつは、なんやろう、アウトリーチしてる何か〔支援団体〕が〔…〕安心材料、安心な場っていうか、をもってることで、があることで、たとえば、そこで出てきた、ニーズやったりとかっていうところの、選択肢っていうか。「ちょっと離れてみる」とかも、やし。で、子ども自身も、「ちょっと離れないといけない」っていうときに、そこにやっぱり行く場所があるっていうところでいうと、すごく安心やし。（無言）

でも、あれかな、里につながって、で、まあ、なかなかアウトリーチで行ってるところって、孤立もしてるし、どちらかって〔いうと〕見守りケースやったりとかっていうのとかが多いから、なかなか言語化もされへんし、見えにくいんだけれども、しっかり、子どもを主体として、なんていうかな、捉えるっていうか、見える化するっていうか、ちゃんと、一つひとつの、背景やったりとか、今ある場所があるから見える課題やったりとか、困りごとやったりとかっていうのが見える化されるっていうか。

村上　あ、なるほど、そうか。子どもが主人公になるような仕方で、そういうことが見える化できる場所が、でも、そうか。おうちにいると、なかなかそうもうまくいかないけど。

スッチ　うん、ない、ない。ないし、〔訪問だと〕どうしても子どもらが〔二の次になるから〕、やっぱり、親がやっぱり、一番やっぱり最初の〔支援対象〕になるし、親支援っていうふうになるけども。で、どうしてもそっち〔＝親優先〕。〔家に〕入るときも、やっぱり、どちらかというと、そういう入り方をすることのほうが多いし。〔23〕

先ほどは、こどもの里という居場所が〈家に近い〉〈安心できる生活の場であるがゆえに見える化する場所だ〉ということが語られた。今回は、アウトリーチとの関係でみて、家で何かあったときの避難場所という意味で安全地帯であるということがまず語られる（まえの語りと比べると、親から「離れる」という距離のなかで語られる）。そしてつぎに、家ではどうしても「親が一番」「親支援」と親を中心に置いて支援せざるをえないが、こどもの里では「子どもが主人公になる」がゆえに、子どもの状況が見える化・言語化するということが語られる。見える化するとは、当事者が主人公となって「背景」と「困りごと」を見えるようにすることだ。

こどもの里では子どもの声を聴くことが徹底されているから、困りごとの可視化が可能になる。子どもの権利条約でも謳われている意見表明権が、こどもの里という安全地帯には保障されているのだ。第1章の荘保さんが描くこどもの里は、子どもの声に従って生成変化する場所だった。「子どもの命をど真ん中に」という荘保さんの思想が、周りの人にも変奏されて引き継がれていく。スッチさんは、（居場所の生成変化の手前で）子どもの声がそもそも発せられる可能性を確保するのがこどもの里という安全地帯だ、ということを強調している。

全体として、スッチさんは見える化の技法を語っていたことがわかる。「はじめに」で語られたスッチさん自身の過去については、「まあ」とともに回想しながら過去の「自分」を俯瞰する仕方で見える化した。現在訪問している親については、実際に「家に入って」みたときに、「やっぱり」困難な状況が見える化した。子どもの困りごとや願いは、こどもの里という居場所において子どもが主体化することで「見える化」するのだ。

見える化の方法が場面ごとに切り替わる。

スッチさん自身・親・子どもそれぞれが背負う状況の「見える化」は、それぞれの人がもつニーズの発掘であり、ニーズに促されてそのつどの実践が生まれる。そして、この見える化は、それぞれ異なるかたちをとる。スッチさん自身については、自分についての気づき、すなわち知である。親の生活については、まず家庭のなかに入るスッチさんの目が入り、さらにスッチさんと一緒に片づける行為のなかで、親自身にとっても状況とこれからの生活が見えてくる。行為がすなわち視野でもある。子どもについては、こどもの里で語るなかで、自ら気づき、将来を語りつくっていく行為形成的なプロセスの見える化なのだ。

同じくアウトリーチに根ざした活動をしている西野さんの目は、すき間（はざま）に隠れた人を発見する支援者の動的な目だった。語りの力点は、支援のネットワークをつくるほうにあった。

これに対し、スッチさんにおいてつねに潜在的に働いている「目」は、はざま（すき間）にある人が自ら行為のなかで変化しながら自らに気づいていく当事者の目＝行為だ。「見える化」が、すなわち〈行為の産出〉であり、〈状況と自分の変化〉である、という知恵がここにはある。状況（歴史）を背負いながら、過去の自己を否定し、新しい行為と知を生み出していく当事者自身の「行為的直観」が働いている。地域のすき間を見つける支援者がもつ〈点のカメラ〉と〈面のアンテナ〉は、さらに、子どもや親自身が気づき、行為する〈はざまからの行為的直観〉のためのサポートなのだ。

自分の人生の主人公になる

しかし、この見える化は、陥っている困難が際立つということでもあり、いったんはしんどさをともなう。つぎは、こどもの里で一時保護をしている子どもについての語りである。

スッチ　「子どもの意思を、そこを尊重しつつ、親に返してほしい」っていうことを〔児童相談所に〕言って。でも、結局、子どもが我慢することになってたりとかするっていうこととかも多いし。
　子どもらは〔一時保護の委託先である〕里におるしかないからいてるし、まあ、でも、もちろん里では安心して生活できるっていうのもあるけど、結局、〔他に〕選択肢がないし。もっと、なんかこう、結局、子らも、さっきのヤングケアラーで、そういう、ずっとそういう、依存もそう、親が依存してたりとかするところもあるし、ケアしてきた子たちで、それを話するところがないし、「〔親に〕言ったらまた〔暴力で〕返ってくるし」みたいなところで、ずうっと、やっぱり、ちょっとあきらめてるというか、なんか、「どうしようもない」とかなるし。だから、自己肯定感も低いし、「もう死にたい」とかやし、身体的なんに現れたりとかっていうの、すごくするし。〔16a〕

　こどもの里は安全だが、逆にいうと、子どもにとっては里以外に選択肢がない。そもそも、自ら選んだ居場所ではない。家では親が子どもに依存し、場合によっては暴力をふるってしまう。子どもは「あきらめてる」「どうしようもない」。「結局、子どもが我慢する」、つまり、児童相談所は親の意思を優先して、家庭復帰を決定することが多い。

　これは子どもの意思が尊重された帰結ではない。この場面での問題は、子どもが自分の願う人生をつくることができないということだ。

　〈ではどうしたらよいのか〉ということが、つづいて語られる。

スッチ　親との関係があれでも、他者との関係性のつくり方とか、すごく、やっぱり大事やと思うし、まあ、自分自身もやっぱりそうやけど、やっぱりそういう関係を経験していくっていう経験をつくる。経験がないと選択肢もないし、そこが、こう、わからないままになってるから、「どんなふうに自分の人生を生きる」っていうかな、いうサポートができるかっていうところは、すごい、里みたいなところが必要で。

でも、だけど、さらに、やっぱり、なんていうかな、当事者同士というか、もっと話が気軽にできる。ぜんぜん気づいてない子たちもいっぱいいてるし、「自分がそういう状況や」っていう。

村上　ああ、そうやんね。

スッチ　うん。とか。〔こどもの里の〕ファミリーホームで生活してる子って、結局〔…〕先の自分の人生とかっていうこととか、なんか、自分が悪くないし〔＝深刻な虐待が理由で滞在しているのだから、自分は何も悪くない〕、こう、選べるっていうこととかも、ぜんぜん、もう、なんていうかな、あきらめてるというか、そういうことを思ってないっていうか。

希望はあるけど、でも、希望があっても、結局、でけへんし、成功体験がやっぱり少ない。大きくなって社会に出ても、やっぱり仕事がつづかなかったりとか、いろいろ、やっぱり、コミュニケーションやったりとかで、やっぱり、つまずいたりとかしてしまうし。だから、そこも一個一個、できる限り話をして、選択肢ができるだけ増えるようにとか……。〔沈黙〕〔16b〕

後日スッチさんからいただいたメッセージによると、子どもたちに「希望」や思いはあったとしても、「どうせ……」とあきらめてしまう。そこをどうサポートするのかということがここでの主題だ。

この場面では、「はじめに」でのスッチさんのヤングケアラーの語り以来、久しぶりに「自分」という主語が登場する。「はじめに」では、スッチさん自身について「自分」と語っていたが、ここでは、こどもの里に暮らす子どもについて「自分」を使っている。

いずれの場合も、「自分」は逆境に「気づいていない」ところから出発し、気づきを得て「自分の人生を生きる」という主体化にいたるプロセスの主語として用いられている。[7]〈はざまからの行為的直観〉の主人公のことを「自分」と呼ぶのだ。

ここでのテーマは、語られた順に、「他者との関係性のつくり方」、「経験がないと選択肢もない」、自分が生きている状況への気づきがないから「選べない」、「できる限り話をして」選択肢をつくる、というものだ。「経験をつくる」というのは変わった言葉づかいである。もともと子どもたちは逆境のなかで多様な経験をする機会に恵まれていない、という認識がある。

そのことを前提としたうえで、(スタッフと)「話」をし、「当事者同士」のピアの語りや、人間関係をつくる経験をして、(自分自身について)「気づき」を得ると同時に、社会での経験を積む。こうすることで、〈人生の選択〉ができる。スタッフのサポート、ピアの支え合い、自分自身の気づき、社会の準備がそろったときに、人生の選択ができる(アウトリーチの家庭訪問においては親の生活が変化することが話題だったが、こどもの里という居場所では、子どもが人生の選択をできるようになるという子どもの生成変化が話題となる)。

実は、このことは、第1章で荘保さんが語ったこどもの里の成り立ちと連動する関係にある。荘保さんは、こどもの里が子どもの声・ニーズに合わせて変化する場所だということを語った。スッチさんはこどもの里は子どもが自らの声を出し、自らが変化する場所なのだと語っているのだ。

「どんなふうに自分の人生を生きる」のかが大事だが、自分の状況に気づいていない子どもや、はじめからあきらめてしまっている子ども、自分で選べるということを知らない子どもがいる。それゆえ、まず「選択肢ができるだけ増える」ことが大事であり、そのために、「できる限り話を」するのだという。

スッチ　こう、誰かに決められてるっていう、自分のことやけど、誰かに決められるっていうか、自分が決めていいと思ってないし、聞かれるっていう、「あなたどうしたいの?」っていう、「あなたはどう思うの?」っていうこととかって、やっぱり、聞いていくっていう。

私自身も、最近気づいた、はっとしたのは、やっぱり、そうやってても、子どもにこの状況になって、「あなたどうしたいの?」っていうことって、なかなか、会議のなかとかでは、大人同士が話をして、「より、子にとって、いい方法を」と思ったりはしてるけれども、子がどう思っているかっていうことって、やっぱ、子に聴かへんかったらわかれへんし。「やっぱり、親のことが好きやし」とかっていうの思ってることもあるし。

それ聴かれると、自分が選択していったり〔し始める〕とか。で、間違ってても、ほんでいいし。ねえ、こう、間違ってたら、「やっぱり違うかった」って言って、やり直しができるとか。

なんか、そういうような経験とかが、やっぱ丁寧に要るやろうなっていうのはあるけれども、日々のなかではなかなかね、そこまで。みんなそれを、やってるけれども、なかなか、こう、『どうなんかな』と思ってる。〔16c〕

自分で状況に気づいて選択をするためには、子ども自身が語らないといけない。そのためには、子どもに聴かないといけない。そもそも子ども自身も、親を恐れていても「やっぱり、親のことが好きやし」という相反する気持ちをもっているかもしれない。「聴き」「語り」「選択」する。

そもそも日本の子ども支援の現場では、「自分のことやけど、誰かに決められる」ことが非常に多い。こどもの里のスタッフはみなさん〈子どもの意見はどうなのか〉ということに非常にこだわるが、スッチさんはそれでもまだ足りないと感じているようだ。「あなたどうしたいの？」「あなたはどう思うの？」「子がどう思っているか」「できる限り話をして、選択肢ができるだけ増えるように」というように、対話のなかで子どもに問いかけ言語化することが再三強調され、これによって子どもが自分で選択することが可能になる。

そして、スッチさんが「経験」と呼んだものは「間違って」いても「やり直しができる」ことを含む。「経験」とは、トライアンドエラーのことなのだ。このとき、〈外に出てもこどもの里に戻れる〉ことが要点であるようにみえる。短期的には、家や学校に行ってしんどいことがあったとしても、里に戻ってくることができる。中期的には、たとえば仕事を選択して失敗しても、戻ってきてやり直すことができる。子ども自身が主体的に探検して、トライアンドエラーのなかで成長していくために必要な安全基地として、こどもの里がある。これがスッチさんの語りが描く居場所のイメージであり、このような場所があるときに子どもは自分で自分の人生を選ぶことができる（第1章の荘保さんの語りを思い出してみると、実はこどもの里自体が、荘保さんのトライアンドエラーで絶えず変化しながら現在の姿になったものだった。子どもの声を聴きながら絶えず変化するこどもの里の成長のプロセスは、そこにつどう子どもの試行錯誤の成長のプロセスと重なっている）。

もうひとつのポイントは、里において、（自宅では不可能だった）将来を語る可能性とつくる可能性が得られるということだ。かつてのスッチさん自身がピアやサポーターのなかで自分の人生を見つけていったのと同じように、居場所としてのこどもの里では、子どもが自分の願う将来を（失敗してもやり直しながら）つくることができる場であることが望まれている。

――**スッチ**　里に生活してる子たちもそうやけど、「どう自分の人生を歩いていくか」のサポートが要るなっていうの、今、思って。

村上　そのためには、プラス何が？

スッチ　プラス、プラス何がいいか。でも、でも、中高生たちの、「自分たちの何かつくる」やったり、支え合う、つながるっていう、こどもの里っていうので、つながりはある、みんなある人たちやし、で、ボランティアさんもたくさん集まってくれて、ちっちゃいときから知ってるボランティアさんとかもいてるし、なにかし、こう、居場所っていったり、私もそうやけど、自分たちで仕事をつくるとか、何か、こう、何かつくるとか。まあ、でも、仕事につなげてる子もいるしなっていう。まあ、ねえ、〔仕事帰りに〕寄り道だとかで、「おかえり！」っていって帰って来れる場所があるとか。〔20〕

選ぶことは、さらに踏み込んで、「仕事をつくる」というより積極的なものにいいかえられていく。[8]「選ぶ」とは既成のものを選ぶことだが、「つくる」はいまだ存在しない道を自ら切り開くことである。そして、「自分の人生を歩いていく」ためには、ボランティアの人たちや、就職したあとにも寄り道して「おかえり！」と迎えてもらえる場所が支えになる。にしなり☆こども食堂で〈見守りの同心円〉として取り出した働きはこどもの里にもみられるが、これは自分で自分自身の人生をつくっていく成長を促す機能をもっているのだ。

このように、アウトリーチでの親を中心とした支援からはじまり、こどもの里という子ども中心の居場所づくりへと実践が拡がっていったスッチさんだが、最後に両者の関係について尋ねてみた。

――**村上**　スッチさんのなかで、里と〔家庭訪問する〕ぴよちゃんバンクの活動って、なんていうか、まったくつながってるんですか。それとも、ちょっと、区別がある？

スッチ　うん？

村上　まったくつながってる？

スッチ　つながってます、つながってます。〔21b-22〕

こどもの里に「ただいま！」と帰って来られる前提として、スッチさんが地域のなかで家庭を訪問してつながっていることがある。地域での拡がりのなかに、安全基地としてのこどもの里がある（このことはにしなり☆こども食堂の川辺さんが隣の地域で行っているアウトリーチについてもいえる）。

スッチさんの語りからは、地域でのアウトリーチ活動と居場所との連続性がみえてくる。機能からみたときには、地域での関係づくりがあるからこそ、避難場所としての居場所が成り立ち、同時に、地域の子どもにとっての遊び場、いざというときの避難所・安全基地としてこどもの里があるからこそ、地域で暮らしつづけることができるのだ。

アウトリーチでは親の生活が自分自身の気づきにともない変化し、こどもの里では子どもが自分の人生の選択と設計について自覚し、変化するというように、どちらでも〈はざまからの行為的直観〉が話題となる。

そして、アウトリーチでの家庭支援と居場所での子ども支援は両輪をなす。互いが互いを必要とする。困難地域での子育て・子育ちを可能にするための居場所、すなわち、〈子どもが主人公になる場所〉があってはじめて、子どもの権利を守る地域になるのだ。

つぎの章では、本書を構想するきっかけのひとつとなった助産師ひろえさんの語りを考えていく。彼女は生活の困難を抱えた妊産婦の訪問を長くつづけている人だ。

第5章

SOSのケイパビリティ

助産師ひろえさんの母子訪問

第5章の主人公ひろえさんは、西成区で母子の訪問事業に携わるベテランの助産師である。還暦を過ぎた今も毎日、「自転車のなんかレーサーになれるんちゃうか思うぐらい」〔11〕町中を走り回っている。かつての勤務先である旧芦原病院産婦人科や愛染橋病院健康相談所で、出産後の家庭への訪問事業をはじめ、現在は大阪市からの委託で各種訪問事業に携わっている。

二〇一六年に行ったインタビュー当時は毎週お会いしており、そのときは、当時調査をしていた虐待へと追い込まれた母親のためのプログラムについて語っていただく予定だった（拙著『母親の孤独から回復する』参照）。ところが、前日にひろえさんが訪問していた乳児が帰省先で死亡するという事故があった。インタビューのときにはまだ、事故なのか虐待死なのかわからない状態で、ひろえさんは大きく動揺していた。それゆえインタビューも、母親プログラムよりは母子訪問事業について語られることになり、三時間半というきわめて長時間のものになった。

本章の最後にこの事故について語った場面を取り上げるが、ひろえさんが描く母子訪問事業は、彼女が今までに何人か経験した乳児や母親の死を踏まえたうえでのものであることを記しておきたい。ケアが届かなかった人たちを思いながら訪問をつづけるというのがひろえさん、そして、西成にいる多くの人の実践である。母親プログラムのみなさんと会話を重ねるなかで、西成の地域全体の実践をみていかないといけないと思うようになったのだった。その意味で、ひろえさんの実践を知ったことは、本書の誕生のきっかけのひとつである。

一〇代での妊娠出産や精神疾患を抱えている、あるいは貧困状態で子育てが困難であると判断された母親は、「特定妊婦」と呼ばれて自治体による見守り対象となる。[1]

ひろえ　〔特定妊婦の訪問は〕妊娠中から。たとえば今、一七歳で二人目生む人が今、控えてるんですけれどもね、第一子のときも行ってたし、生まれてずっと行ってたし、第二子が今、妊

娠中で、それで妊娠中なんだけど、月一なんです、妊婦さんには。それは妊婦さんに月一行って、生まれた後は毎週一回のかたちで行って、三ヶ月健診までやから、生後約四ヶ月ぐらいまでっていうような事業なんですけれども、その事業はずっと、できるだけつづけたいなとは思ってるんです。一回ぽっきりに行って、「〔国の〕こんにちは赤ちゃん〔事業〕」[2] じゃないけど、「お元気ですね」っていうのは、もうできるだけしないでいいようにしていきたいなとは思うんですけどね。〔4〕

養育困難であると想定されたハイリスクの家庭の場合は、三つの制度を使って妊娠期から生後四ヶ月まで継続的に家庭を訪問することになる（そしてそのあとも見守りの必要がある場合は、第4章のスッチさんのような子ども家庭支援員が区役所からの委託で訪問する）。この語りの例のように、特定妊婦と認定された母親が子どもを二人産む場合は、合計二年近く訪問することになり、定期的な手厚い関わりとなる。このような訪問はひろえさんがかつて芦原病院の産婦人科に勤務していたときに、ひろえさんのチームがつくり上げてきていたもので、それが制度として整備されたのだ。

ひろえさん。私の授業でお話しいただいたとき（2019年春）

1　甘えとSOS

ヤンキーの子と助産師

まず、ひろえさんがかつて隣の浪速《なにわ》区で芦原病院に勤務していたころに出会った少女についての語りを引用する。

ポイントは、愛着が不足するという問題が、個人の心理的な問題に還元できないということだ。まず、母親自身が置かれている状況を実感できる語りを二つ引用したい。ひろえさんの語りは、現在の出来事も、昔の出来事も、まったく同じように語られて区別がない。貧困の問題が社会的に解決していないがゆえに、すべての出来事はくり返されつづける。

ひろえ　今ね、ふっと思い出したの、芦原病院の場面が。「おかっぱ、呼べ！」とか言って、外来で呼ばれて。産婦人科の外来で、私、奥のほうにいてたと思うんですね。ほかの仕事してた。〔その子が〕受付に来てさ、名前は覚えてないんやろうね。だから「おかっぱ呼べ！」とか言われて、『おかっぱっていったら私のことやな』と思って、『何怒られるかな』と思ったら、一七の、もうすごいヤンキーの子がおってね。フフ、で、私を呼ぶわけ。〔…〕私のことは「ひろえ」って言わんと「おかっぱ！」って言うんで。でもその子にしたら、『はじめて人を呼んだな』っていうような。それまでは一七歳か一六ぐらいで妊娠して来ても、うわーって、も

う横向いて、一言もしゃべらんのが、なんか「困ったから来た」っていう感じでね。で、まあそういうつながりが、なんかできていくわけですよ。〔16b〕

この場面は、少女との出会いを描いている。ひろえさんの語りでは、出会いが大事なポイントになる。言葉づかいの面では、「なんか」が意味をもつ。「なんか」が登場するのは、「なんか」がひろえさんに響いた場面である（さらにいうと、「もう」が状況の切迫で、「まあ」が俯瞰を示す）。この語りでの「なんか」は、「なんか「困ったから来た」」と「つながりが、なんかできていく」である。つまり、少女が「おかっぱ、呼べ！」とSOSを出す場面は、ひろえさんたちの気づかいが蓄積したことで「なんか「困ったから来た」〔…〕そういうつながりが、なんかできていく」という仕方でつながりができたことで顕在化するのだ。

「ヤンキーの子」はおそらく、社会のなかで恵まれない状況にあり、しかも大人の社会からは否定的な眼差しで見られつづけたであろう。そのような環境で、少女は周囲に対して心を閉ざしている。ところが、少女は「はじめて人を呼んだ」、つまり、悪態をつくという仕方ではじめて、「困ったから来た」とSOSを出すことができるようになった。それゆえ、「おかっぱ、呼べ！」という呼びかけには、大きな意味がある。この語りだけで「呼ぶ」ことが三回強調されるが、SOSの呼びかけ、これは少女の力を示している。

そして、SOSを受け止めてくれる相手として、ひろえさんは選ばれる。のちほどわかるが、これは〈ヤンキーの少女を拒否するのではなく〉「何か困ってることない？」と心配する声かけをひろえさんたちがしつづけた結果である。助けを求めることは、依存できるという少女の力を示している。と同時に、少女からの悪態をSOSとして受け止める支援者の力を示している。ひろえさんは少女の甘えを許す存在であり、甘えをSOSとして受け止める。双方の力が組み合わさったときにはじめて、SOSは現実のものになる。

甘えを通してSOSを出す力と、甘えをSOSとして受け止める力とのペアを、〈SOSのケイパビリティ〉

と名づけよう。ひろえさんは、少女が明示的にSOSを出していないのに、SOSを感じ取っている。SOSのケイパビリティは、福祉が作動するための条件である。福祉の制度があったとしても、実践する側に気づきにくいSOSを受け止める余裕がなければ機能しない。実は、本書で記述している実践者全員が、潜在的なSOSを聴き取るために耳をそばだてており、子どもに声をかけるときにはまだ発せられていないはずのSOSを聴き取っている（第2章で西野さんがすき間にいる人に声をかけていく実践がまさにそうだった）。つまり、SOSのケイパビリティを生み出すことに繊細な注意を払っている。

乳児期の愛着は、甘えることが許される環境において満たされる。[3] 思春期にいたったときにも、わがままを甘えとして受け止めてくれる環境の有無が重要な意味をもつだろう。甘えの欲求と甘えを受け止める環境の双方がそろったときに、甘えは実現し、愛着は形成される。甘えには、家庭における乳児期の甘えもあれば、地域において支援者が受け止める甘えもある。このような概念を設定することで、甘えという個人の心理的な力動と、地域の母子保健という福祉の実践とを接続して見通すことができる。SOSのケイパビリティは、この〈甘えの構造〉が逆境のなかで発せられるSOSに対して成立することだといえる。

SOSが出される手前

さて、先ほどの語りでは、SOSを出すことができる力が育つ場面をみた。つぎの訪問場面では、SOSを出す力が生まれる手前の段階が描かれている。

ひろえ　だけど〔出産のあと退院して〕うちに帰ってからは、やっぱりいろんな、支援がないと、あかちゃんは、まあちっちゃいから死んでしまうよっていう感じが、そのころから思ってたん

ですね。
　あるとき、一七、一八ぐらいのカップルのところに、私ともうひとりのXさんっていう助産師とね、一緒に行ったんですよね。でも、サポートがあんまり〔なくて〕。その地域で生まれ育った子じゃなかったんですよね。で、若い父親が日雇いの仕事してるから、雨の日やったから、「今日は仕事がない」って家におったんですよね。ほんで家におって、で、若いお母さんもそこにおって、で、私とXさんが〔行ったら〕、「あ、芦原〔病院〕の助産婦さんたちが、なんか〔しらんけど〕来たわ」って言って、なかに入ったんだけど、本当に、『あ、これは〔あぶない〕!』っていう、あかちゃんにとってはもう『危険やな』っていうような状況もあったりして。〔18a〕

「危険やな」というシグナルが、ひろえさんを呼ぶ。若いカップルはまだSOSを出していないが、状況そのものにひろえさんは呼ばれる。「ちっちゃいから死んでしまうよ」「あ、これは!」というリスクのキャッチは、生活場面である自宅に訪問することによってしかできない。その意味で、虐待の予防として訪問が機能している。[4]
　これは乳児の安全が確保できていないという場面だが、同時にそれは、親たちも困難な生活環境で生き抜いており、かつ、周囲に頼ることができないため、どのように子どもを守ったらよいのかわからないということでもある。

ひろえ　だけどその父親たる、その一七〜一八の男の子が、なんかほんまにヤンキーやなと思って、『アーッ』いう感じかな〔=子どもにリスクがあるかな〕って思ったら、あかちゃんの扱

いは悪いんだけれども、――なんて言ったかな――「俺らな、あかちゃん生まれたけど、誰にも祝ってもらったことないねん」って言うから。〔…〕
　で、お祝いももらってないから、自分を育てた、おばあちゃん、ひいおばあちゃんかなんかから、ベビーカーかなんかを、中古かなんかの、ちょっともらったんやけど、それしかもらってない。ほかには誰にも、自分の親とかにもね、「あかちゃん生まれておめでとう」とか〔言ってもらえなかった〕、どころか、「何ももらってない」っていう話をしたりね、したんですよね。それが一〇代のおうちやって。〔18b〕

若いカップルは、あかちゃんの扱いは荒いかもしれないが、虐待をしているわけではない。しかし、今後のリスクをひろえさんは感じている。そして、若い夫婦自身が家族から顧みられない孤独な状態に置かれつづけているということを聞き出す。地元から離れて孤立しているだけでなく、そもそも少女は実母によっては育てられていない上に、出産を祝福されていない。「ひいおばあちゃん」かもしれないということは、代々若年で子どもが生まれ、同じように育って生活している家族だということだ。

　つまり、あかちゃんだけが危険な状態に置かれているわけではない。生活困難にある若い親自身が生活の上で誰かにSOSを出すためのリソースが、不足している。虐待のリスクとは、親が追い込まれている人間関係からの切断であり、SOSを出すことを知らず、聴いてくれる人もいないというSOSのケイパビリティの不足のことである。

　しかし、この不足はリスクでもあるが、まだ発現していない力の可能性でもある。ひろえさんが若い夫婦の身の上を聴いたことそのものが、SOSを語りだし、それを受け止めるというSOSのケイパビリティの産出である。

ところで、「「あかちゃん生まれておめでとう」とか〔言ってもらえなかった〕、どころか、「何ももらってない」」という語りは、順番が逆に思える奇妙な言葉づかいである。あたかも「何ももらってない」のほうが重要であるかのような表現である。「何かもらう」ことを期待するのは、単なる甘えだという人がいるかもしれない。しかし、そのように甘えることができる相手がいないということは、そして義理のプレゼントすらもらえないということは、子育てにおいてサポートを得ることができないということを示している。甘えることができないのは脆弱な環境だからだ。

ひろえ　本当に若いカップルで、サポートがない人が増えてきたと。西成区、浪速区、もともとの人〔住人〕は、おばあちゃんがみたりとかしてるんやけど、そうじゃない、外から入ってきてね、サポートがない、まあ、親族がいない人たちがどんなふうにやってるかって、もうすごく心配になってきたっちゅうかな。〔18c〕

他地域から流入してきた生活基盤の弱い家族が多いことは、私が参加している要対協でも感じる。乳児が危険な状態にあり、若い両親は家族や社会からサポートされていない。安全な環境があかちゃんと若い親双方に不足している。とはいえ、サポートがない状態で貧しい二人が故郷を離れて生きていけるのは、「強いところ」をもっているからでもある。

強さをサポートすることで、危険な状態に置かれるあかちゃんや親たちが生活できるようになるという信念が、養育支援訪問の出発点になっている。母子を訪問してサポートすることは、このように草の根の声にならないSOSを拾うことからはじまっている。経済的に恵まれた家庭での虐待は（密室のなかの密室に隠されているがゆえに）また別の困難を抱えるが、外部からの流入が多い貧困地域では、子どもの環境が安定しないという困難と、社会環境全体の困難は密接にリンクしている。
ここまでは、かつての病院勤務時代に訪問事業の必要性を感じるにいたった経過を語った場面である。つぎからは、現在の訪問事業の場面である。

2 世代をつなぐ支援の赤い糸

甘えのケイパビリティと世代性

つぎの事例では、大家族なので親から子へのサポートは存在してはいるが、不足している。SOSのケイパビリティは、誰かの潜在的なSOSを支援者が受け止めることだった。このようなSOSのケイパビリティは、実はその手前に、家族のなかでのケイパビリティがある。子どもが甘え、それを受け止める養育者がいるという愛着の安定が、子どもの健康な成長にとっては必要だからだ。これを甘えのケイパビリティと呼ぶこともできるだろう。これがうまく働かないときに、支援者がキャッチする潜在的なSOSが生じる。それゆえ、SOSのケイパビリティを整える手前で、甘えのケイパビリティをどのように促進するのかが問われる。ケイパビリティが不足しがちな環境で、助産師は世代をまたいだサポートをする。

ひろえ　で、一五歳と一六歳のカップルでね。そこも行ったんです。まあ同級生〔のカップル〕。中学のときに妊娠して。〔…〕
で、私なぜか、そのカップルの、母方祖母というか、おばあちゃん〔を知ってたんです〕。ハ

ハ、あかちゃんに言うたら祖母やけど、〔一五歳の少女にとっては〕まだ三〇代のお母さんがいてるんですね。〔…〕

村上　お母さん、うん。

ひろえ　このお母さんを、私、ずっと〔まえに〕、たまたまなんですけど、芦原病院で知ってたんです。芦原病院でこのお母さんが一〇代で、それで外来にしょっちゅう来てた人だったんですよ。〔抑うつやいらいら、不眠といった〕不定愁訴がいっぱいあってね。それで、性感染症もあるし、妊娠中絶もあったかなっていう、そういう彼女がいてたんですよ。

で、そこで外来で、関わるようになって、困ったら外来にこう、来るんですよ。「風邪引いた」言うても産婦人科に来るわけ。ほんなら「それはこっち、あっちへ行ったらいいよ」とか言うて。来るわけですよね。困ったときに来るわけ。〔…〕で、その一〇代の人〔一五歳の少女の母親〕がひとりずつ、父親の違う子どもを三人、生んでるんですね。それにも〔助産師として〕関係して。

〔…〕で、〔一五年後に娘が出産するので訪問したときに〕「また再会したね」ってそこで〔三〇代の母親と〕会って。〔…〕その産んだ子どもが一五歳になって、〔…〕妊娠してってなってきたんですよ。〔…〕そしたらそのお母さんは、私覚えてるし、向こうもちゃんと覚えてくれてて、それこそおかっぱやったからね。知ってたから、〔私の〕顔。ほんで、「あ、やっぱりここでまた出会ったね」ってなった。で、その一五歳で産んだ子を、四ヶ月まで〔訪問〕行ったんですね。〔31〕

一五歳の少女だけでなく、今三〇代の母親がかつて一〇代で出産したときにも、ひろえさんがサポートして

いた。「また再会したね」「やっぱりここでまた出会ったね」と二回強調される。かつて母親は、「「風邪引いた」言うても産婦人科に来る」ように、甘えをとおしてひろえさんにSOSを出していたのだ。ひろえさんが一五年まえに窮地の母親を支えたあと、今回は娘の出産を支える。

不定愁訴、性感染症、人工妊娠中絶は、それだけで母がかつて困難な成育環境に置かれ、不安定な人間関係と心理状態のなかにいたことを暗示している。ここがこの三世代の物語の出発点だ。

かつて逆境のなかを生き延びた若き日の母をサポートしたのは、ひろえさんたちだけだった。そのため、ほかの人に頼ることができない彼女は、「困ったときに」来て甘える。そのSOSをひろえさんたちが受け止めていた。しかし、母親にはSOSを出す力があり、かつ、医療者の側に受け止める力があった。そのおかげで母親はひろえさんのことを記憶にとどめ、それゆえ今度は、一五歳の娘が出産するときにひろえさんの支援が連続することになる。

この語りでは、一五年まえと現在の場面がめまぐるしく切り替わるので、言葉を補った。やはりここでも、同じような出来事が、時間は進みつつも、くり返される。そして、この回帰はアトランダムな想起に表現されている。「なぜか」「たまたま」出会うという偶然なのだが、同時に「ここでまた」同じように出会う。生を肯定する出会いが偶然反復しており、あたかもニーチェが描いた永劫回帰のようである。[5] ただし、出会いは、「あ、やっぱりここでまた出会ったね」という一五年後の再会という二重の出会いなのである。偶然の出会いがくり返されるとき、ひろえさんはそれを祝福するのだ（が、しかし、それは国が貧困を解決していないがゆえに起こる、逆境の反復でもある）。

そして、母親のSOSを受け止めたことは、もうひとつ大きな結果をもたらす。

―― **ひろえ**　でも私からみたら、最初すっごい、ゆうこさん（＝伊藤悠子さん。虐待へと追い込まれた親のためのグループプログラムであるMY TREEの実践者で、西成に長く住む看護師。ゆうこさんとひろえさんは長年の盟友。〔「おわりに」参照〕と芦原病院で「あの子、大変やわ」って相談した人〔＝三〇代の母親〕が、つぎ行くたびに、やっぱりすごくね、成長っていうかしっかりした母になっていくわけですよ。うん。で、すごい、何年もあいてから〔その人の娘の出産のために〕行くんだけど、いや、「すごい、お母さんになったね」って言って、ちょっとほめたりするとね、「いやー、あのときに、芦原〔病院〕でね」とかいうのんがポッと出てきたりするんですよね。

「ふつうやったら「こんなヤンキー来たわ」って言って〔医療者から避けられるけど、ひろえさんたちは〕こう〔敬遠〕するんじゃなくて、「どうしたの、どうしたの?」って言って、「何困ってんの?」」っていう感じで〔接してくれるから〕、だから行けた」っていう話があったりして。

今〔三〇代になって〕おばあちゃんになってるんだけれども、〔かつての〕あかちゃんが一五歳〔になって〕、その子が生むと決めて、で、その母は生むことを応援。まあ、「本人がそう言うんやったら応援するよ」って言って、生まれたあかちゃんは、その母一家とともに暮らしてるんですね。だから、危険ではないんですよ、あかちゃんの命もみんなが、〔一五歳の少女のきょうだいは〕異父きょうだいやけど、かわいがってくれてるし、まあ、〔少女のパートナーの〕彼は彼でちょっと〔やんちゃやけど〕、まあでも素直な子でもあるので、まあ、うまくつなげることもできたし。

だから家族っていうのも最初に「あそこ大変やん」って保健師が言ったとしても、私絶対そうは思わないっていうか、『いやいや、行ってみんとわからへんわ』と思って行くんですけどね。

「あ、また出会ったね」っていうの、遠い宇宙から見たら、赤い糸じゃないか知らんけど、

――こうつながってるよっていう、宇宙のように、なんかつながって、また出会ってるみたいなんを、よく思った、思うことがあったんです。〔32〕

省略が多い語りは、一五年まえの出来事と今の出来事がくり返され、重なり合うことで圧縮していく様子を示す。複雑にもつれ合う時間のなかで、複雑な家族構成が描かれている。出会いが重なって再会となったとき、かつて支援を受けた少女は、ピアサポーターへと成長している。つまり、今度は自分が娘からの甘えというSOSの受け皿となる。支援された人が、つぎに支援する側になるという仕方で伝承され、SOSを受け止める力が再生産されていく。おそらくこれは社会が自ずともっている回復力であろう。[6]

「ヤンキー」を偏見の目で見るのではなく、「どうしたの、どうしたの?」と心配する構え、そして、同じくヤンキーの「彼は彼で〔…〕素直」であると判断する構え、さらに、保健師が「大変やん」と言っていても、「行ってみんとわからへん」というのはすべて、社会通念に潜む差別感情をくつがえす態度である。[7]逆に、「行ってみればわかる」という自信でもある。

風邪を引いても産婦人科に来るような母親の甘えというSOSを、ひろえさんたちが「「どうしたの、どうしたの?」って言って、「何困ってんの?」っていう感じで」受け止めたことで、母親自身が子どもをサポートできる人へと成長している。

同時に、「〔ひろえさんが心配してくれた〕だから行けた」と一五年の時間を経て母親が感謝したことで、ひろえさんのケアは意味づけられ、肯定されている。

三〇代の母と再会した瞬間、「この人は大丈夫だ」と直感したと、インタビューの四年後ひろえさんが再度この家庭を訪問していたときに、私に語った〔インタビュー当時の直感が正しかったことも、このとき安全を確認したことでたしかめられた。と同時に、当時三〇代のお母さんが幼少期から負ってきた傷についても、さらに知ることになったとのことだった）。しっかりＳＯＳを聴き届けることができたときには（そして足りなかったホールディングを補えたときには）、いずれ支えられた側が支える側になっていく。母子への支援は、世代を超えてその人たちがもっている力を見出すことでもある。甘えを許容し、サポートする環境を誰かが準備できれば、コミュニティはうまく連続するのだ。

この家族の場合、三世代の家族「みんなが」あかちゃんをかわいがってくれている。「だから、危険ではないんですよ」という。つまり、早い妊娠であり、さまざまな生活上の困難もあり、たしかに実母へ十分に甘えることはできないかもしれないが、しかし、全体としては甘えのケイパビリティがあるので大家族的な養育が成立しているのだ。困難な環境「だけど」（「だけれど」「やけど」）、子育て・子育ちの力があるのだ（ひろえさんの語りのなかで、逆接の接続詞は、逆境のなかでのケイパビリティを示す）。

一五年の時間を隔てて、ひろえさんはかつての少女が母親になった姿と出会う。「遠い宇宙から見たら、赤い糸じゃないか知らんけど、こうつながってる」。誰が誰をサポートするのかは、わからない。偶然出会った誰かに甘えることで、私たちはみな支えられている。しかし、宇宙から見たときには赤い糸で必然的につながっていたと見えるかもしれない。親や子どもとの偶然の出会いに「赤い糸」という必然性を見出せるとしたら、生は絶対に肯定されるべきものであり、絶対に子どもを救うことができるという強い意志と努力に裏打ちされているからだろう。幸運と努力によってさまざまなつながりが生まれたときに、それぞれの人の強さが発揮されていく。偶然の出会いが反復され、永劫回帰する。赤い糸で結ばれた必然性という姿をとることになる。これが、ひろえさんの実践を貫く時間である。

「赤い糸」で結ばれる反復は、たしかに逆境にある人たちのあいだで起きるのであるが、しかし、逆境への閉じ込めではない。社会から強いられつづけてきた困難な環境にもかかわらず、生存を可能にする出会いが生まれることの回帰であり、逆境に抗して生を肯定することの回帰であり、生存しようとする力の表現なのだ。

地域における甘えの不足

この家族の場合、家族によるサポートは成立している。とはいえ、甘えが不足しているのも事実である。その帰結として、同じような不安定さを抱えた家族構造が再生産されていく。逆境「だけど」力があるという反転は、今は問題ない「けど」リスクはある、という反転可能性をはらむ。

ひろえ　今は何も〔問題が〕ないんだけどね。その一七から知ってる〔今は三〇代の〕おばあちゃん自身は、そのころから見たらすごく成長してるんだけど、家族全体として見たら、もうほんまに、異父きょうだいばっかりやし、それでこっちの一六歳の〔きょうだいの〕おうちのほうも、子だくさんというか五人か六人子どもがいてて……。

それで、上の子たちが、もう早くからセックスをするわけですよね。セックスして、それで妊娠。〔…〕一五、一六のむっちゃ寂しいと思うんです。まあ、バーッと人はいっぱいいてても、五人も六人もきょうだいいてて、みんなぐちゃぐちゃっていっぱいいてても、すごく一人ひとりは寂しいんです。〔寂しい〕育ちなんですよ。だから早くからセックスもするし、スキン〔シップ〕、もうほんまに、「抱いて」っていうようなこともすごく、もう求めてるような感じがするの。

村上　ああ、ああ、そういうふうに、ふーん。

ひろえ　うん。で、やっぱ早くからセックスをして、子どもたち、ちっちゃい子どもも生まれて、でも一五、一六で生涯ずっと一緒っちゅう感じでもない、ない、もうすでに早く、もう別れる人も多いし、その子たちも別れかけたしね。なんか「ずっと一緒におろ」とか、「結婚しよ」とか、そんなんではなくって、また違うステップファミリーにどんどんなっていくような、枝葉《えだは》〔が拡がる〕、こういう感じになる……。〔33〕

母親は成長し、娘の出産と育児をサポートできる存在になったかもしれない。しかし、異父きょうだいが「五、六人いる」母子家庭で子どもたちは、社会構造上恒常的に甘えを受け止める環境が不足し、寂しい思いを抱えながら育つことになる。どのような家族構成になっているのか理解が難しい、入り組んだことになっている。私もきょうだいが六、七人いる家族を何軒か知っている。

不安定なパートナーシップにもとづく大家族であることそのものが、メンバー一人ひとりを寂しくする（甘えのケイパビリティの不足）。つまり、母親の養育能力の問題ではなく、家庭環境・社会環境が「寂しさ」を生み出す。そして、「寂しさ」ゆえに早くセックスをし、パートナーを変えていく。こうして、同じような「寂しさ」の環境を子どもの世代に再生産する。貧困と不安定な雇用条件が改善されないがゆえに、家族構造が甘えの不足を生み、甘えの不足が同じ家族構造を再生産する（語りでは、六回くり返される「もう」が、寂しさのなかで子どもが急き立てられる姿を示している）。一人ひとりは完全に孤立しているわけではないが、しっかりとした愛着が形成されないまま育つ。はっきりとした虐待がなかったとしても、傷と孤独のリスクはあり、サポートの必要がある。子どもたちは強さをもっているが、それは「寂しさ」と裏表の関係でもある。西成において要対協、そして、母子の全戸訪問や養育支援訪問事業は、この部分の弱さをサポートし、SOSを発見して受け止める役割を負う。家庭における甘えのケイパビリティの不足は、地域における支援者とのあいだのSOSのケイパビリティによって補われるのだ。

たとえば、ウィニコットが論じたホールディングは、（もともとは乳児が養育者へと絶対的に依存することが自己感の基盤をつくるという事態を概念化したものだが）単なる心理的な依存ではない［Winnicott 1971（ウィニコット 2015）］。

困難な現実を受け止めて応答するための、対人的な支えのことだ。その意味では、ひろえさんは少女が現実を生き延びるためのホールディングとなっている。愛着を受け止めるのもホールディングだが、SOSを受け止める環境もホールディングだ。ホールディングのなかに、甘えを愛着として受け止める段階と、甘えをSOSとして受け止める段階の二段階を設定できるのだ。

ステップファミリー状の不安定な家庭は、甘えの不足とあいまって、枝葉の拡がる家系図を生み出すのだが、そのような家族構造が多くみられる地域社会では、家を訪問してサポートし、ニーズに応える訪問事業（をはじめとしたさまざまなかたちの地域でのサポート）によって、生活は健康なものとして成り立つ。つまり、サポート込みで子どもを支える社会構造として成り立っていく（かつての農村社会であれば祖父母や近所の人、産婆さんが担っていた役割の一端だろう）。

村上　まあ、そう、こんなになっちゃう。
ひろえ　枝がすごく……。
村上　いろんな、いろんな、ねえ。そうですね。
ひろえ　うん。ステップファミリー、ステップファミリーっていう感じになっていく。で、そこに生まれたあかちゃんは、またしんどい、寂しい思いをする。
村上　そうですよね、そうですね。
ひろえ　だから、ホールディングじゃないけど、生まれてすぐに、もう本当に安心の環境とか、アタッチメント、自分でこう、「助けて」ってママのところに行くとか、そういう経験がないままに、早くに思春期で妊娠、出産とかね、なっていくと……。
村上　そっか。

ひろえ　〔…〕見た目の、バタード〔殴られた〕っていう感じじゃないんだけれども、うまく愛着というか、できないっていうね、人も非常にたくさんいてはったんで。〔33b〕

寂しさが連鎖してセックスをし、パートナーを変える。それゆえ、「ステップファミリーっていう感じ」で異父きょうだい・異母きょうだいが重なり合う、流動的な網目状の家族構造が拡がることになる。そのなかで生じる困難については（家庭とパートナーの外で）地域の支援者にＳＯＳを出しながら、支えられて生き抜いていく。ＳＯＳを出す力は、それ自体としては（本人も気づいていない）潜在的な力である。ただし、ＳＯＳは、甘えや問題行動をＳＯＳとして受け止める人に向けてしか発することができない。家庭において甘えのケイパビリティが不足しているときに、地域においてＳＯＳのケイパビリティを人的に整えることが必要になる。甘えを受け取る余裕とＳＯＳを受け取るサポート、問題行動ではなく困難として受け止めるサポートがあるときにはじめて、甘えやＳＯＳは、子どもの力として現実化するのだ。このときはじめて子どもの過剰な甘えや、大人の問題と思われる行動が、支援者へ向けてのＳＯＳ（「助けて」）となる。西成の場合は、さまざまな支援者による地域での子育てという姿をとることになる。[8]

3　愛着の記憶

このインタビューの前日に、ひろえさんが訪問していた乳児が亡くなったという知らせが入った。ひろえさんの母子訪問の実践は、この死を念頭に置きつつ語られたものである。そして、この親子についてはインタビューの冒頭（ＩＣレコーダーのスイッチを入れるまえから）と、インタビューの終わりに語られた。

ひろえ　その母もいずれ、その人、若い、二〇歳ぐらいだけど、いずれ、まあすごく被虐待の人だから……。

村上　ああ、そうなんですか。

ひろえ　いずれMY TREE〔虐待へと追い込まれた母親のためのプログラム〕に、そういう機会があれば、来ないといけない人になるだろうなっていう感じだったんです。

村上　そうなんですか。うん。

ひろえ　だけど、私は訪問事業で行くときはいつも、まあ、生後三、四ヶ月ですからね。あかちゃんが生まれて三、四ヶ月の期間だから、そのお母さんが非常に、養育には大変だろうと思うけれども、その間は、その間はせめて「あかちゃん生まれてうれしかったね」とか、「すごくがんばったよ」っていう、ちょっとした、一瞬でもそういう味わったことをね、味わえるように、いきたいなと思って行ってるんですね。

だからその、あかちゃん亡くなったって電話くれた人も、保健師に電話が来て、保健師にいわく、「ひろえさんにも、すごく、ここはよくできたねとか、ここは、このことは注意してねとか、いっぱい教えてもらったのに、よろしく言ってほしい」というか、「また大阪に帰ったときには、あかちゃん亡くなってしまったけれども、お会いできたら会いたい」っていうふうに言ってくれたみたいなんですね。

だから、その人が、その短い期間でも、どういうかたちで亡くなったか、ちょっとわからへんけれども、子どものことを、成長は早いあかちゃんだったから、とても喜んでたんですよ。

もう最初はすごく無表情で、すごい心配したんですけれども、毎週行ってたら、表情が変わってきたし、自然に子どもとのやりとりがね、もう本当に自然にできるようになってたんです。そういう、短い期間でも、『あのとき自分が子どもと一緒に楽しかった一瞬があったな』みたいな「抱っこしてうれしかったね」とか、「おっぱいあげてうれしかったね」っていうような、思い出を古い記憶のなかに、あかちゃんにもお母さんにも置いてほしいなと思って行ってるんですね。〔1－2〕

この地域で長年にわたって母子訪問の経験があり、そして、虐待へと追い込まれた母親をケアした経験も豊富なひろえさんは、この母子の未来に虐待のリスクがあることを意識しながら訪問していた。

この場面ではあかちゃんの死について想起しているのであるが、不思議なことに、ここで語られているのは亡くなった原因ではなく、どんな思いで母親が子どもに接していたか、ひろえさんがサポートしていたのかである。

母親は子どもの成長を「とても喜んでた」。子どもが亡くなったにもかかわらず「〔ひろえさんに〕いっぱい教えてもらったのに〔亡くなってしまったけど〕、よろしく言ってほしい」と伝言している。つまり、ひろえさんに感謝しており、ほかの場面と同じように、この感謝がひろえさんの実践（母親をほめてエンパワーする実践）を肯定してもいる。ケアは母親を支えるものだったのだが、しかし、子どもが亡くなってしまった。死という切断ゆえにひろえさんは、自分の実践が何をしようとしていることなのかを吟味し直している。

そして、ひろえさんは二回にわたって、「「抱っこしてうれしかったね」とか、「おっぱいあげてうれしかったね」っていうような、思い出を古い記憶のなかに、あかちゃんにもお母さんにも置いてほしいな」と語っている。死についての語りのなかで、「うれしかった思い出を残したい」と語ることは、少し不思議な印象を与える。

「抱っこしてうれしかったね」という思い出は、子どもが甘え、母親が甘えを可能にする環境を与えた、というかすかな記憶であろう。おそらく、このような甘えのかすかな痕跡が、のちに養育困難な状況に陥ったとしても、SOSを出すことができるための土台になるとひろえさんは考えている（それゆえひろえさんは虐待をしてしまった母親のグループワークにつながることを視野に入れている）。そして、このかすかな甘えの記憶は、ひろえさんが訪問して母親をほめ勇気づけたことによって生まれている。つまり、この記憶は、地域のなかに拡がるSOSのケイパビリティによって可能になったものである。SOSを発する力を貫くのは、通奏低音としての幼少期の甘えであり、それを可能にするのは、現在の訪問でつちかわれるSOSのケイパビリティであるというように、循環している。

しかし、原因はなんであれこの乳児は亡くなっている。ひろえさんは、子どもの力に対して母親が提供する甘えも、母親の力に対し支援者が母親に提供するSOSのケイパビリティも、もろいものであったということを痛感している。それゆえに、死の想起のなかにうれしかった思い出の語りが挿入されるという両義的で重層的な語りになっている。

ところで、この「抱っこしてうれしかったね」という思い出は、虐待による分離（あるいは死）によって親子の関係が途切れてしまったとしても、それでも残るつながりの記憶である。切断のなかに残るつながりの記憶は、「赤い糸」によって母親や子どもと支援者とが出会い再会することを陰で支えていることになる。（偶然の出会いと再会における）SOSのケイパビリティが断続的につながる赤い糸は、「うれしかった思い出」という（切断のなかにそれでも残る）愛着の記憶（甘えの記憶）と対になる。

ひろえさんはそれゆえにこそ、安全の確保が不十分であったことを悔やむ。

ひろえ　だからでも安全性っていうことでは、もう見通しがすっごく甘かったんだなっていうふうには思ってますね。〔…〕あかちゃんにとっては非常に、本当に甘かったなと思うんで

すよね。うん。まあ、命やから。

でも本当、その母本人が、自分の成育歴っていう話を、なんかかんかでポロッポロッて言うたから、ああ、本当にお母さんに捨てられた人でもあるし、養父からもいろんなお金のことで、「養育費も払えや」って、「体売って払えや」とか言われたみたいな感じで、ポロッと言うから、「あ、そういうことも、そういうときがあったんやね」って言って、「じゃあ今のあなたと、このあかちゃん、何なにちゃんと、たとえばどんな親子になりたい?」とか言うと、それも夢を語れる人になってたのね。

「自分の親はこうやったけど、でもおばあちゃんも大事にしてくれたし、この子にはこんなふうな」みたいな、願いももってたり、「友だち親子みたいになりたい」って言ったかな。「なんでも言えるようになりたいわ」とか言ったりとか、そういうのを言えてたんでうん、言ったりして、表情もすごく変わってきてたんで、なんか勝手に私も、「ああ、じゃあ安心」、なんか「〔実家に〕帰っておいで」っていう感じで、「また今度、いついつね」って約束して別れたんですよ。〔64–66〕

自分の子どもへの愛情は、かつて「おばあちゃんも大事にしてくれた」記憶と結びつけられる。つまり、甘えのケイパビリティのかすかな糸を、ひろえさんはたぐっている。将来は虐待のリスクがあるだろうとひろえさんは思いつつも、「夢を語れる人」になったことを喜んでいた。「うれしかった思い出」や「夢を語れる人」と子どもの命にかかわるリスクがせめぎ合うなかで、実践は行われている。「夢を語れる人」という実現しないかもしれないがよい未来を想定する力、「うれしかった思い出」という失われたよい過去、どちらもそれが不可能になる困窮のなかで発せられており、それゆえにこそ、生き延びるために欠かせない思い出と夢なのだ。

若年の妊娠出産で短い期間に世代交代し、ステップファミリーが網目状に拡がる家族構造をもつ地域においては、家族においての甘えのケイパビリティが不足する。それを訪問事業が支えるとき、地域におけるSOSのケイパビリティが成立する。甘えを許容し、それだけでなく、甘えをSOSとして受け止める支援者の度量がないと、子どもや母親は力を出せない。

整理しよう。ひろえさんの語りは三本の線によって貫かれている。

一本目は「ステップファミリー」という語で表現された、ひとり親の血縁で拡がっていく、たくさんの異父母きょうだいと世代交代の線である。これは甘えが親子間で不足していることに由来している。

二本目は「赤い糸」という語で表現された、ひろえさんと母子との偶然の出会いが（あたかも必然性をもっているかのように）反復されて再会となる線だ。家庭では不足した甘えが、地域においてSOSのケイパビリティによって補われ、さらに、かつて支援された人がつぎの世代で支援する側になっていく、という反復の線である。「赤い糸」は、母子と支援者の出会いの線である。偶然の出会いによってSOSのケイパビリティが反復され、あらゆる生命が肯定される。

三本目は「うれしかった思い出」「抱っこした思い出」という語で表現された、切れてしまうかもしれない親子のつながりを、母と子が記憶のなかでかすかに痕跡としてつなぎとめる線である。そして、親子の「夢を語る」ことも、未来へ向けてかすかな線をつなぐことである。赤い糸によって母子が支援者と出会えたとき、母子のなかに生まれる思い出の線である。これは意識的な実践の線である。ひろえさんは、未来の養育困難のリスクを見越して乳児訪問のなかで幸せな思い出と夢をとどめてもらおうとする。

一本目はステップファミリーや貧困でつながる世代交代の線、二本目は母子と助産師の出会いの点線、三本目は母子のなかの思い出の接続だ。一本目を二本目が支え、それによって三本目が可能になる。そして、三本目がまた一本目を支えるという仕方で循環する。支援の赤い糸によってステップファミリーの線が甘えの力を獲得し、生存可能なものとなる。

赤い糸の線とうれしかった思い出の線は、つぎのようにつながる。母をほめることでうれしかった思い出をつくり出すことは、ひろえさんがのちに困難に陥る可能性を想定しながら意識的に担っている役割である。SOSのケイパビリティがそれぞれの瞬間に地域のなかで成り立つためには、たとえ希薄であっても、かすかに親子の愛着の記憶が残っている必要があるのかもしれない。赤い糸によってぎりぎり支援がつながっていくためには、切断のリスクのなかでつながりの種を植えておかないといけないのだろう。「うれしかった思い出」があるからこそ、「赤い糸」は世代を超えてつながるのだ。

そして、うれしかった思い出ゆえに、貧困などの逆境（一本目の線）においても暮らしがつながっていく。

社会から強いられた困窮にあっても、あらゆる生を無条件に肯定したときには、逆境にある親子との偶然の出会いが生の肯定として反復されつづける。逆境は解決されないままそこにあり、反復されつづけてしまっているのだが、それに絶望することなく、誕生はつねに肯定的なものになる。ひろえさんは日々ハイリスク家庭を訪問しているが、出産後の初回は必ず「おめでとうございます」と深く一礼すると、私の授業にお招きしたときに学生たちのまえで実演してくれた。そして、ほんの少しのディテールでも逃さず、母親をほめつづけることを強調した。どちらも生の肯定であり、うれしかった思い出を意識的につくり出すための具体的な手段である。

居場所が実現する安心や見守りの同心円、語りの可能性は、SOSのケイパビリティが特定の場所で結晶化した姿だともいえるだろう。第2章の西野さんがすき間を見つけ出して声をかけていくことで面のアンテナとしての地域をつくり出していくのに対して、ひろえさんやスッチさんの実践は、そのように見つかったすき間を見守る仕組みだともいえる。

こうして五人のみなさんの語りを中心にして、西成での子ども・子育て支援の個性的なグループとネットワークを描いてきた。最後の章では、六年間西成に滞在しながら私が教えていただいたことをまとめていきたい。

終章

社会を小さなすき間からつくる

1 逆境と連帯のあいまいな共存

子どもたちがつくる町

ここまで、「(子どもたちの声に応じて)アメーバ状に変化する居場所」「すき間を見つける点のカメラと面のアンテナ」「見守りの同心円」「はざまからの行為的直観」「SOSのケイパビリティ」といったイメージを使いながら、西成の子育て支援を描いてきた。[1] それぞれの場所や人がもつ独特の実践のスタイルが重層的に重なり合って、この地域の子育て支援全体が成り立っている(個性的であると同時に、これらのイメージはほかの施設で共有されているものである)。さらに、実際にはほかの支援団体もからみ合う異質で多様なアナーキーな動きが、にもかかわらず連動する、そのような運動体である。

「こどもの里」「わかくさ保育園」「にしなり☆こども食堂」といった、異なる輝きをもった星が組み合わさって星座を成しているのだ。この星座は、「子どもの最善の利益・子どもの意見表明権」(子どもの権利条約)、あるいは、「誰も取り残されない社会」という理念をもつ(いいかえると、ほかの地域では同じ理念のもとにまったく異なったかたちをした星座をつくることができる)。[2]

西成北部は故郷をもたない人の町であり、貧困やひとり親、ステップファミリー、障害といった虐待を誘発しやすい要素がそろっているのはたしかである。そして、支援者の働きが充実しているために、虐待が可視化されているので、一見するとものすごく困難な地域のようにみえる。たしかに、生活困難で学校に通えない子ども、キレて暴力的になる子ども、死にたいと吐き捨てる子どももいるのだが、実は、序章でも触れたように、虐待相談件数はこの一〇年間増えていない。困難が可視化されていることはポジティブなことで、むしろきめ細かくフォローが行き届いているがゆえに、家庭環境や社会状況は厳しくても、子どもたちにとってはセーフティネットが整備され、暮らしやすい地域になってもいる（もちろん、貧困が解決できていないという大きな政策的課題が横たわることは、再度強調したい。この逆境を克服できないなかでの連帯というあいまいさは、本書の全体を貫いている）。

本書の隠れたテーマは〈小さな場所〉からはじめる共同体論、あるいは政治哲学だった。つまり、権力による上からの統治を論じる大文字の政治哲学ではなく、状況に翻弄されている一人ひとりが連帯し、自分の人生を自らつくることができるような交流をどのようにつくることができるのか、誰もが取り残されずに参加する共同体をどのようにかたちづくるか、そのようなボトムアップでつくるつながりを論じる〈小さな政治哲学〉だ。西成は私を、そのような視点へと導いた。

民間の施設と行政の多層にわたる対話の場が張りめぐらされていることが、「地域全体の対話の文化」をはぐくむ。制度的には、支援者間の連携が日常的に密であり、かつ、（行政ではなく）地元の民間の支援者が主導権を握るがゆえに、当事者との対話もしやすい環境にあることが大きいだろう。[3] 日常的に子どもや親の声が聴き取られるだけではない。たとえば、要保護児童対策地域協議会の一環で、「応援会議」と呼ばれる会議がしばしば開かれ、（いったんはこどもの里に一時保護になったとしても）子どもや親といった当事者と多職種の支援者が一堂に会し、これからの支援方針を立ててどのようなサポートを分担していくかを決める。

さて、『子どもたちがつくる町』という本書のタイトルは、第1章の荘保さんの「この場所はね、もう、この子どもらがつくったんですよ」という言葉から取っている。こどもの里だけではなく、地域全体が子どもの声を探し出し聴き取ろうとしたときに、このような町が生まれるのであり、現在進行形で、これからも子どもの声に応じて変化しつづけるだろう。[4]

対話の難しさという出発点

とはいえ、虐待が起きているとき、家族間の対話を生み出すことがきわめて難しい場合がある。もちろん、生命が危険にさらされる状況や、性的虐待にさらされている場合は、一刻も早く子どもを安全な場所に避難させなくてはいけない。親子の対話を促すことによって虐待を抑止し、関係を改善することは望ましいが、しかし、対話が難しいこともめずらしくない[5]。

完全に会話がない家族、対立的で暴力的で支配的な言葉しかみられない家族、あるいは、深刻なDVや虐待をはらんだ家族において、対話を可能にする条件は何であろうか。たとえば、オープン・ダイアログや当事者研究では、対話できることが前提となっており、この点について支援者たちが楽観的な見通しをもっているように感じるが、深刻な虐待がある場合には、ときに大きな困難があるように感じる。

対話は、無条件に成立するものではない。とくに深刻な虐待が生じている家庭において、まったく言葉が失われ、孤立していることがある。仮に支援職が訪問したとしても、（親も子どもも）自らの思うところを語らない、そもそも訪問してもドアが開かれない、という場面は少なくないだろう。

このような困難のなかで、本書は、アウトリーチと居場所の成立という切り口で考えてきた。逆境が反転されることと、居場所を手に入れることはつながっているからだ。居場所を失うと、人は生存できない。逆にいうと、誰もがつかう「居場所」という言葉が実際のところ何を意味するのか、を問い直すことを、本書最後の課題にしたい。

2　すき間を反転する

すき間に置かれた人に声をかける

こどもの里は暴力から逃れた子どものシェルターとなり、場合によっては、そのまま長期間滞在することもできる。子どもだけでなく、DVを受けた女性たちのためのステップハウスや、行き場のない少年のための自立援助ホームもつくっている。そして、西成のほかの地区でも、同じようなシェルターをつくろうとする動きがある。居住する地域のなかに、行き場を失ってもかくまってもらえる場所があることには、大きな意味があるだろう。このように、安全な場所を確保することはきわめて重要である。

しかし、実践上はもうひとつ手前の働きかけを前提としているということを、私は西成の人たちから学んだ。安全な場所をもたない人は、そもそも目につきにくいはざまに排除されてしまっており、周囲の人の視界から落ちてしまっているのではないか。自分ではSOSを出せないのではないか。

さらに、学籍をもたない子ども、それどころか戸籍・国籍をもたない子どもがいる。あるいは、ホームレスの人たちもまた、自らは声を発することができず、通行人の目には見えないものにされている。

このような人の声を聴くことは、とても難しい。安全な場所をもたない人は、人の目にも触れにくいのだ。安全な場所を失って社会のすき間に陥っている人とつながるアプローチが必要となる。つまり、つながりが断たれたすき間においてつながるという運動が、安全確保の手前にあるのではないか。

西成ではあいりん学園（一九六二－一九八四年）のスクールソーシャルワーカーが、このような町を歩く活動をはじめた。本書では、何度かそのようなすき間に落ちている人とつながる実践を描いた。第2章の西野さんは、路上生活する少年に声をかけ、荘保さんやスッチさんは、学校に通えていない子どもに声をかけている。どの場合も、自らはSOSを出すことができない子どもへと声をかける実践である。

安全な場所をもたなかった人は、そもそも目に見えないところに排除されてしまっている。とすると、世間の目から隠れてしまっているすき間を見つけ出すことが、居場所が成立するための第一歩であることになる。自分で窓口に来てSOSを出せないのだから、町を歩いて、見つけて、声をかけるしかないのだ。見えないすき間を見つけて声をかける〈カメラ〉である。

現在の精神科医療の世界では、電話を受けて二四時間以内に複数の医療者が家庭を訪問して、患者や家族とともに対話をはじめるオープン・ダイアローグの方法が話題になっている。症状の発現に合わせた早期介入ではなく、SOSに対して可能な限り早く応答するということ自体が重要である。とすると、そこにはそもそもSOSが出せない人の潜在的なSOSへと応答することも含まれるべきだろう。すき間への感度をもって支援者やピアサポーターがあらかじめ緊密なネットワークをつくり、潜在的なSOSをキャッチすることは、電話を待って二四時間以内に早期介入することよりもさらに手前にある、ラディカルな支援である。これを可能にするのは、地域に住む〈一人ひとりの視力〉と、顔が見える範囲での地域全体が連携する〈面のアンテナ〉だ。[6]

西成の子育て支援では、すき間を見つけるために、簡易宿泊所などへの定期的な見回りが行われている（わかくさ保育園の「あおぞら保育」）。ほかにも、母子訪問事業や要保護児童対策地域協議会での困難家庭の全きょうだいのケース検討などといった取り組みがある。すき間とつながるための動的なセーフティネットであり、〈点のカメラ〉がすき間を見つけて動き回ることで〈面のアンテナ〉をかたちづくっている。

居場所には、見守りによって存在を肯定する働きがある。地域におけるすき間への感度がある場所に凝縮したときに、特定の居場所での見守りという仕方で結晶化をするのだろう。それゆえ、それぞれの居場所の活動もまた、アウトリーチを含んだ地域のなかでの活動という裾野をもっている。こどもの里の場合は、保育園の送り迎えのボランティアや家庭を訪ねての生活支援の活動がある（大阪市の「子ども家庭支援員」事業やボランティアの「ぴよちゃんバンク」）。第3章のにしなり☆こども食堂の川辺さんの活動も、地域での活動のなかにある。川辺さんは、朝小学校で読み聞かせの活動を行い、保育園の送り迎えをし、学校の人権学習の時間を担当し、また保育園の送り迎えを行い、定期的に日本語教室やよみかき教室を行う（日本語教室は外国から来た人たち中心、よみかき教室は高齢者中心の活動だ）。このような地域での〈面のアンテナ〉の活動の延長線上に、こども食堂という居場所が成立している。すき間で見えなくなったニーズをキャッチするアウトリーチと、子どもの声を聴き取る居場所とが組み合わさる。

行方不明になる人

とはいえ、感度を上げても把捉できない場合がある。最近の虐待死の事件の多くは、児童相談所の判断・動きが悪かったケースだが、しばしば転居によって自治体同士の連携がうまくいかず、重要な場面で家に入りそこねている。二〇一八年に東京都目黒区で起きた虐待死の事例でも、香川県から児相の目を逃れて目黒区へと転居し、そこでは児童相談所職員の訪問に対して扉を開けなかったようだ。母親の手記には、夫のＤＶによって心理的に縛りつけられていたがゆえに職員を追い返したことが書かれている［船戸 2020, 82］。

虐待死の事件では、引っ越しによって行方が追えなくなったケース、あるいは、児童相談所の連携がうまくできなくなってしまうケースが散見される。私が周囲で見聞きした事例でも、帰省であったり、転居であったりして、連絡がとれないときに大きな事故が起きている。あるいは、他地域から身を隠すように西成に流入してくる家庭は、転居元からみたら行方知れずだろう。

目黒区の事件では夫による心理的ＤＶで母親は家に閉じ込められ、逃げるチャンスを失うとともに、夫が香川から東京に移動する。〈家のなかへの閉じ込め〉と〈地域からの逃亡〉は、ワンセットになっている。密室のなかの闇と、外への逃亡という「闇の奥」［コンラッド 1958］が重なる。実は、対話にいたらないすき間の最たるものが転居である。転居には就労の困難や、人間関係の不調、暴力からの逃亡、借金、あるいは、行政機関からの逃亡など、さまざまな理由があるだろう。地域ですき間に追いやられた人に声をかけ、制度的に支援をつないだとしても、いなくなってしまったら、声をかけることも対話することもできない。西野さんはこれを「浮遊」と名づけていた。対話を生み出す声かけの対極が、社会から見えなくなっていく「浮遊」である。[7]

つぎの語りは、暴力が原因で子どもが保育園からそのまま一時保護されたあと、措置解除された母子についてのものである。一回行方不明になったあと、再度釜ヶ崎の遊び場（こどもの里）で偶然発見した場面である。

西野　やっぱり釜のもっている力ってすごいなっていうのと、あわせて釜でしか住めないのかどうか。やっぱり浮遊して、転々と移っていく問題というのはすごく感じたので。でもそれは子どもの世界にもあって、この関係性のなかでは駄目、つぎはこっちへ行き、この関係性のなかでは駄目、結局町のなかでどこにも居場所を失っていたので、彼女は孤立していたというよりか、僕のなかで浮遊に見えたんですね。［26］

すき間をつなげるネットワークをもっている西成は、実は、さらにその背後に、どんな困窮者でも生存できるという経済面・生活面でのセーフティネットをもっている（これは日雇い労働者支援のなかで生まれたハウジングをはじめとする仕組みだ）。語りのまえに確保しないといけないのは、衣食住と安全だ。それゆえこの場面では、浮遊して行方不明になってしまった親子が、再度西成に吸い寄せられて戻ってきている。私自身も、「ある日突然いなくなった」母親がまたふと現れたという話や、他県と大阪府内を転々としながら西成にたどりついた親子の話をこの地区で聞いたことがある。あるいは、転居をくり返すため、状況がわかりにくい母子家庭の存在を見聞きする。誰かから逃げているというケースもありうるだろうし、あるいは、虐待や暴力などがある限界を迎えたときに、家族がばらばらになり、転居をくり返す場合もあろう。

生きにくい人が吸い寄せられることは西成の力であり、かつ、親子がもつ生存へ向けての力でもある。しかし、なかには本当に行方不明になってしまう人がいることもたしかだ。

「例外状態」からの救出

すき間・はざまは、困窮している人が隠れている目に見えにくい場所であるだけではない。人権・法権利から排除されている人たちが追いやられる場所でもある。

SOSを出すことができない人の多くは、法権利において守られていない。路上生活する少年は、教育を受けていないだけでなく、生活保護も受けていない。かつての日雇い労働者の人たちも、社会保障で守られていなかった。また、路上生活の人たちも何らの保障も受けてこなかった。

そして、このような状況にある人が声を上げるのはきわめて難しかった。国籍も戸籍ももたないことは、何としても隠さないといけない秘密となる。法制度から排除された場所では、人は言葉を失う。滞在許可証が切れた外国籍の女性がシングルマザーになって子どもを生み、日本人の父親からの認知が得られない場合に、日本国籍が取得できないというようなケースがある。この場合、親も子どもも日本国国民の権利をもたなくなる。

このような法権利を失い、傷ついた生存をアガンベンは「剝き出しの生」と呼んだ。そこでは身体的苦痛、貧困や差別のなかでの逆境と、法権利からの排除という問題とが抜き差しならない仕方で結びついている［アガンベン 2003]。法権利から排除された「例外状態」は、貧困地区においては決して例外的な事象ではない。

居場所ということで問題になるのは、法権利から排除された人をかくまい、生存と安全を保障するということでもある。単に人が集まって滞在する場所ではなく、〈排除されたところからの救出〉という二重の運動によって成立する場所をつくることである。

ここまでの要点は、とてもシンプルなものである。安全を失って社会から見えなくなっている人を見つけ、出会った一人ひとりの人に声をかけ、その人の生存と語りの場所を保障することが要点となっている。すき間を見つけていく作業は、それを可能にする人的なネットワークと組織を前提とする。一人ひとりの人を出発点として、誰も取り残されることがない社会的包摂をめざすボトムアップの運動の一部である。

3 語りと居場所

SOSを出せる場所

居場所は語りを生み出す。その出発点は、SOSを出せることだ。

本書のどの章をとっても、西成に住む子どもや親たちがもつ〈力〉が描かれてきた。生き抜く力であり、変化する力であり、SOSを出す力、つながる力である。しかし、声を出すことができない弱い立場に置かれている人がいる場合、語ることができる場所を準備することが必要になる［松本（俊）2019］。

語りが生まれる居場所とは、建物で区切られた物理的な空間のことではない。ある種の対人関係によってつくられる動的な現象である。語りが生まれる場所は、いまだSOSとはなっていない症状や問題行動を、SO

Sとして受け取る対話そのものでもある。

〈困難にある人がさまざまな姿のサインを出す力〉と〈支援者がサインをSOSとして受け止める受容力〉があり、この二つの力のペアを、私は〈SOSのケイパビリティ〉と名づけた。潜在的なSOSはどこにでもありうるが、生活状況がきわめて困難である場合には、周りの人によってSOSの受け皿が準備されないと聴き取られない。

福祉における「地域」という語は、困難にある人が出すサインが、SOSへと翻訳され、受け止められる空間の拡がりのことでもあろう。居場所とは、地域に拡がったSOSのケイパビリティが、実際にSOSとして声を出せる力へと結晶化した場所である。潜在的なSOSを聴き取る空間としての地域があり、そのなかに、顕在的にSOSを出せる場所としての居場所があるのだ。

安心の確保

すき間の発見と声かけ（とそれを可能にする地域の人づき合い）、安全と法権利を回復する手続き、SOSのケイパビリティ、これらの条件がそろったときに、子どもは「安心」を確保し、語りはじめる。

オープン・ダイアローグ、当事者研究、アルコホーリクス・アノニマス（AA）、刑務所の治療共同体といった現在日本でみられる対話の場所と、西成における対話の場所に共通するのは、安心な場所で語りを発する可能性が保証されていることだろう。安心な場所は、心理臨床において当然いつでも強調されることである。ただ、安心と安全は異なる。安全なだけでは語りは生まれない（「子どもにとって一時保護所は安全ではあるけど安心な場所ではない」と荘保さんは語った）。自宅であれ病院であれ、語ることが可能な安心がなければ対話は生じない。

心理的な安心は、人間関係の紐帯によって生まれる。もちろん、心理学的には「アタッチメント」や「ホールディング」といった理論において考えられてきた乳児期の母子関係がベースにあるのであろうが、ここではその点は強調しない。

大事なのは、（母子関係におけるアタッチメントのような、あるいは個人精神療法のような）一対一の強いつながりだけでなく、体験を共有する複数の人がいる場所において生まれる安心である。声を出してもよい安心感がある場所、声を聴き届ける人がいる場所、といってもよいだろうか。苦労を共有するピアであるからこそ生まれる安心感や、共感にもとづく語りと傾聴の効果によって、語りは深まる［村上 2017］。弱さをもった人が集まるとき、弱さを支える強い力となる。こどもの里も、にしなり☆こども食堂も、わかくさ保育園も、そのような場所であるのはいうまでもない。そして、西成に限らずどの地域にも、そのような場所は身近に必要だろう。

居場所とは子どもの声を聴き取る場所、子どもが自分で声を出せる場所のことだ。居場所という言葉は、最近になって多用されるようになった。おそらく、かつてはとりたてて意識する必要がなかったものであり、多くの人が故郷を喪失したという条件のもとで要請されたものなのだろう。それゆえ、実際に全国から故郷を喪失した人たちが集まってつくられた町である西成では、ことさらに〈居場所〉機能が発達したのだろう。

居場所の連続性

地域の居場所が結晶化するときに、もうひとつ重要な要素がある。それは、居場所の連続性である。行政には異動があるため、信頼できる担当者であっても二年ごとにいなくなってしまう。とくに、社会的養護のもとにある子どもを考えるとき、いつでも会える大人がいつまでもいることは大事なことだろう。安心感やアイデンティティの安定は、自分が根を下ろす居場所の連続性と関係している。

つぎの語りでは、保育士の西野さんがかつてサポートした子どもが、二〇歳になって保育園に帰ってくる。壁を低くして地域に浸透した施設は、施設自体が地域の人の居場所となり、しかも、空間的にバリアフリーになるだけでなく、かつて子どもだった大人が帰ってくるというように、時間的にもバリアフリーになる。

西野 〔その少年の〕大量破壊はやっぱ、その〔小学校の〕卒業式の前日やったんですけど。で、その子の中学の卒業式は、僕が一緒に少年院で迎えたんですね。だから、鑑別所も、少年審判も、意見の聴取も、少年院への面会も、全部僕が行っていて。
〔…〕中学の卒業式を、少年院のなかで迎えたときっていうのは、すごく、なんともいえない気持ちで、ひとりずつ卒業証書を授与されるんですけど、ひとりずつ校長が替わっていくんですよ、順番に。〔…〕やっぱり、そんなん僕らの仕事じゃないですよね。仕事の範囲じゃないんですけど、そこにやっぱりつき合っていかないと、回復とか解決ってのはなくって。
その子がね、先週、保育園に来て。で、もう二〇歳になるんですけどね。「にしっぺ」とかって。で、「懐かしいな、おまえ」とか言いながら話してたら、「もう二〇歳になったら、もういろいろ問題起こしたら、ぼちぼちやばいで」とかいう話をしたら、「そうやな、つぎはもう少年院じゃないもんな」って、本人が言って。「せやで」って。「つぎ入るところはちゃうところやで」とか言うて、冗談で言ってたら、「せやな、にしっぺ、どこまでやったら迎えに来てくれる?」って聞くんですよ。
村上 ハッハッハッハ。
西野 「まあ、どこまででもおまえのことは行くけどな」って言って、「そんな行かすようなことはせんとってや」って言うて、「仕事がんばってるか?」ってったら、「がんばって現場行ってる」って話をしやるから、うれしいですよね。

〔…〕「そういう関わりをしたら、どんな素晴らしい子どもになっていくんですか?」みたいなよう聞かれるんですよ。なんか、「そういう子どもの包括支援とか子どもの居場所って、あったら、なんともいい子ができていくんでしょう」、みたいな。て言われるんですけど、そうじゃなくって、僕たちは、その人が、なんになろうが、つき合うんですよ。うん。そういう受け入れる場所なんですよっていうふうなところが、なかなかちょっと理解が難しいみたいで、居場所って、そうで。

でも、その子の問題は、表面的な問題じゃなくって、内面的な問題は、しっかりと捉えていくし、ずっと安心できる関係性とか、応答的な関係とかっていうところはずっと常にあるっていうのが、彼の人生、長い人生にとっては、「そういう場所があったかないか」っていうところがすごいおっきいわけで。

その子がなんか、ここに来たから、ヤクザになることもあるし、フフフッ。いろんな道はあるんですけど、それ〔＝居場所〕があるかないかってのは、多分、人生生きていくなかの豊かさとかっていうところに大きく影響があると思ってますって話はしてる。だから、確認し合うんですね、二〇歳になると。「どこまで迎えにきてくれる?」「ハッハ。どこまでも行くよ」って。〔29〕

保育士なのに少年鑑別所や少年院まで会いに行くという極端なアウトリーチは、保育園が大人になっても帰って来られる居場所となるという帰結を生む。地域のなかでのアウトリーチの拡がりが結晶化したものが、居場所なのである。そして、居場所が保育園から二〇歳まで、さらにそのあとまで持続的につながるという時

間的な連続性でもある。

居場所とは、物理的な空間のことではなく、自由な語りが可能になる場所であり、どこまでもつき合ってくれる人がいる場所のことである。支援の連続性は、空間にも時間にも限界をつけることなく、地域の人とつき合いつづけるということの連続性を含意する。居場所は単に、〈登録期間中に通える施設〉ではない。ある場所にいつでも帰って来られるときには、その人にとっていつまでも居場所でありつづけるであろう。

「どこまででも」つき合うというのは、継続性と徹底性の極限値である。単に空間と時間が限りないだけでなく、少年院であっても刑務所であっても迎えに行くという質的な継続性でもある。「その人が、なんになろうが、つき合う」というのは、変わりつつも変わることがないことの反復であり、時間だけでなく、空間的にもくり返されつづける存在の肯定である。このことは、たとえ犯罪に手を染めることがあったとしても、子どもの存在を無条件に全面的に肯定するということである。それは、「いい子」になるかどうかという社会的な価値判断はまったく度外視された肯定であり、この肯定が、反復と継続性を要請するのである。そして、子どもたちの人生がハッピーエンドを迎えるとは限らない、ということでもある。

一人ひとりの生成変化を支える居場所、ＳＯＳを受け止める場所は、変化しないことも肯定し、受け止める場所であるからこそ、成長や回復の支えとなるのであろう。困難な来歴を抱えた人たちがつどう場所では、そのような〈変化しないことへの耐性〉が必要なのだ。

居場所とは、町のなかでのすき間への声かけやＳＯＳを聴き取る感受性が、特定の場所へと結晶化したものだ。〈存在を肯定する〉というシンプルな原理が、このような地域と居場所の成立を要請する。

4　〈小さな場所〉からはじまる町

西成の子育て支援は、子ども中心に生成し変化していく動的な居場所と、すき間を取り残さないアウトリーチが組み合わさっている。[8] それぞれの場所で、ローカルな単位で個性的なかたちをもつ居場所が拡がる。それぞれの地区で異なる姿をもつ開かれた組織が生まれ、つながり合って、ゆるやかなネットワークをつくっていく。地域のなかで支援者が友人として横のつながりをもち、一人ひとりの子どもについて複数の支援者が情報共有するという横のつながりもある。そして、年齢をまたいだ子ども同士が支え合い、ママ友同士が支え合うピアのつながりという横のつながりもある（上から組織を統御する縦のヒエラルキーとは異なる組成をもつ）。さらには、生まれて大人になるまで、あるいは、三世代にわたって見守りつづける、という時間のつながりもある。

⓪　子どもたちがもつ生き抜く力、ＳＯＳを出す力、つながる力、変化する力がある。
①　すき間を見つけて声をかけ、問題行動をＳＯＳとして受け止める力がある。⓪と①を合わせて、ＳＯＳのケイパビリティと呼んだ。
②　異なるグループや町の人が協働することで、すき間を埋める面のアンテナが形成される。[9]
③　支援の拡がりが、（見守りの同心円であり、子どもの声に応じてアメーバ状に変化する）居場所として結晶化する。居場所において、子どもは主人公になって、自らの言葉をもつ。そして、はざまからの行為的直観が可能になる。
④　居場所が、空間的にだけでなく、時間的にも連続している。居場所はいつでも帰って来られる場所で

あり、世代を超えてつながる場所でもある。

これらのポイントが、今「地域」と呼ばれているものの再定義になるのではないか。このようなコミュニティは、それぞれの場所が抱える歴史・背景に応じて異なる姿をとるだろうし、住民の生活圏程度の大きさのものとなるだろう。もちろん、西成でもほかの支援グループがあるので、それらはまた異なるスタイルをもっているはずだ。日本全国一様の対話的なコミュニティができるわけではない。それぞれの場所に、ローカルで個別的なネットワークが求められるだろう。地域住民の交流が薄い地域が今の日本には多いだろうが、西成北部の場合も、昔からの地縁があるわけではない。むしろ、人工的につくられた町において、人工的に、しかし自発的に、人々のつながりをつくり出すモデルとしてみることができる（もちろん貧困対策、子どもと子育ての支援は、本来は国が手厚く行うべきものであり、日本では不十分なのだが）。

もちろん、貧困と差別という根本的な社会問題について、マクロの視点で制度的・政治的なメスを入れるべきである。しかし同時に、逆境へと追い込まれている一人ひとりの人に視点を置いて社会を組み立て直すミクロな構想も必要であり、本書が描こうとしたのは下からのミクロなモデル、逆境を反転する力をもった社会のモデルだ。切断され、孤立した人の声なき声に気づき、いずれはその人が語りはじめる場所が整えられるときに、このような社会ははじまる。

本書が描いたのは、西成北部の特異な子ども・子育て支援の星座である。しかし、この特異な星座は同時に、一人ひとりの子どもから出発して、誰一人として取り残されない社会をつくるという普遍的な理念を指し示す。それゆえに本書は、一地域の民俗誌であるとともに、小さなすき間からボトムアップでつくり上げる社会の理念を描く哲学なのだ。

おわりに――土地の名

とはいえこれらの名前が、その町について私の抱いていたイメージを永久に吸収したのは、そのイメージがふたたび私のうちにあらわれるときも名前固有の法則に従うよう変形を加えたからだ。〔…〕これらの名前は、地上のいくつかの場所について私の抱く想念を刺激することにより、その場所をはるかに特殊な、したがってはるかに現実的なものにした。そのとき私が想い描いた町や景色や歴史的建造物のことを、多少なりとも心地よい同じ材質の画面のあちこちから切り取られた断片ではなく、そのひとつひとつが未知の、本質的にほかとは異なる存在であり、私の心が渇望するもの、知ると有益なものと考えたのである。

（プルースト「土地の名――名」『失われた時を求めて2――スワン家のほうへⅡ』吉川一義訳、岩波文庫、二〇一一年、四三四－四三五頁）

地名は、人の営みのなかでのみ、生まれたり、消えたり、よみがえったりもする。そして人びとがその名を呼ぶたびに、土地の物語は紡《つむ》がれていく。

（原口剛ほか『釜ヶ崎のススメ』洛北出版、二〇一一年、三六頁）

人の名と土地の名

「西成」という言葉を聞くと、大阪に住む人はあるイメージを思い浮かべるという。授業で学生に尋ねると、「危ないから行っちゃだめ」と言われて育った人が多いことに驚く。ところが、実際に「西成」を訪れて親しむと、まったく異なるイメージをもつことになる。そして本書は、「西成」という土地の名が喚起するイメージを新たなものに更新しようとしてきた。

通常、フィールドワーク研究では個人名や地名を隠す。しかし、この西成での調査ではせめて支援職だけでも匿名化してはいけないと感じつづけていた。この土地に生きている人たち、この土地で実践している人たち、この土地の多様な場所、これらの名前を記して記憶しておくことは、ここで生きている人たちを尊重することの一部である。そのためもあり、原稿は各章の語り手のみなさんに確認していただいている。

第1章の冒頭で、私がはじめてこどもの里を訪れた場面に触れた。こどもの里の玄関に貼ってある亡くなった子どもたちと、小掠昭先生をはじめとする西成にゆかりのある人たちの写真を子どもたちが毎日見ることには意味がある。

そして、荘保さんが子どもたちやスタッフから「デメ」「デメキン」と呼ばれているのをはじめ、「にしっぺ」(西野さん)、ほかにも「ガニさん」(植月智子さん)、「たまちゃん」(高岩薫さん)というように、この地区ではたくさんのあだ名が生きていること(それゆえスッチさんが本名だと知ったのはだいぶたってからだった)、ほかの人もファーストネームで呼ばれ、あるいは、本名を隠して仮の名で生きている人たちがいることにも意味がある。本書に登場している人たちの名前は、私がふだん呼んでいる呼称に従った。

固有名を尊重することの重要性を、この土地では痛感する。大きく変貌しはじめたこの町の記憶をとどめておくという意味でも、この記銘は意味をもつだろう。ボトムアップでニーズを汲み取れる自発性をもてるかどうか、そして、支援者が友人を見つけて連携できるかどうかだろう。このような町のつくりが、一人ひとりの名前と「土地の名」、つまり、固有名を大事にすることを要請するのだ。

ところで、本書は冒頭でスッチさんによる在日コリアンとしての生活の語りからはじまり、本編では移民の家族や外国にルーツをもつ無国籍の人などが登場していた。名指さなかったが、沖縄から移住して困難な環境にいる家族も事例のなかにはあった。私が最近見学している学校にも、数ヶ国にわたる外国籍の子どもが多数在籍している。日本におけるポストコロニアルな場としての西成というテーマは、実現しなかった本書のストーリーである。被差別部落や全国から故郷を捨てて集まってきた労働者たちがつくるハイブリッドな町という点でも、このポストコロニアルな混淆が語られうる。

西成になじむ

本書は、大阪市西成区で型破りな活動をする人たちに教わったことをまとめた本である。もう一〇年以上大阪に住んでいる私が不器用に大阪弁をまねるのは、西成で子どもと会話するときだけだ。多いときには週に二、三回西成に顔を出してきた。二〇一四年にはじめて訪れてから、とくに二〇一七年に調査範囲を拡げてから多くの人と出会い、語り合ってきた。本書に登場しない支援者や教員のみなさんにもインタビューしたのだが、西成で活動する民間の子育て支援に絞ったため載せられなかった。

本書に登場した方たちへの感謝はもちろんだが、すべての出会いが、この地域の子育て支援の全体像を知るために欠かせない学びだったことを、この場でお礼とともに書き留めておきたい。訪れていない施設もあるし、書かれていないこともたくさんある。本書はまだまだ開かれた地平をもち、完結もしていない。そもそも私が知らないことが、まだまだたくさんある。本の主張としての筋立てはつけたものの、地域自体は多様で錯綜し

荘保さん（左手前）に会いに，はじめてこどもの里を訪れた夜の９時ごろ，仕事を終えた西野さん（中央）がわかくさ保育園から出てきたところ。この直後に自転車に乗った高校生くらいのやんちゃそうな少年が「にしっぺ！」と声をかけ通り過ぎた。西野さんいわく，かつて心配しながら関わった子どもだとのことだった（2018 年）

ており、そしてこれからも変化しつづけるだろう。本書をほぼ書き終えたとき、私はこの地域にある小学校の授業を見学しはじめるとともに、同じ地区に住む母親のインタビューを取りはじめている。当事者の語りや他施設の支援者の語りについても、今後まとめていきたい。

本書は何よりも、ＭＹ ＴＲＥＥ実践者であり、長年西成で活動をつづけてきた伊藤悠子さんがきっかけとなって生まれた（私の周囲の人たちも私も「ゆうこさん」と呼ぶ）。虐待に追い込まれてしまった母親のための回復プログラムＭＹ ＴＲＥＥの参与観察へと、ゆうこさんが私と佐藤桃子さん（島根大学）をお誘いくださったことが、西成区を訪れる最初の機会だった（拙著『母親の孤独から回復する』）。

ゆうこさん自身は看護師だが、この地域の支援者で彼女のことを知らない人はいないだろう。わかくさ保育園の保育士たちのアドバイザーでもある。助産師であるひろえさんは、かつて旧芦原病院の産婦人科でゆうこさんと同僚で、母親支援のグループをゆうこさんとともに立ち上げ、ファシリテーターを長年務めた。ひろえさんのインタビューは、このときの調査のなかで行ったものである。

にしなり☆こども食堂の川辺さんも、かつてこのゆうこさんたちのグループのファシリテーターをしていたことがある。二〇一四年当時の川辺さんは、会場の準備を手伝うなど裏方のボランティアをされていた。そのころはじめて川辺さんと大阪市の施設の窓口で出会ったときには、ちょうど外国籍の人たちのための識字教室を彼女が開いているときで、アフリカ系の小さな男の子を抱っこしながらにこやかに奥から出てきたことを覚えている。

ゆうこさんの紹介で知り合った元大阪市こども相談センター（児童相談所）の久保樹里さん（花園大学）は、大阪の子育て支援の現場について細かく教えてくださり、さまざまな施設の見学に連れて行ってくださった。ゆうこさんに紹介いただいたのではないが、流れで、大変お世話になった勤務先の同僚の野坂祐子さんのお名前もここで挙げておきたい。トラウマ・インフォームド・ケアについて教えていただくとともに、たくさんの支援者のみなさんとつないでいただいた。そして、久保さんのご紹介で知り合ったデザイナーの小山田育さん（HI（NY））が、素敵な装幀をつくってくださった。

MY TREEの調査を共同で行っていた佐藤桃子さんが、講演者として招かれたことがきっかけで参加しはじめた「社会問題研究会」も、私にとって大事な場所である。わかくさ保育園で毎月行われている、今どきにしては物騒な名前の研究会での交流が、私にとっては人権とは何か、そして、そもそもなぜ人権が重要なのかという、最も基本的なことを学ぶ場所になった。人としてあたりまえの倫理であるが、しかし、私にとってはあらためて学ばなければわからないことだった。

社会問題研究会は育徳園の保育士吉田正義さんと西野さんによって立ち上げられた研究会であり、毎回さまざまなゲストが招かれる。その多くは地域の支援者、あるいは、当事者として困難を生き抜いてきた人たちである。西野さんと荘保さんと知り合えたのは、この場所だった。被差別部落、外国にルーツがある人たち、在日朝鮮韓国人、ＨＩＶの感染者支援の医師、ＬＧＢＴの当事者、日雇い労働者支援、ハンセン病療養所の医師、そのほかさまざまな人たちと出会い、会のあと「あなぐま亭」という新世界の西隣にあるお店で、「おいしいは正義」と語る店主の泉谷さんの独創的な料理とともに語り合ったことが、本書を書く上での大きな糧となっている。

二〇一九年になると、春先から今宮中学校区の要保護児童対策地域協議会の毎月の実務者会議に出席することになった。ここで、地域の実践者の連携、とくに民間の支援団体と学校、区の行政（区の子育て支援課、生活保護のソーシャルワーカー、子ども家庭センター）、大阪市の児童相談所の具体的なやりとりとケースについて、多くを学ぶことができた。

西成区には、六つの中学校区のなかにそれぞれ要対協がある。そして、北部では毎月全ケース（家庭）について関わる全支援者が発言して、情報を共有する。一四時から一八時まで（そして、そのあとつづいて二〇時ごろまで、かつて要対協に挙がっていた家庭について相談するあいりん子ども連絡会）という長時間にわたって、丁寧に一人ひとりの子どもと親へのサポートを考える姿勢から、多くのことを学んだ。

そして、二〇一九年九月からは大阪市西成特区構想エリアマネジメント協議会子ども子育て専門部会の有識者委員として、地域のみなさんの声を行政につないでいく仕事に就くことになり、さらに細かく民間と行政の連携の様子を知ることができた。西成区役所のみなさんに大変お世話になるとともに、長年西成で活動しているほかの有識者の先輩のみなさんからたくさんのことを教えていただいた。

現象学的媒介者――最後に一言だけ方法論について

西成での調査と活動は、私自身がそれまで意識していなかった自分の背景を照らし出すことになった。詳細は省くが、西成で困難を抱えながら生きている人たちから逆に照らし出されるかたちで、自分自身を知るようになった。その結果、研究者としてのスタンスに変化が生じた。

まず、私は学生時代にレヴィナスを研究していたころから看護師の聞き取りを経て今にいたるまで、状況への応答という問題も扱っていたということに、この二、三年で気づいた。問題意識が一貫していることにも、おそらく生活史に由来する意味がある。

もうひとつ気づいたことがある。本書は、広い意味で現象学的な質的研究に依る。現象学は、もともと一人称の視点をとる。現象学的還元を行うなかで自らの経験のリアルな側面はかっこに入れ、無関心な傍観者として意識に去来する現象を記述するというのがフッサールのアイディアだった。これに対し、質的研究の方法論として現象学を用いる場合には、(自分自身についての内省ではないので) 研究協力者(本書でいうと西成のみなさん) の経験の動きのなかにカメラとして入り込んで、かれらがどのように世界のなかで動いているのかを、内側からその背景の構造を含めて描き出すことをめざす。

つまり、現象学遂行的傍観者[フッサール・フィンク 1995]ではあるが、同時に、当事者に巻き込まれた視点をとるのだ(これはメルロ=ポンティが『知覚の現象学』[メルロ=ポンティ 1974]序文で提示した方法に近い)。傍観者であるはずが、巻き込まれた視点をとること、あるいは逆に、当事者にはなりきることができない距離感、これが私の立ち位置だ。フッサールやフィンクが考えた「現象学的傍観者」ではなく、現象に巻き込まれたうえで、現象を現場の視点から言語化する〈現象学的媒介者〉になること、これがこの本がたどりついた方法論である。

もとは一人称の記述だったとしても、今の現象学的質的研究は、個人の意識を描くだけではない。さまざまな人々の交流からなる場の運動を、場に属しつつ移動する視点から描く。「子どもの声に応じてアメーバ状に変化する居場所」「すき間を見つける点のカメラと面のアンテナ」「見守りの同心円」「はざまからの行為的直観」「SOSのケイパビリティ」といった本書で提示したイメージは、私の歩行を通して浮かび上がってきた地域の人々の生（生存・生活）のイメージであり、組み合わさると西成の子育て支援の地図を描ける。この星座は、「誰も取り残さない」「子どもたちの声を聴く」というこの地域全体が共有する理念を具体化する。

このようなイメージがみえてくる視点を獲得するためには、よそ者であっても場に巻き込まれて歩行しなくてはいけない（異邦人ベンヤミンがボードレールをなぞってパリの街を目的もなく歩いたように）。媒介者としての現象学者は自分が巻き込まれた場の空気とともに場の生成を言語化し、その構造を描く（ベンヤミンが「星座」と呼んだのはこのような構造のことだ）。〈目には見えない空気から構造を描く〉、そのような無理難題に少しでも近づくことができていたとしたら本書の試みは多少なりとも成功したことになる。

最後にもう一度、研究にご協力いただいたみなさん、そして、私が大阪で出会ったたくさんの方にお礼を申し上げたい。本書は文部科学省科学研究費補助金の支援を受けた研究にもとづいている。

二〇二一年一月　大阪にて

村上靖彦

初出一覧

＊いずれも大幅に修正している。ほかの章は書き下ろし

第1章

「子どもの表現が作る子ども支援――こどもの里と荘保共子さん」『日本芸術療法学会誌』第51巻2号，日本芸術療法学会，2021年3月，pp.18-23

第3章

「場と変化を支える――にしなり☆こども食堂における母親支援を例にして」『精神療法』第44巻3号，金剛出版，2018年6月，pp. 329-334

「潜在的なSOSへの感受性――貧困地区の児童福祉から」『そだちの科学』第33号，日本評論社，2019年10月，pp. 33-57

第5章

「甘えのケイパビリティ――大阪市西成区における母子訪問事業から」『世界の児童と母性』第86号，資生堂社会福祉事業財団，2019年10月，pp. 54-59

終　章

「こどもたちのユートピア――社会を下から作り直す」実存思想協会編『実存思想論集』第35号（実存とケア），知泉書館，2020年6月，pp. 33-52

化されると同時に，救出される。〔…〕一度限りの極端なものが同様の極端なものらとともに作り出す関連性の形であると，理念はいいかえられてよい」〔同，120〕。このとき，〈SOS のケイパビリティ〉や〈はざまからの行為的直観〉といったイメージの星座が全体として指し示す理念が「根源」としてたち現れるのだ〔同，139〕。

3　西成北部の三中学校区では（多職種が一堂に会して困難家庭の支援策を一件ずつ話し合うことが理念である）要保護児童対策地域協議会が理念通りに実質的な意味をもって活動している。おそらく，一人ひとりの子どもの顔を知っている現場の人が集まっている要対協は全国でもほとんどない。会議に出席する支援者が子どもと親の顔をみな知っていることによって，きめ細かで取り残されることが限りなく少ない支援が可能になる。

4　私が直接子どもに取材していないという批判はありうるが，それはこのテーマについては原理的に難しい。かれらが置かれている逆境について聞くわけにはいかないし，居場所にいる子ども自身は元気に遊んでいるだけなのだから。

5　親子の対話を試みる前提として，親の回復を支援する必要がある。虐待へと追い込まれた母親のためのグループプログラムである MY TREE は家族間での対話のための下地づくりである（西成でもグループがある）。ピアグループでの対話は，母親と子どもが語り合うことができるようになるための準備となる。

6　施設内でトラウマへの感度を上げて共有するトラウマ・インフォームド・ケアの取り組みを，地域全体に拡大することだとも説明できる〔野坂 2019〕。

7　現代思想では「逃走」「ノマド」はポジティブに語られることが多かったが，現実には居住可能な世界から外れてノーマンズランドに陥ることであるように思われる。

8　こどもの里，にしなり☆こども食堂，わかくさ保育園のほかにも，山王こどもセンター，今池こどもの家などさまざまなグループがある。

9　この協働を可視化する作業は，西成北部では要対協でなされている。全国の自治体に設置されている要保護児童対策地域協議会の実務者会議は，現場の実践者が参加していないことが多い。しかし，現場中心で運営できさえすれば，このような対話的なコミュニティを公的に保証する枠組みとなるポテンシャルをもつ。

その人がSOSを出す力はトラウマには還元できない。

これらの要素はすでにTICのなかにあるかもしれないが，それゆえにこそ「トラウマ」という単語を使わなくてもよいのではないだろうか。

5　ニーチェとひろえさんのあいだに違いがあるとすれば，ニーチェは同じ生を何度もくり返し生き直す自分自身の生を肯定したのだが，ひろえさんは同じような逆境のなかで生き延びる人という他者の生がくり返されることを反復する。あるいは，地域全体が自律的に回帰する（もちろん貧困の再生産と裏腹ではあるが）。

6　しかし，祖母によるサポートも，過剰になったときには虐待になる。

ひろえ　〔芦原病院で〕はじめてお産取った子も17歳だった。「ああ，いろんなお産があるな」って，〔…〕そのファミリーがすごいまた変わってたんですよ，初め。

17歳，このお母さん，若くて頑張るんだって思ってたら，もう生まれた途端に，そのあかちゃんにとってはおばあちゃんとか，もうその上のおばあちゃんとかが，「あ，ややこな，私らが見るで」っていう感じで，ちゃんと連れ去るんじゃないけど。ほんで，へ？と思って。え？このお母さんが生んだのに，今おっぱいをあげたいなと思って，その，ケアしたいなと思ったら，「いやいや，うちらがするから」って言ってたりとか。で，あ，家族っていうのも，すごいまた違うな。さま，さまざま。

そんでそこの，あかちゃんにとっては母方祖母のおばあちゃんはまだ若いし，まあ，30代はいってたけど，まあ，50ぐらいの人でも，「あ，うちはな，えっと，代々孫は，あの，自分らが，孫を育てる家や」とか言って，家系，女系の家系やとか言って，あの，ほんまにそう言ったりするんですよね。それでまた，ああ，おうちのなかでどうしてるんかなと思いますやんか，家で。おっぱいもよう出たのにどうなってんのかなとか思って。〔14〕

祖母が（自己自身の幼少期の愛着の欠損と，娘を育てた際のネグレクトを挽回し直そうとして），孫を過保護に育てる場面に私も出会ったことがある。

7　ひろえさんは，看護学生時代にハンセン病の療養所でボランティアをはじめたのを皮切りに，性感染症としてのHIV患者のサポートグループや10代の妊婦のためのピアグループを伊藤悠子さんとともに立ち上げるなど，弱い立場に置かれた人を念頭に置いた活動をつづけてきた人である。

8　**ひろえ**　要対協のなかに，特定妊婦も入りますやん。特定妊婦っていったら10代も全部入るんですよ。

村上　ほお，ほお。

ひろえ　〔…〕だから地域のなかで，なんらかの見守り体制が，西成なんかやったら早くからありますよね。だから放っとかないというか，学校の先生でもよく声かけてくれたりとか，高校でも，すごく，妊婦を拒否しない高校も増えてきてるし。〔36〕

終　章

1　それぞれの「イメージ」は，それぞれの個別の実践が背景にもつ「内奥の構造」を示す〔ベンヤミン 1994, 139〕。

2　ベンヤミンはいくつかのテキストのなかで事象の配置から理念が生まれると語っている。「理念は，諸現象の客観的な潜在的配置であり，諸現象の客観的な解釈なのだ。〔…〕理念の事物にたいする関係は，星座の星にたいする関係にひとしい。このことはまず，理念は事物の概念でもなければ，事物の法則でもないことを物語る」〔ベンヤミン 1994, 119〕。つまり，事象から共通項を抜き出して平板化した概念ではなく，個別性を強調した配置が理念を生み出す。「理念は永遠の星座であって，天としての諸要素がその星座のなかに組み込まれることにより，現象は個別

6　この部分，はじめ「スタッフは味方」と書いた私のテキストを，スッチさんは「敵じゃない」に訂正した。ここに微妙なニュアンスがある。「少なくとも敵じゃない」は，川崎市にあるNPO法人「フリースペースたまりば」理事長の西野博之さんの言葉だそうだ。もしかすると，かつてヤングケアラーの当事者だったときの思いがかかわるのかもしれない。子どもが置かれつづけている困難を暗示している。この部分の語りでは，何回か留保を示す言葉づかいが登場する。

7　語りのなかの「自分自身もやっぱりそうやけど」は，スッチさん自身を指すかもしれない。この部分の語りでは，こどもの里にいる子どもたちとかつてヤングケアラーだった自分とがオーバーラップする様子が何度かみられる。

8　西田もまた「行為的直観とはポイエーシス的自己の過程である」と語った〔西田 1989, 259〕。注3の引用でも，「社会的制作」すなわちポイエーシスという言葉がみえる。

第5章

1　児童福祉法において特定妊婦は，「出産後の養育について出産前において支援を行うことが特に必要と認められる妊婦」と定義づけられている。

2　2009年児童福祉法改正ではじまった「こんにちは赤ちゃん事業」（乳児家庭全戸訪問事業）が念頭にあると思われる。

3　「甘え」については，土居健郎が論じた非常に広い意味を採用したい〔土居 2007〕。つまり，愛着に関わるが，生活のなかでわがままを許容するような場面を含めて，甘えとして論じたい。イギリスの小児科医で精神分析家のウィニコットは，子どもが養育者から「関わってもらうキャパシティ」について論じている（"The Development of the Capacity for Concern"〔Winnicott 1965, 73-82〕）。ウィニコットは，「関わってもらうキャパシティ」（SOSを出す力と対応する）が攻撃性の自覚と関わるという奇妙な主張をしている〔ibid. 80-81〕。しかし，ひろえさんの事例は，まさに少女の攻撃性がSOSでもあるという仕方で発現する。

ケイパビリティの概念には2つの由来がある。ひとつは，経済学者のアマルティア・センが貧困問題を考えるために構想し，政治哲学者マーサ・ヌスバウムが障害者などのマイノリティの人権を守る社会構造を考えるために定式化したケイパビリティ概念である。「私のケイパビリティ・アプローチにある基本的で直観的な観念は，人間の尊厳の高層と，その尊厳に見合った人生，つまりマルクスが一八四四年に『経済哲学草稿』において詳述した意味での「真に人間的な機能」がある人生の構想とから，私たちは出発すべきであるというものである」〔ヌスバウム 2012, 88-89〕。

もうひとつは，精神科医で作家の帚木蓬生が，精神分析家ウィルフレッド・ビオンから取り出した，答えのない状況に直面し耐える力としてのネガティブ・ケイパビリティである〔帚木 2017〕。本書ではヌスバウムを重視している。

4　大きな問題になるまえにトラウマのリスクをキャッチする感受性は，トラウマ・インフォームド・ケア（以下，TIC）において強調されるようになった重要な要素である〔野坂 2019〕。SOSのケイパビリティは，TICの思想に多くを負う。TICにおいては公衆衛生の視点から，その場にいるすべての人の安全を確保し，そして問題行動などをトラウマに由来する反応ではないかという「トラウマのめがね」で支援者はキャッチする。TICは周囲（のとくに支援者）によるトラウマ反応への気づきに焦点を当てている。

SOSのケイパビリティはつぎの2点で，TICを一般化あるいは拡張している。1つ目は，困難にはトラウマに由来するとは限らないさまざまな困難があり，SOSとして読み取ることができるさまざまなサインがあるということだ。そして2つ目は，SOSを何らかのサインで発出するということは，SOSを出す力があるということだ。たとえトラウマを受けていたとしても，に問題を考えながら，問題の構造や本質などを明らかにしていくこと，そういう実態を踏まえてそれぞれの人に対してどういう支援が必要なのかというのは明らかにされていくということだと感じています」。

9　この部分は，大阪大学人間科学研究科の授業での議論で手にした読解である。とくに鈴木聡美さん，喜多彩さん，田中雅美さん，狩野葵さんに由来する。

第3章

1　日本初の子ども食堂は東京都豊島区の豊島子どもWAKUWAKUネットワークが2012年に開設したものといわれることがある（にしなり☆こども食堂も同じ年の開設だ）。しかし，広島の中本忠子氏が1980年ごろから自宅で子どもたちに食事を提供しつづけており，本章の語り手川辺康子さんも中本の影響を強く受けている。

2　心理的な見守りだけでなく食べ物や安全といった物理的な環境が確保されることからも，乳児期に必要なホールディングを実在化し，複数の人が共有するかたちにしたものだということができるだろう［Winnicott 1971］。ホールディング（抱っこすること）とは，養育者が乳児の身体的ケアを対人関係のなかで満たすことによって生まれる支えである。これが生存と自己の存在の基盤になるとウィニコットは考えたのだった［Winnicott 1965, 43-46］。

3　A君について公開の場で語ることについては，川辺さん自身が本人と保護者から承諾を得ている。

第4章

1　大阪市の「つどいの広場」事業。当時スッチさんが勤務していたつどいの広場は，石井記念愛染園が委託を受けていた。

2　荘保さんの場合は「わからなかった」から「教えてもらった」という動きだが，スッチさんの場合は「見えなかった」ところに入っていって「一緒にする」＝見えるようになる，である。この違いははじめから支援者だった荘保さんと，母親たちと同じ経験をしたスッチさんのピアとしての立ち位置に由来するのだろう。

3　「行為的直観」という論文で西田は次のように書いている。「絶対矛盾の自己同一として，我々の歴史的生命は身体的形成的ということから社会的制作的となる。歴史的実在の世界は作られたものから作るものへと制作的に動いて行く，個性的に自己自身を構成して行くと考えられる」［西田 1988, 310］。西田はある時期まで「見ること」としての直観を強調していたが，中期以降直観と行為が連動することを主張するようになる。スッチさんが社会のなかで変化を生み出し，それが知となる様子は，まさに西田が描いた行為的直観の例ともいえる。

4　後日スッチさんからいただいたメッセージ。

5　スッチさんが語ったもうひとつの困難は，乳児から18歳まで多様な世代が集まるということ，そして，ある子どもにとっては遊び場であるが，ほかの子どもにとってはファミリーホームとして住む場所であるという機能の多様性に由来する。このこどもの里の多様性は大きな長所なのだが，それぞれの子どもが異なるニーズをもっているために，限られたスタッフですべてを満たすことはできないし，そもそも夜寝る時間が異なるといったシンプルな理由で利害が対立することもある。

16　あいりん学園のスクールソーシャルワーカーであった小柳伸顕の著書にはこのような手続きの場面がいくつか登場する。つぎの場面は，生徒の戸籍をつくるために奔走してうまくいかなかった最後の手段で役場を訪れるところだ。「ある日，父親と一緒にその〔生徒の母である亡くなった妻の〕兄の住む区役所の住民登録の係を訪ねた。簡単に事情を話して，福ちゃんの出生届のために，その母親の戸籍謄本がほしいとお願いした。つまり，その〔母親の〕お兄さんの住民登録から本籍を調べ，さらにその本籍の中から福ちゃんの母親の死亡で抹消された戸籍をさがし出すのである」〔小柳 1978, 156〕。

17　それゆえ西成では子どもの権利条約の話題を聞くことが多い。大阪市の条例にしようという「わが町にしなり子育てネット」の運動がある。

荘保　この国連の子どもの権利条約のことで，いいですね，これだけ覚えててくださいね，みなさん。4つの，50条あるんですよ，〔…〕4つの大きな柱です。生きる権利，守られる権利，育つ権利，〔…〕参加する権利です，参加する権利。この参加する権利は何かというと意見表明権なんですね，この意見表明権が一番日本では守られてないんです。〔講義 26〕

第2章

1　西野さんによると「セツルメントでいう架橋性」だそうである。

2　西野さんからのコメント。「セツルメントは，人と人の間，色んな地域と人，資源と人，そういう間の橋を架けていくということを大切にしています。またエンパワメントを行っていく源流にセツルメントがあると思います。二つ目に，人格的な関係，そこは今，国の流れにおいてもあまり語られていないところがあって，私たちの取り組みとして，人格的な関係をどう創り出していくのかということが基本にあります」。

3　西野さんによると「児童館」と「学童保育」の関係は以下のとおりである。「正式名称が「愛染橋児童館」という学童保育です。平成元年からは，大阪市の子どもの家事業として「愛染橋児童館子どもの家」として運営。大阪市の子どもの家事業がなくなってからは学童保育として運営しています」。

4　「あいりんの子どもたち――子どもセンター建設に向けて」によると，開設当初は1日平均16人の子どもを保育したようだ。障害のある子どもを保育する苦労などが書かれている〔あいりん子ども研究会 1974〕。

5　西野さんからのコメント。「隣人の関係をつくっていくことが重要と考えています。コミュニティとは，広いコミュニティよりも，むしろ重視するのはネイバーフッドとの関係，それを積み重ねたコミュニティだと考えています。そういう地域社会を一緒に生活の現実を踏まえてつくりだしていくことが大切だと思います」。

6　「（児童の）最善の利益」という文言は子どもの権利条約に9回登場する（UNICEF HP，2020年4月12日閲覧，https://www.unicef.or.jp/about_unicef/about_rig_all.html）。

7　レヴィナスはこのような，〈私から他者へと向かう倫理的な身振りのなかには，すでに（まだ発せられていないはずの）他者からの呼び声 appel/assignation が響いている〉という時間秩序のかき乱しを「隔時性（diachronie）」「アナクロニズム」といった言葉で呼んだ〔レヴィナス 1999〕。ここで驚くべきことは，レヴィナスが（経験的なものではない）超越論的な構造として描いたはずの対人関係の倫理的な構造が，現実のものとして生じていることである。

8　西野さんからのコメント。「自分が地域のなかに入って，地域住民の一員として，地域で一緒

そんなことするの。でも，私たち住民です，お互いに。みんなで子どもを守るってことですね。〔講義 22〕

9　**村上**　今，気がついたんですけど。荘保さん，ずっと地域で子育てするって，それをモットーにしてらっしゃるじゃないですか。でもそれ僕，荘保さんたちがつくったものなのかなって思ってたんですけど，もともと西成ってそうだったんですね。
荘保　そうですよ。そこから教わったんです，私。だから子どもたちから教わったんです。全部。だから，このあり方も，私が言ってるように，子どもたちがつくったんですよ。私そんなん何も知らん。何も知らんです。子どもたちがこうだって言うからね。〔インタビュー 7c〕

10　アガンベンはカール・シュミットにならってこれを例外状態と呼んだ〔アガンベン 2003〕。アガンベンによれば近代国家は構造上例外状態を前提としている。

11　一時保護で子どもが安心できない，人間関係のうえで十分なケアを受けていないという点を，荘保さんは何度も強調した。保護経験のある子どもの証言をまとめたいという意向をもち，地域にひとつ一時保護所をつくるべきだ，という主張を最近はしている。慎泰俊は複数の一時保護所の取材の結果，つぎのように書いている。「やってきたとたんに服を含めた私物をすべて取り上げられ，保護所内に置いてある服を選び，それを着ることから生活が始まると言ったことが少なくありません。中には下着まで保護所のものを選ばないといけないところもあるそうで，ある子どもは「パンツに番号が振られていて，どこの中学生が番号のついたパンツなんか穿くんだと思った」と話していました」〔慎 2017, 78〕。「食事中の私語も禁止されていることが多く〔引用者注：これは刑務所と同じである〕，子どもたちは黙々と食事をします。それは私語のやり取りが子ども同士のトラブルに発展することを避けるのが目的であるという説明をされました」〔同，79〕。

12　「第７条１　児童は，出生の後直ちに登録される。児童は，出生の時から氏名を有する権利及び国籍を取得する権利を有するものとし，また，できる限りその父母を知りかつその父母によって養育される権利を有する」（UNICEF HP，2020 年４月 11 日閲覧，https://www.unicef.or.jp/about_unicef/about_rig_all.html）。

13　ウィニコットは乳児期においては母親が子どものニードに可能な限り応じるため，子どもの欲望＝幻覚をすべて満たすと考えた。成長にともなって母親はだんだんと離れていく。このとき子どもは自分にはどうにもならない（欲望通りにはならない）現実世界を発見するのだが，この移行期に，子どもはごっこ遊びを通して，想像の世界を現実世界で展開する（想像と現実のあいだ），しかも，ほかの人とのあいだで展開する。これが創造性の起源であるとウィニコットは考えた。このように，子どもの成長に応じて環境が変化し，子どもの自発的な成長を促すことが重要になる〔Winnicott 1965〕〔Winnicott 1971〕。

14　「大きく分けると〔釜ヶ崎の子どもたちの無戸籍の理由は〕次のようになる。
（一）正式に結婚しているが，子どもが生まれたとき，経済的理由から出生届を出していないもの。（二）結婚〔＝事実婚〕（同棲）しているが，一方（特に母親）が正式に離婚していないので，子どもが生れても出生届を出さなかった。（三）正式に結婚しないうちに子どもが生れたが，のちに母親が行方不明になり，手続きをしようと思うが，全然できていない。」〔小柳 1978, 121-122〕

15　**荘保**　障害をもってる子も来ます。障害をもってる子はね，他地域から来ます。釜ヶ崎以外からよく来るんですね，どこも受けてくれない子どもたちを。で，私たちは，この障害を障害と思ってないんですね，個性というふうにしゃべってるので，この子が学校で安心して遊べるようにするにはどうしたらいいかってことを考えます。みんな一緒です，ある子も，障害がある子もない子も。〔講義 21b〕

第 39 条　締約国は，あらゆる形態の**放置，搾取若しくは虐待，拷問若しくは他のあらゆる形態の残虐な，非人道的な若しくは品位を傷つける取扱い若しくは刑罰又は武力紛争による被害者である児童の身体的及び心理的な回復及び社会復帰を促進する**ためのすべての適当な措置をとる。このような回復及び復帰は，児童の健康，自尊心及び尊厳を育成する環境において行われる。（「児童の権利に関する条約」，外務省 HP，2020 年 4 月 23 日閲覧，https://www.mofa.go.jp/mofaj/gaiko/jido/zenbun.html）

16　UNICEF HP の「子どもの権利条約」（2020 年 4 月 23 日閲覧，https://www.unicef.or.jp/about_unicef/about_rig.html）より。

第 1 章

1　2012 年に大阪市の「子どもの家事業」が廃止されたことにともなって，認定 NPO 法人となった。こどもの里は学童保育，ファミリーホームでもあり，近所に男子用の自立援助ホーム，そして荘保さんの自主事業として女性用のステップハウスを運営する。

2　「本学校に入学している子どもたちは社会的，経済的その他の事情のため住民登録の無い者（67 %），戸籍の無い者（22 %）が大部分であり，長期欠席を続けて不就学の状態にあった者等（10 %）を一部含んでいる」〔大阪市立新今宮小学校・中学校 1984, 45〕。

3　このころ荘保さんは，密猟で孤児になったチーターの「チミー」を育てていた。国連食糧農業機関（FAO）の獣医だった父親の赴任先のスーダン政府から許可をもらって連れて帰ってきたという。わかくさ保育園にもチミーを連れて行っていたそうだ。今でもこどもの里には代々，猫の「あん」がいる。

4　**荘保**　そんなふうにしたなかで，私は子どもたちの生きざまから子どもたちのもつ力を知りました。問題解決力，もうね，たくさんね，お話ししたいことあるんですけど，〔…〕自己治癒力っていうの何かっていうと，自分を癒やす力ですね，子どもたちの，こう，釜の子どもたちのすごいところ，すっごい一生懸命遊ぶんです。もうこれはね，自分を癒やしている力ですね。〔講義 11b〕

5　**荘保**　お父さんが家にいたら，今日は〔日雇いの〕仕事にあぶれたっていうことなんですよね。だから仕事がなかった，仕事がないってことはお金がない，お金がないっていうことは，夕方になったとき子どもたちは，「おなかすいた」とは言わない。「今日，僕，おなかが痛い」って言うんです。そうやって親たちのことを思ってる，その子どもたちです。〔講義 10a〕
荘保　大きい子がいるから，大きい子はいつも遊んでくれます。子育てやってます。小学校 6 年生の女の子もね，こうやって寝かしてくれるし，おしめも替えてくれる。だけどね，まだまだ甘えたいです，自分たち。中学生になってもおんぶしてって子います。〔講義 21a〕

6　アガンベンの用語をもじるとすると，剝き出しの生をビオスへと反転する努力である〔アガンベン 2003〕。

7　もうひとつのきっかけは，1983 年の中学生によるホームレス襲撃事件である。襲撃した少年たちもしんどい背景を抱えていた〔原口ほか 2011, 75〕。こどもの里ではこども夜まわり出発前の勉強会で，この事件について学ぶ機会を設けている〔こどもの里 2020, 57〕。

8　**荘保**　そして，運動会もあえて私たちは，三角公園っていうおじさんたちがたくさんいるところで，そこでします。おじさんと一緒にするんですね。〔…〕ここやと楽しんでくれます，みんなが。よく言われます。あんな怖いとこで，あんなおじさんたくさんいるとこでそんなね，

6　釜ヶ崎は，1890 年ごろから浪速区《なにわ》にあった日雇い人夫のスラム街が市街の外に追いやられたことにより釜ヶ崎地区に移住してきたことでつくられたといわれている（当時は浪速区までが大阪市で，西成は市外だった〔加藤 2011, 170-184〕）。加藤によると 1903 年に難波で開かれた内国勧業博覧会によるクリアランスが起源とするのは通説であるが，博覧会を機にこの地域に市電が敷設されるのにともなって排除された労働者が現在の飛田《とびた》にあった木賃宿に集積していった，と結論づけている。

7　最近出版のものに限っても，白波瀬達也『貧困と地域——あいりん地区から見る高齢化と孤立死』（中公新書，2017 年），鈴木亘『経済学者 日本の最貧困地区に挑む——あいりん改革 3 年 8 カ月の全記録』（東洋経済新報社，2016 年），本田哲郎『釜ヶ崎と福音——神は貧しく小さくされた者と共に』（岩波現代文庫，2015 年），生田武志『釜ヶ崎から——貧困と野宿の日本』（ちくま文庫，2016 年）などがある。

8　ハイデガーの「世人（das Man）」概念〔ハイデッガー 2003〕，サルトルの「集団（le collectif）」概念〔サルトル 2007〕がこれにあたる。

9　日本は OECD 加盟国のなかで，再配分後の相対的貧困率が米国に次ぐ 2 位である（厚生労働省「平成 24 年版厚生労働白書」，厚生労働省 HP，2020 年 5 月 11 日閲覧，https://www.mhlw.go.jp/wp/hakusyo/kousei/12/dl/1-05.pdf）。

10　もともとの自宅に対して，どのくらい離れたところに措置されたのかの資料はない。ただ，施設入所が多いことからも，施設が一般に自宅から離れている以上，もともとの生活環境からは切り離されていることが想像できる。2019 年の資料では，約 45,000 人の社会的養護のうち，里親委託が 5,556 人，ファミリーホームが 1,548 人である（厚生労働省子ども家庭局「社会的養育の推進に向けて 令和 2 年 10 月」，厚生労働省 HP，2020 年 12 月 29 日閲覧，https://www.mhlw.go.jp/content/000711002.pdf）。

11　厚生労働省「要保護児童対策地域協議会設置・運営指針」，厚生労働省 HP，2020 年 1 月 26 日閲覧，https://www.mhlw.go.jp/bunya/kodomo/dv11/05.html

12　釜ヶ崎で 2007 年から 2012 年まで地域福祉施設の相談員を経験した白波瀬達也は「相談者〔＝失業した日雇い労働者〕のなかには精神や知的に障がいをもつ者も少なくなかった。彼らはこれまで日雇い労働者として働いてきたが，不景気のなかで仕事に就くことが難しくなり，極限的な貧困を余儀なくされていた」と書いている〔白波瀬 2017〕。労働者の層と子育て世代の層は重ならないが，地域全体が抱える問題として障害は無視できない。

13　一般社団法人日本ケアラー連盟「ヤングケアラープロジェクト」（2020 年 4 月 22 日閲覧，https://youngcarerpj.jimdofree.com/）より。

14　UNICEF HP の「子どもの権利条約」（2020 年 4 月 23 日閲覧，https://www.unicef.or.jp/about_unicef/about_rig.html）より。

15　**第 6 条**　1　締約国は，すべての**児童が生命に対する固有の権利を有する**ことを認める。
2　締約国は，児童の生存及び発達を可能な最大限の範囲において確保する。
第 7 条　1　児童は，出生の後直ちに登録される。児童は，出生の時から**氏名を有する権利及び国籍を取得する権利を有する**ものとし，また，できる限りその父母を知りかつその父母によって養育される権利を有する。
第 12 条　1　締約国は，自己の意見を形成する能力のある**児童がその児童に影響を及ぼすすべての事項について自由に自己の意見を表明する権利**を確保する。この場合において，児童の意見は，その児童の年齢及び成熟度に従って相応に考慮されるものとする。

注

はじめに

1　こどもの里を舞台にしたドキュメンタリー映画『さとにきたらええやん』（重江良樹監督，2016年）のなかでも同じ表現をしている。

2　被差別部落と接していたこの地域では，皮革業を営む在日コリアンが多かった〔川本 2018, 60〕。

3　スッチさんが語る世界は，「状況」「のなかで」「生活」が営まれ，「生活」「のなかで」「経験」が積み重ねられるという，状況→生活→経験の三層で構造化されている。社会状況「のなかで」生まれた貧困は，生活や人間関係を侵食する。そのような生活「のなかで」「いろんな〔困難な〕経験」をすることになる。「〔状況や生活〕のなかで」と何度もくり返されるのは，これがスッチさんが投げ込まれていて自分ではどうしようもない困難に，生まれたときからからめとられているという事態を示している。

4　「一緒に」はのちに支援者になったスッチさんにとってもキーワードとなる（第4章参照）。

5　スッチさんの語りでは，「自分」という呼称は逆境の主語として登場する（第4章参照）。

6　ここでは「まあ」と状況を俯瞰する言葉を多用することで，感情からは距離をとりながら俯瞰して回想し，かつては見えなかった自分の経験を「見える化」している。「まあ」は自分自身の経験を見える化するときに登場するので，スッチさん自身についてではなく，子育て支援について語る第4章ではほとんど登場しない。

序　章

1　後日，この場面について当時わかくさ保育園に勤めていた西野さんから，「要保護児童対策地域協議会〔後述〕のルーツであるあいりん子ども連絡会で，中学校の先生が「最近〇〇ちゃんが弁当を持って来てないのが心配だけど，他のきょうだいの様子はどうですか？」という一言から無国籍のきょうだいと，その家族の人権を守る取り組みが進みました」という補足をいただいた。さらにあとになって，実はそのまえからこどもの里の植月智子さんがこの家族へ支援に入っていたことを荘保共子さんから聞いた。

2　のちにこどもの里の荘保さんから，「米のとぎ汁は母親の故郷の習慣だったみたい」と教わった。

3　2019年7月の値（大阪市福祉局「生活保護の適用状況など」，大阪市HP，2020年12月29日閲覧，https://www.city.osaka.lg.jp/fukushi/page/0000086901.html）。

4　2020年9月の値（大阪市市民局「住民基本台帳人口・外国人人口」，大阪市HP，2020年12月29日閲覧，https://www.city.osaka.lg.jp/shimin/page/0000006893.html）。

5　2010年の値（大阪市政策企画室調べによる西成区の人口に関する資料，2020年12月29日閲覧，https://www.city.osaka.lg.jp/shimin/cmsfiles/contents/0000180/180790/11-2-24.pdf）。

本田哲郎（2015）『釜ヶ崎と福音――神は貧しく小さくされた者と共に』岩波現代文庫
松本伊智朗（2013）『子ども虐待と家族――「重なり合う不利」と社会的支援』明石書店
松本俊彦（2019）『「助けて」が言えない――SOSを出さない人に支援者は何ができるか』日本評論社
南和子・亀岡照子（1998）『釜ヶ崎の保健婦』清風堂書店
村上靖彦（2017）『母親の孤独から回復する――虐待のグループワーク実践に学ぶ』講談社選書メチエ
メルロ=ポンティ，M.（1974）『知覚の現象学』（1・2）竹内芳郎・木田元・宮本忠雄訳，みすず書房
レヴィナス，E.（1999）『存在の彼方へ』合田正人訳，講談社学術文庫

Dube, S. R., Anda, R. F., Felitti, V. J., Chapman, D. P., Williamson, D. F., and Giles, W. H.（2001）, “Childhood Abuse, Household Dysfunction, and the Risk of Attempted Suicide Throughout the Life Span: Findings From the Adverse Childhood Experiences Study” , *Journal of the American Medical Association* **286**: 24, 3089-3096.
Felitti, V. J., Anda, R. F., Nordenberg, D., Williamson, D. F., Spitz, A. M., Edwards, V., Koss, M. P., and Marks, J. S.（1998）, “Relationship of Childhood Abuse and Household Dysfunction to Many of the Leading Causes of Death in Adults: The Adverse Childhood Experiences（ACEs）Study”, *American Journal of Preventive Medicine* **14**: 4, 245-258
Sartre, J-P.（1943）, *L'être et le néant*, Paris: Gallimard.
Winnicott, D. W.（1965）, *Maturational Processes and Facilitating Environment : Studies in the Theory of Emotional Development*, Madison : International Universities Press.
――――――（1971）, *Playing and Reality*, London : Routledge.（ウィニコット，D. W.，2015，『改訳　遊ぶことと現実』橋本雅雄・大矢泰士訳，岩崎学術出版）

文献

あいりん子ども研究会（1974）「あいりんの子どもたち――子どもセンター建設に向けて」（2020年7月28日閲覧，http://www.kamamat.org/dantai/airin-gakuen/kodomo-chousa/kodomo-3.pdf）
アガンベン，G.（2003）『ホモ・サケル』高桑和巳訳，以文社
生田武志（2016）『釜ヶ崎から――貧困と野宿の日本』ちくま文庫
大阪市政調査会編（2014）『自治体セーフティネット――地域と自治体ができること』公人社
大阪市立新今宮小学校・中学校（1984）『あいりんの教育22年。――1962-1984』（2019年8月13日閲覧，http://www.kamamat.org/dantai/airin-gakuen/22nen/22nen-4.pdf）
岡本榮一監修，新崎国広・守本友美・神部智司編著（2014）『なぎさの福祉コミュニティを拓く――福祉施設の新たな挑戦　第2版』大学教育出版
加藤政洋（2011）「釜ヶ崎の歴史はこうして始まった」原口剛・稲田七海・白波瀬達也・平川隆啓編著『釜ヶ崎のススメ』洛北出版
川本綾（2015）「西成地域における在日コリアンコミュニティの産業と文化」全泓奎・川本綾・中西雄二・鄭栄鎮共著『エスニックミュージアムによるコミュニティ再生への挑戦』（OMUPブックレット No. 55 URP「先端的都市研究」シリーズ5）大阪公立大学協同出版会
――――（2018）『移民と「エスニック文化権」の社会学――在日コリアン集住地と韓国チャイナタウンの比較分析』明石書店
久保樹里（2018）「米国オレンジ郡に学ぶ家族再統合――ラップアラウンド導入の効果」『世界の児童と母性』83号
こどもの里（2020）『2018年度　こどもの里　事業報告書』
小柳伸顕（1978）『教育以前――あいりん小中学校物語』田畑書店
コンラッド，J.（1958）『闇の奥』中野好夫訳，岩波文庫
サルトル，J-P.（2007）『存在と無』Ⅰ・Ⅱ・Ⅲ，松浪信三郎訳，ちくま学芸文庫
澁谷智子（2018）『ヤングケアラー――介護を担う子ども・若者の現実』中公新書
白波瀬達也（2017）『貧困と地域――あいりん地区から見る高齢化と孤立死』中公新書
慎泰俊（2017）『ルポ　児童相談所――一時保護所から考える子ども支援』ちくま新書
鈴木亘（2016）『経済学者日本の最貧困地区に挑む――あいりん改革　3年8カ月の全記録』東洋経済新報社
土居健郎（2007）『「甘え」の構造　増補普及版』弘文堂
西川祐功（2014）「学校現場における子ども支援」『自治体セーフティネット――地域と自治体ができること』大阪市政調査会編，公人社
西田幾多郎（1988）『西田幾多郎哲学論集　Ⅱ』上田閑照編，岩波文庫
――――――（1989）『西田幾多郎哲学論集　Ⅲ』上田閑照編，岩波文庫
ヌスバウム，M. C.（2012）『正義のフロンティア――障碍者・外国人・動物という境界を越えて』神島裕子訳，法政大学出版局
野坂祐子（2019）『トラウマインフォームドケア――“問題行動”を捉えなおす援助の視点』日本評論社
ハイデッガー，M.（2003）『存在と時間』（Ⅰ・Ⅱ）渡邊二郎訳，中公クラシックス
帚木蓬生（2017）『ネガティブ・ケイパビリティ――答えの出ない事態に耐える力』朝日新聞出版
原口剛・稲田七海・白波瀬達也・平川隆啓編著（2011）『釜ヶ崎のススメ』洛北出版
はるき悦巳（2019）『じゃりン子チエ1』双葉文庫
フッサール，E.，フィンク，E.（1995）『超越論的方法論の理念――第六デカルト的省察』新田義弘・千田義光訳，岩波書店
船戸優里（2020）『結愛へ――目黒区虐待死事件 母の獄中日記』小学館
プルースト，M.（2011）『失われた時を求めて2――スワン家のほうへⅡ』吉川一義訳，岩波文庫
ベンヤミン，W.（1994）「〔『ドイツ哀悼劇の根源』のための〕認識批判的序説」『暴力批判論　他十篇』野村修編訳，岩波文庫

タ行

力（子どもの）　44, 47, 49, 51-53, 55-60, 80, 81, 130, 166, 167, 207, 208, 210, 214, 217, 218, 221, 224-226, 238, 239, 244, 257, 258, 262
つながり　9, 18, 20, 27, 59, 61, 71, 84, 91-93, 102, 105, 109, 111, 114, 118, 121, 127, 132-144, 151-155, 159-162, 165, 168, 179, 184, 201, 207, 217, 224, 226, 227, 231, 233, 240, 244, 245
同行（同行支援）　30, 80, 175-180, 183, 185-187
同心円　134, 136, 138, 142
　見守りの――／――（状）の見守り　134-140, 142, 146, 147, 168, 201, 227, 230, 244, 254
特定妊婦　204, 205, 257, 258

ナ行

なぎさ　98-100, 103, 106-109, 112, 114, 117, 118, 122
にしなり☆こども食堂　7, 21, 24, 114, 122-169, 172, 201, 202, 230, 235, 240, 251, 256, 259
ニーズ　25, 27, 30, 64, 68, 69, 75, 82, 102, 104, 106-108, 110, 111, 114, 116-118, 121, 122, 176, 177, 180, 183, 185-187, 190, 193, 195, 198, 220, 235, 248, 259
ネグレクト　11, 32, 61, 81, 86, 120, 178-181, 188, 191, 257
ネットワーク（支援の）　12, 18, 40, 111, 113, 121, 137, 139, 189, 195, 227, 234, 236, 238, 244, 245

ハ行

排除　49, 55, 64, 67, 69, 71, 73, 78-81, 93, 233, 234, 237, 238, 263
はざま　175-180, 182, 184, 185, 187-189, 195, 233, 237
　――からの行為的直観　189, 195, 198, 202, 230, 244, 254, 256
　⇨すき間
ピア　9, 57, 119-121, 172, 184, 198, 200, 216, 234, 240, 244, 256, 257, 259
ひとり親　4, 25, 31, 45, 127, 226, 230　⇨シングルマザー
ぴよちゃんバンク　63, 176, 179, 185, 201, 235
ファミリーホーム　38, 41, 68, 197, 259, 262, 263
福祉　24, 27, 28, 44, 80, 84, 110, 187, 208, 239, 258, 263
訪問　30, 61, 142, 146, 159, 232, 234, 235
　（「わかくさ保育園」西野さんの）――　19, 84, 111, 112, 114, 117
　（子ども家庭支援員スッチさんの）――　11, 169, 172, 175, 176, 178-185, 190, 194, 198, 201, 202
　（助産師ひろえさんの母子）――　204, 205, 208, 209, 211-213, 216, 219-224, 226, 227
　⇨アウトリーチ
ホールディング　217, 219, 220, 240, 259

マ行

見える化　175, 178, 180, 183, 184, 187, 193-195, 264　⇨可視化

ヤ行

ヤングケアラー　8, 10, 11, 32, 33, 48, 61, 81, 172, 188, 191, 196, 198, 258
要保護児童対策地域協議会（要対協）　19, 24, 28-32, 84, 130, 140, 175, 176, 179, 180, 188, 211, 219, 231, 234, 252, 256, 257, 264

ラ行

リスク　31, 32, 175, 176, 179, 180, 205, 209, 210, 218, 219, 223, 225-227, 258
レスパイト　61, 191

ワ行

わかくさ保育園　7, 19, 21, 24, 28, 31, 40, 43, 44, 82-122, 124, 177, 189, 230, 234, 240, 250, 251, 256, 262, 264
わが町にしなり子育てネット　28, 189, 260

索　引

＊「-」でつないだページのなかには，項目が登場しないページもある。

ア行

あいりん学園　24, 43, 70, 103, 104, 233, 260
あいりん子ども連絡会　24, 28, 29, 188, 252, 264
アウトリーチ　82, 104, 114, 116, 117, 121, 160, 169, 172, 177-179, 186-189, 193-195, 198, 201, 202, 232, 235, 242, 244　⇨訪問
アガンベン　69, 80, 237, 261, 262
遊び／遊ぶ　5, 20, 31, 34, 35, 38, 39, 42, 44-48, 53, 54, 57, 65, 66, 68, 69, 77, 90, 97, 100-102, 105, 106, 124, 126, 146, 147, 149, 150, 154, 158, 163, 165, 202, 236, 256, 259, 261, 262
甘えのケイパビリティ　212, 217, 219, 221, 225, 226
アメーバ状（の組織／に変化する居場所）　69, 75, 77, 81, 82, 190, 230, 244, 254
安心　11, 20, 63, 66-68, 72, 82, 118, 136, 152, 188, 192-194, 196, 220, 225, 227, 239, 240, 242, 261
一時保護（一保）　59, 60, 62, 64-68, 183, 188, 190, 191, 195, 196, 231, 236, 239, 261
居場所　10, 11, 20, 22, 44, 46, 54-57, 60, 64, 68, 72, 75, 79-82, 114, 117, 122, 127, 141, 146-148, 151, 152, 154, 155, 157, 159, 161, 168, 169, 172, 189, 194-202, 227, 229-245, 254, 256
SOS のケイパビリティ　207, 208, 210, 212, 219, 221, 224, 226, 227, 230, 239, 244, 254, 256, 258

カ行

学童保育　44, 45, 100, 191, 260, 262
可視化　25, 59, 90, 91, 95, 106, 121, 130, 131, 173, 178, 180-183, 187, 188, 193, 194, 230, 231, 256　⇨見える化
釜ヶ崎（釜）　3, 4, 6, 19-24, 29, 40, 43-45, 49, 66, 84, 88, 104, 124, 177, 189, 236, 261, 263
虐待　18, 25-32, 35, 39, 40, 42, 55-57, 63, 64, 72, 75, 81, 86, 102, 120, 129, 132, 184, 188, 197, 204, 209-211, 214, 219, 222-225, 230-232, 235, 237, 250, 256, 257, 262
逆境　5-11, 20, 25, 27, 31, 32, 55-57, 67, 70, 81, 95, 119, 147, 168, 172-176, 183, 184, 189, 198, 208, 214, 217, 218, 227, 230-232, 237, 245, 256, 257, 264
行為的直観　189, 195, 258, 259　⇨はざま（からの行為的直観）
声（子どもの）　12, 35, 44, 46, 51-53, 57, 60, 64, 69, 71, 75, 79-82, 194, 198, 200, 231, 235, 240, 244, 254
国籍　32, 69, 73, 74, 79-81, 188, 233, 237, 249, 251, 261, 263, 264
子ども家庭支援員（大阪市）　30, 31, 175, 176, 205, 235
子どもの権利条約（児童の権利に関する条約）　33-35, 43, 68, 73, 74, 79, 80, 194, 230, 260, 262, 263
こどもの里　3, 7, 11, 20, 21, 24, 27, 31, 37-82, 84, 96, 104, 114, 124, 169, 172, 189-202, 230-236, 240, 248, 256, 258, 259, 262, 264

サ行

自己責任（論）　27
児童館　31, 86, 87, 90, 98, 100-103, 105, 106, 108-110, 112-114, 116-118, 260
児童相談所（児相）　26, 28, 29, 31, 41, 55, 56, 59, 61-63, 65, 66, 68, 110, 150, 181, 196, 235, 251, 252
自発性／自発的　5, 12, 18, 20, 22, 27, 46, 57, 64, 116, 128-131, 177, 180, 245, 248, 261
社会問題研究会　84, 251
障害　4, 24, 31, 32, 34, 46, 63, 80, 175, 230, 258, 260, 261, 263
シングルマザー　10, 237　⇨ひとり親
人権　33, 35, 64, 74, 75, 80, 85, 86, 93, 96, 97, 110, 235, 237, 251, 258, 264
しんどい／しんどさ　25, 48, 55, 59, 61-63, 65, 66, 112, 114, 118-120, 130-132, 139-143, 191, 195, 200, 220, 262
すき間　18, 77, 110, 119, 122, 188, 195, 208, 227, 230, 233-239, 243-245, 254　⇨はざま
ステップファミリー　24, 25, 219-221, 226, 230
生活保護（生保）　4, 19, 21, 22, 30-32, 49, 135, 137, 187, 237, 252
精神疾患　31, 40, 81, 175, 183, 204
セーフティネット　12, 231, 234, 236
送迎　30, 84, 176, 178-180, 182

村上靖彦（むらかみ　やすひこ）

大阪大学人間科学研究科教授・感染症総合教育研究拠点（CiDER）兼任教員。2000年、パリ第7大学で博士号取得。

著書に『自閉症の現象学』（勁草書房）、『摘便とお花見――看護の語りの現象学』（医学書院）、『仙人と妄想デートする――看護の現象学と自由の哲学』（人文書院）、『母親の孤独から回復する――虐待のグループワーク実践に学ぶ』（講談社）、『在宅無限大――訪問看護師がみた生と死』（医学書院）、『ケアとは何か――看護・福祉で大事なこと』（中央公論新社）、『交わらないリズム――出会いとすれ違いの現象学』（青土社）ほか。第10回日本学術振興会賞受賞（2013年）。

子どもたちがつくる町
――大阪・西成の子育て支援

2021年5月 5 日　第1刷発行
2023年5月31日　第3刷発行

定価はカバーに
表示しています

著　者　村《むら》　上《かみ》　靖《やす》　彦《ひこ》

発行者　上　原　寿　明

世界思想社

京都市左京区岩倉南桑原町56　〒606-0031
電話　075(721)6500
振替　01000-6-2908
http://sekaishisosha.jp/

（印刷　太洋社）

ISBN978-4-7907-1753-9